U0459539

本书为以下课题研究成果：
1、2021 年江苏省高等学校重点教材立项建设名单（新编教材）——学校安全教育理论与实践，南通大学；
2、2021 年江苏省高等教育教改研究立项课题——新时代学校安全教育人才培养模式的创新与实践研究（2021JSJG619）。

学校安全教育

理论与实践

主编　马爱民　刘　军　刘　建

吉林大学出版社
·长　春·

图书在版编目（CIP）数据

学校安全教育理论与实践 / 马爱民，刘军，刘建主编. — 长春：吉林大学出版社，2023.5

ISBN 978-7-5768-1847-5

Ⅰ. ①学… Ⅱ. ①马… ②刘… ③刘… Ⅲ. ①学校教育－安全教育－教材 Ⅳ. ①G474

中国国家版本馆CIP数据核字（2023）第121674号

书　　名　学校安全教育理论与实践
XUEXIAO ANQUAN JIAOYU LILUN YU SHIJIAN

作　　者　马爱民　刘　军　刘　建　主编
策划编辑　樊俊恒
责任编辑　樊俊恒
责任校对　樊俊恒
装帧设计　马静静
出版发行　吉林大学出版社
社　　址　长春市人民大街4059号
邮政编码　130021
发行电话　0431-89580028/29/21
网　　址　http://www.jlup.com.cn
电子邮箱　jldxcbs@sina.com
印　　刷　北京亚吉飞数码科技有限公司
开　　本　710mm × 1000mm　1/16
印　　张　21.25
字　　数　336千字
版　　次　2024年3月　第1版
印　　次　2024年3月　第1次
书　　号　ISBN 978-7-5768-1847-5
定　　价　98.00元

目录

第一篇

学校安全教育理论篇

第一章　学校安全教育绪论

我国安全科学创始人之一刘潜先生曾在行业会议上说过："人类活动中的安全问题是伴随着人类的诞生而产生的，人类的所有活动中都存在着安全问题。"而安全教育作为安全与教育活动的特定交叉领域，其既具备教育学科的一般属性，也具有安全科学的特有属性。在漫长的历史发展中，劳动与文明成为人类区别于其他动物的主要标志，而人类劳动能力的提高与文明的发展都离不开教育活动。教育在人类历史发展的各个时期以及任何国家的历史上都占据了极其重要的地位。从刀耕火种的远古时代到当今科技发展日新月异的新时代，教育活动始终作为传道授业解惑的手段活跃在人类历史舞台上，为人类的发展与进步作出重大贡献。

人类安全问题是伴随着人类的生存而产生的。人要生存必须基于社会生产与安全保障，人要生活也必须依赖社会活动与安全保护。而安全的获得则是通过人的安全活动或行为来实现的，其中，安全教育是安全活动或安全行为形成的有效形式之一。人类从原始、本能与无知的安全条件反射逐渐发展到对安全系统的有知阶段，在这一过程中，人类不断探索、发现和更新认知，使得安全科学技术不断向前发展。原始人类在生存、生活与生产能力的教育活动中涉及安全与避灾的部分就是最原始的安全教育内容，其相应的教育形式与手段都可视为安全教育的形式与手段。现代人类在生存、生活与生产活动中，为避免与控制事故灾害，需要具备安全知识、技能、意识，以及防灾减灾等能力，也必须通过各种形式的教育活动来获得与传承。因此，安全教育一直渗透于人们的日常教育活动中。

第一节　我国学校安全教育概况

一、我国学校安全概况

随着我国经济文化和国民教育迅速发展，学校社会化进程不断加快，学校与外界的联系日益加深的同时也引发了诸多问题并威胁到未成年人的个人安危。虽然我国历来重视学校安全问题，但未成年人心智不成熟、自我防卫能力较弱，极易成为安全问题的受害者。

根据公安部门的统计数据显示：自20世纪90年代以来，意外伤害已成为威胁我国14岁以下少年儿童生命安全的“第一杀手”。

二、我国学校安全法律法规

（一）与学校安全有关的法律法规

1.《中华人民共和国未成年人保护法》

为了保护未成年人身心健康，保障未成年人合法权益，促进未成年人德智体美劳全面发展，培养有理想、有道德、有文化、有纪律的社会主义建设者和接班人，培养担当民族复兴大任的时代新人，1991年第七届全国人民代表大会常务委员会第二十一次会议通过《中华人民共和国未成年人保护法》。

该法案主要从家庭保护、学校保护、社会保护、网络保护、政府保护、司法保护、法律责任等方面对未成年人的安全保护做出了规定。2020年该法案进行了第二次修订。

2.《中华人民共和国预防未成年人犯罪法》

为了保障未成年人身心健康，培养未成年人良好品行，有效地预防未成年人犯罪，1999年第九届全国人民代表大会常务委员会第十次会议通过《中华人民共和国预防未成年人犯罪法》。该法案规定：第一，预防未成年人犯罪，立足于教育和保护未成年人相结合，坚持预防为主、提前干预，对未成年人的不良行为及时进行预防干预和矫治。第二，预防未成年人犯罪，应当在各级人民政府组织下，实行综合治理。国家机关、人民团体、社会组织、企事业单位、居民委员会、村民委员会学校、家庭等，各负其责、相互配合，共同做好预防未成年人犯罪工作，及时消除滋生未成年人违法犯罪行为的各种消极因素，为未成年人身心健康发展创造良好的社会环境。第三，预防未成年人犯罪，应当结合未成年人不同年龄的生理、心理特点，加强青春期教育、心理关爱、心理矫治和预防犯罪对策的研究。2020年该法案进行了第二次修订。

3.《未成年人伤害事故处理办法》

为了积极预防、妥善处理在校未成年人伤害事故，保护未成年人、学校的合法权益，教育部于2002年发布《未成年人伤害事故处理办法》。该办法一是要求教育行政部门应当加强学校安全工作，指导学校落实预防未成年人伤害事故的措施，指导和协助学校妥善处理未成年人伤害事故，维护学校正常的教育教学秩序。二是要求学校对未成年人进行安全教育、管理和保护，应当针对未成年人年龄、认知能力和法律行为能力的不同，采用相应的内容和预防措施。三是学校对未成年人不承担监护职责，但法律有规定的或者学校依法接受委托承担相应监护职责的情形除外。

4.《中小学幼儿园安全管理办法》

为了加强中小学、幼儿园安全管理，保障学校及师生员工人身财产安全，维护中小学、幼儿园正常教育教学秩序，根据教育法律法规和国务院有关规定，教育部、公安部、司法部、建设部、交通部、文化部、卫生部、工商总局、质检总局、新闻出版总署于2006年制定了《中小学幼儿园安全管理办法》。该办法要求学校安全管理遵循积极预防、依法管理、社会参与、各负其责的方针。学校安全管理工作主要包括：构建学校安全工作保障体系，全面落实安全工作责任制和事故责任追究制，保障学校安全工作规范、有序进行；健全学校安全预警机制，制定突发事件应急预案，完善事故预防措施，及时排除安全隐患，不断提高学校安全工作管理水平；建立校园周边整治协调工作机制，维护校园及周边环境安全；加强安全宣传教育培训，提高师生安全意识和防护能力；事故发生后启动应急预案、对伤亡人员实施救治和责任追究等。

（二）学校安全政策文件

1.学校卫生工作

为了加强学校卫生工作，提高未成年人的健康水平，国务院于1990年批准《学校卫生工作条例》。该条例规定学校卫生工作的主要任务是：监测未成年人健康状况；对未成年人进行健康教育，培养未成年人良好的卫生习惯；改善学校卫生环境和教学卫生条件；加强对传染病、未成年人常见病的预防和治疗。

2.中小学生安全教育日

原国家教委、劳动部、公安部、交通部、铁道部、国家体委、卫生部于1996年联合发出通知，决定建立全国中小学生“安全教育日”制度，确定每年3月份最后一周的星期一为全国中小学生“安全教育日”。设立这一制度是为了全面深入地推动中小学生安全教育工作，大力降低各类伤亡事故的发生率，切实做好中小学生安全保护工作，促进其健康成长。

3.校园及周边环境治安维护

（1）《公安机关维护校园及周边治安秩序八条措施》

为了维护学校和幼儿园及周边良好的治安秩序，保障师生人身、财产安全，公安部、教育部于2005年联合推出《公安机关维护校园及周边治安秩序八条措施》。该措施要求各级公安机关要通过抓“八条措施”的贯彻落实，使校园内部及周边的治安防控措施得到明显加强，防控机制得到有效建立和完善，防控能力得到切实提高，治安秩序、交通秩序明显改善，消防安全得到有力保障，使未成年人放心、家长放心、社会放心。

（2）《关于完善安全事故处理机制　维护学校教育教学秩序的意见》

为了贯彻落实全国教育大会精神，完善学校安全事故预防与处理机制，形成依法依规、客观公正、多元参与、部门协作的工作格局，为学校（含幼儿园）办学安全托底，解决学校后顾之忧，维护老师和学校应有的尊严，保护未成年人生命安全，教育部等五部门于2019年联合发布《关于完善安全事故处理机制　维护学校教育教学秩序的意见》。该意见一是健全学校安全事故预防与处置机制。着重加强学校安全事故预防，规范学校安全事故处置程序，健全学校安全事故处理的法律服务机制。二是依法处理学校安全事故纠纷。健全学校安全事故纠纷协商机制，建立学校安全事故纠纷调解制度，依法裁判学校安全事故侵权责任，杜绝不顾法律原则的“花钱买平安”。三是及时处置、依法打击“校闹”行为。及时制止“校闹”行为，依法惩处“校闹”人员，严厉打击涉及“校闹”的犯罪行为。四是建立多部门协调配合工作机制。加强学校及周边安全风险防控，有效应对涉及学校安全事故纠纷的舆情，营造依法解决学校安全事故纠纷的社会氛围，建立学校安全工作部门协调机制。

4.中小学生公共安全教育

为了进一步加强学校公共安全教育，培养未成年人的公共安全意识，提高未成年人面临突发安全事件自救自护的应变能力，教育部于2007年制定了《中小学公共安全教育指导纲要》。该纲要强调树立与落实科学发展观，坚持以人为本，把中小学公共安全教育贯穿于学校教育的各个环节，使广大未成年人牢固树立“珍爱生命，安全第一，遵纪守法，和谐共处”的意识，具备自救自护的素养和能力。该纲要确定了公共安全教育的六个模块内容：一是预防和应对社会安全类事故或事件；二是预防和应对公共卫生事故；三是预防和应对意外伤害事故；四是预防和应对网络、信息安全事故；五是预防和应对自然灾害；六是预防和应对影响未成年人安全的其他事件。在内容设置上，该纲要考虑到小学、初中、高中学生学习和生活的范围和特点的不同，针对小学、初中、高中学生身心发展规律和认知特点，按照小学低年级、小学高年级、初中、高中四个学段分别设置教学内容，并且侧重点各有所不同，以提高公共安全教育的针对性和实效性。

5.教育系统突发事件应急疏散

（1）《教育系统事故灾难类突发公共事件应急预案》

为了建立和健全防范、指挥、处置事故灾难类突发公共事件的工作机制，做到分工明确、责任到人、常备不懈；进一步提高教育系统应对事故灾难类突发公共事件的能力，保障学校师生员工生命和财产安全，维护学校正常的教育教学秩序，维护社会稳定，教育部于2009年制定了《教育系统事故灾难类突发公共事件应急预案》。该预案要求：一是坚持以人为本，以维护师生根本利益、保护师生生命安全为基本立足点，积极预防和最大限度地减少突发公共事件对师生和学校的影响。二是坚持预防为主、平战结合，把应对突发公共事件的各项管理工作与日常管理相结合，加强基础工作，完善网络建设，增强预警分析，做好预案演练，提高防范意识，将预防与应急处置有机结合起来，有效控制危机，做到早发现、早报告、早解决，将突发公共事件造成的损失降到最低。

（2）《中小学幼儿园应急疏散演练指南》

为了进一步落实国家对应急疏散演练的要求，加强对中小学幼儿园应急疏散演练工作的指导，提升学校应急疏散演练的组织和管理水平，教育部办公厅于2014年印发《中小学幼儿园应急疏散演练指南》，该指南立足于提升应急疏散演练的实际效果，明确应急疏散演练的适用范围、基本原则，涵盖演练的准备阶段、实施阶段、总结阶段等全过程，供学校在日常安全管理和集中组织应急疏散演练时参考。通过实战型应急疏散演练，进一步增强师生安全意识，提高逃生自救能力，在发生紧急情况时，能有序、迅速地安全疏散，确保师生的生命安全。

6.校园及周边食品安全

（1）《关于进一步加强学校校园及周边食品安全工作的意见》

国务院食品安全办等六部门于2016年联合发布《关于进一步加强学校校园及周边食品安全工作的意见》，该意见认真贯彻《中华人民共和国食品安全法》和“四个最严”的要求，加强学校校园及周边食品安全综合治理，推动学校校园及周边食品安全管理制度进一步健全，食品安全主体责任进一步落实，食品安全监督管理工作进一步加强，未成年人食品安全意识进一步提高，学校校园及周边食品安全状况明显改善。

（2）《学校食品安全与营养健康管理规定》

为了保障未成年人和教职工在校集中用餐的食品安全与营养健康，加强监督管理，教育部、国家市场监督管理局和国家卫健委于2019年联合发布《学校食品安全与营养健康管理规定》。该规定要求：一是学校集中用餐实行预防为主、全程监控、属地管理、学校落实的原则，建立教育、食品安全监督管理、卫生健康等部门分工负责的工作机制。二是学校集中用餐应当坚持公益便利的原则，围绕采购、贮存、加工、配送、供餐等关键环节，健全学校食品安全风险防控体系，保障食品安全，促进营养健康。三是学校应当按照食品安全法律法规规定和健康中国战略要求，建立健全相关制度，落实校园食品安全责任，开展食品安全与营养健康的宣传教育。

7.中小学生毒品预防教育

为了保护未成年人健康成长、最大限度减少新吸毒人员滋生、预防未成年人违法犯罪、加强公民思想道德建设，国家禁毒委、中央综治办、教育部、共青团中央于2002年发布《关于进一步加强中小学生毒品预防教育工作的通知》。该通知要求各级禁毒、综治、教育行政部门和共青团组织要加强对中小学生毒品预防教育工作的组织、指导、协调、督促和经费上的支持。要建立和健全中小学生毒品预防教育责任制，学校主要领导要充分履行毒品预防教育工作第一责任人的职责，把学校无涉毒现象作为综合评定学校工作的一项重要指标，并纳入社会治安综合治理目标管理责任制考核范围。要充分发挥课堂教学的主渠道作用，不断增强中小学生毒品预防教育的科学性、针对性和实效性。

8.校车安全

为了加强校车安全管理，保障乘坐校车未成年人的人身安全，国务院第197次常务会议于2012年通过《校车安全管理条例》。该条例一是要求地方政府依法保障未成年人就近入学或在寄宿制学校或托管入学，减少未成年人交通风险。对确实难以保障就近入学且公共交通不能满足需要的农村地区，要采取措施保障未成年人获得校车服务。二是明确政府及有关部门的校车安全管理职责。县级以上地方政府对本行政区域的校车安全管理工作负总责。国务院有关部门对校车安全管理履行统一指导、督促等职责。三是规定了学校和校车服务提供者保障校车安全的义务和责任。建立健全校车安全管理制度，配备安全管理人员，指派照管人员随车照管未成年人。四是设定了校车使用许可。对校车安全技术条件和校车驾驶人资格条件规定了比一般客车更为严格的要求。五是赋予校车通行优先权，对校车最高时速和严禁超载作了明确规定。六是明确法律责任，对违法使用车辆或提供校车服务、不履行安全管理责任等，分别规定了法律责任，包括依法追究刑事责任。

9.预防校园欺凌

为了建立健全防治中小学生欺凌综合治理长效机制，有效预防中小学生欺凌行为发生，教育部等十一部门于2017年联合发布《加强中小学生欺凌综合治理方案》。该方案一是坚持教育为先。深入开展中小学生思想道德教育、法治教育、心理健康教育，促进提高人民群众的思想觉悟、道德水准、文明素养，提高全社会文明程度，特别要加强防治未成年人欺凌专题教育，培养校长、教师、未成年人及家长等不同群体积极预防和自觉反对未成年人欺凌的意识。二是坚持预防为主。完善有关规章制度，及时排查可能导致未成年人欺凌事件发生的苗头隐患，强化学校及周边日常安全管理，加强欺凌事件易发现场监管，完善未成年人寻求帮助的维权渠道。三是坚持保护为要。切实保障未成年人的合法权益，严格保护未成年人隐私，尊重未成年人的人格尊严。切实保护被欺凌未成年人的身心建康，防止二次伤害发生，帮助被欺凌未成年人尽早恢复正常的学习生活。四是坚持法治为基。按照全面依法治国的要求，依法依规处置未成年人欺凌事件，按照"宽容不纵容、关爱又严管"的原则，对实施欺凌的未成年人予以必要的处置及惩戒，及时纠正不当行为。

10.国家安全教育

为了深入贯彻党的十九大精神和习近平总书记总体国家安全观，落实党中央关于加强大中小学国家安全教育有关文件精神和"将国家安全教育纳入国民教育体系"的法定要求，教育部结合教育系统实际于2019年发布《关于加强大中小学国家安全教育的实施意见》。该意见要求深刻认识加强大中小学国家安全教育的重要性，准确把握加强大中小学国家安全教育总体要求，全面贯彻落实党的十九大精神，以习近平新时代中国特色社会主义思想为指导，坚持和加强党对国家安全教育的领导，牢固树立和认真贯彻总体国家安全观，以国家安全战略需求为导向，全面落实加强大中小学国家安全教育的目标任务，系统设计、整体谋划、尊重规律、注重实效、部门联动、协同推进。

三、我国学校安全教育问题

（一）重视程度问题

虽然国家及地方政府制定出台了不少涉及学校安全的法律法规和政策意见，也强调了安全教育在中小学教育教学中的突出地位，明确了安全教育的基本规范和基本要求，但由于一些地方教育行政主管部门和学校对安全教育工作的重视程度不够，对学校安全教育的内涵挖掘、创新驱动、特色发展等组织推进工作不够，导致大部分地区和学校存在没有规范的学校安全教育课程、教育模式相当传统、教学形式比较单一、实践与竞赛活动缺乏等问题。此外，作为学校安全教育具体实施人员的教师也大多认为在课堂上渗透融入安全教育知识会耽误原有学科知识的教学，而且当前不少未成年人的个人安全防范意识也极为薄弱，学校安全教育"重形式轻实效""雷声大雨点小"的现象比较普遍。

（二）师资短缺问题

学校安全教育的师资队伍建设一直是制约我国中小学安全教育发展的重要瓶颈之一。一项针对全国某四个省份167所中小学安全教育工作承担主体的调查结果显示：有39%的学校是由体育老师承担，24%的学校是由班主任承担，35%的学校的安全教育工作由体育教师和班主任共同承担，仅有2%的学校是由安全管理专职人员负责。并且无论是体育教师，还是班主任，均没有系统接受过安全教育专业师资培训，他们自身拥有的安全知识和安全技能比较有限，严重制约了学校安全教育工作的实施与实效。因此，学校安全教育师资力量的短缺问题亟待解决。

（三）课程建设问题

目前，国内多数中小学安全教育依然停留在政策宣传、课本选读、影像观看、网络平台学习、演习观摩等层面上，授课方式较为简单。学校安全教育课程多采用以班会课或健康教育课为主的传统模式，缺少综合实践活动。多数教师在开展学校安全教育时经常会出现无教材可用或不用教材的现象。不少教师在授课时仅凭借个人经验或随意选择安全教育专题内容，教学内容安排的随意性较强。此外，部分地区教育行政主管部门和学校对不同学段未成年人安全教育课程安排与衔接缺乏合理规划。因此，当前中小学安全教育课程及教学体系构建质量较低，缺乏合理有效的课程建设与教学体系规划。这也使得现行的学校安全教育课程无论是对未成年人安全意识和安全素养的培养，还是对安全技能和安全习惯的培养成效不明显，严重影响了学校安全教育工作的有效落实。

（四）资源保障问题

我国不少地区教育财政支出压力较大，这也使得这些地区教育行政主管部门在学校安全教育方面的投入也显得捉襟见肘。诸如学校安全教育基地（体验馆）建设经费、安全教育教学硬件设施购置费、安全教育教研人员培训费、大型应急避险疏散活动演练费、安全教育地方特色课程和校本课程开发建设费等基本都处于“入不敷出”的状态，也严重制约了学校安全教育工作的系统性、实效性和规范性。

（五）机制推进问题

鉴于学校安全教育工作的复杂性、安全教育内容的多样性和安全教育资源的有限性，决定了学校安全教育工作必须实施“多元主体参与，优势资源整合，主体相互协同”的组织工作推进机制。目前我国大多数地区学校安全教育工作的推进仍然以学校为主，推进主体较为单一，但学校自身教学资源能够保障落地的安全教育内容较为有限，尤其是未成年人安全技能综合实践教育还无法有效落到实处。

综上所述，我国学校安全教育还处于“大框架”状态，大多只是大方向的模糊指导，缺乏细节性的规划预案而无法展开实践，大多数措施也都流于形式。因此，如何客观总结目前我国中小学安全现状，如何有针对性地提出具体而又切实可行的安全事故规避和处理预案、摆脱“大框架”的尴尬境地，如何开展学校安全教育实践活动以及进一步完善学校安全防控、有效遏止学校安全事故的发生是亟待解决的重要问题。

第二节　国外学校安全教育概况

国外学校安全教育开展较早，相关法律制度建设较为完善，学校安全教育的内容也是根据各国所处地理位置、社会环境以及未成年人身心需求来设置的。同时，学校安全事故的偶然性也促使各国学校安全教育涵盖的范围从表面的、显性的生理保护发展到内在的、隐性的心理保护。

一、俄罗斯学校安全

（一）学校安全法律基础

俄罗斯联邦教育部于1991年颁布的《253号决议》规定：在基础教育阶段的二年级、三年级、六年级、七年级、十年级和十一年级开设安全教育课程，对中小学生进行专门的、正规的、系统的安全教育。随后又于1994年改为在基础教育阶段的全部年级开设生命安全基础知识课程。1997年、2003年、2004年又对《俄罗斯普通教育国家标准》进行了三次修订，不但论证了中小学开设生命安全基础知识课程的必要性，而且明确了在中小学各个年级实施该课程的学时，即把生命安全基础知识课程作为必修课程和毕业鉴定内容之一，并规定每周开展1次安全教育课程。

（二）学校安全教育构成

俄罗斯学校安全教育由校内和校外两部分组成，其中校内安全教育注重学校安全教育的理论与实践相结合，而校外安全教育则注重多种渠道实施安全教育。

1.校内安全教育

（1）生命安全基础知识课程

该课程主要研究威胁人类的各种危险及其发生规律和正确的防范方法。课程的主要内容是在各种生活情景下为未成年人提供安全行为的建议，主要包括以下三个方面：一是在危险和极端情况下人的安全和保护；二是健康生活方式和医疗基础知识；三是兵役的基础知识等。根据《俄罗斯普通教育国家标准》的规定：生命安全基础知识课程的教育大纲最低内容限度为“日常生活中个人的安全；健康的生活方式、坏习惯的预防与杜绝；道路危险情景、交通规则、交通危险；社会交通中乘客行为；发生火灾的可能原因，防火安全措施，发生火灾时的行为规则，使用灭火器；在水中的危险情况和处理规则，救助溺水者；使用日常设备和仪器，掌握日用化工和个人电脑等基本规则；掌握个人的自卫方法，家用急救药箱和呼吸面罩；在大自然条件下，人的安全行为，地形方向、灾难报警、获取火种、水和食物；建造临时庇护站等”。

生命安全基础知识课程的学习遵循循序渐进原则。其中，1—4年级主要讲授潜伏于住所中的危险；学校中的安全措施；城市中的危险因素；自然环境与安全。5—8年级主要讲授周围环境与日常生活中的危险；自然灾害事故与人的安全；社会政治冲突与人的安全。9年级主要讲授人与环境；现代高技术环境下的危险因素；国防安全；自然灾害、事故及其预防。10—11年级主要讲授极端异常情况；交通事故异常情况；犯罪性极端异常情况；无外援情况下的生存。可见，俄罗斯基础教育阶段的生命安全课程会根据未成年人的年龄和认知水平的提高来增加安全意识和安全责任的程度，知识的传授沿着模仿体验、掌握知识要领、探求理性反思的轨迹进行。此外，俄罗斯各地中小学也会根据《普通教育的国家标准》和《普通教育的地区标准》的要求实施有针对性的安全教育。

（2）安全教育实践活动

为了保障中小学生在学校的安全，俄罗斯教育行政部门要求学校工作人员按照安全教学大纲进行防火安全培训，该教学大纲由教育科学部依照一定程序与联邦执行机关一致通过。教育行政部门还建议学校心理学家采取纠正性的措施教会未成年人在发生火灾或危险状况下采取正确的行为。“全俄自愿防火协会”定期教授未成年人安全防火知识并在学校组建青年消防员队伍。除此之外，学校还经常组织家长、教师和未成年人进行交通安全演示及模拟活动。学校还利用春游的机会进行户外野营，在大自然中进行辨别地形、方向，野外救助和灾难报警等实践活动。可见，俄罗斯中小学生的安全教育不仅仅局限于理论形式，其实践活动的开展增加了未成年人对危险情况的感性认识，使未成年人能够真正获得应对危险的技能。

2.校外安全教育

俄罗斯政府通过多种媒介渠道对公民特别是中小学生进行安全教育，培养中小学生的安全意识。其公民国防事务、应急和灾难事务委员会组织创办的“生命安全文化”和“生命安全基础知识”等教育网站都有大量的生命安全保障理论知识和实践方法。此外，俄罗斯还出版各类书籍杂志来介绍安全教育的相关知识，为广大公民特别是中小学生提供大量有关生命安全保障的信息。此外，俄罗斯政府还开设多种安全教育专门社会机构，对公民特别是中小学生进行安全教育。可见，俄罗斯的校外安全教育是全方位实施的。

（三）学校安全教育特点

1.法律政策健全

俄罗斯在中小学生的安全教育政策法规方面已经形成了较为完善的体系，这些政策法规为中小学生安全教育的有效实施提供了强有力的法律保障。

2.服务教育目标

俄罗斯中小学生安全教育目标体系设计的出发点主要是依据教育的根本性目标即培养安全文化（过程目标）和为生活做准备（结果目标）。

3.教育内容丰富

俄罗斯中小学生生命安全基础知识课程内容丰富，每个年级的教育内容都会结合未成年人成长特点不断进行补充和更新。在遵从循序渐进的教学原则的同时还坚持学以致用的原则，通过开展丰富多彩的安全教育实践活动巩固和运用课堂所学的知识。这样不仅使未成年人学会了日常生活中的安全知识，还有效掌握了不可或缺的安全技能。

4.形式多样

俄罗斯各级学校会组织专门的课外安全教育实践活动，不仅借助专业的安全教育机构为中小学生提供安全知识、实践活动以及安全培训，还通过书籍、电视广播、专栏节目、网络等多种途径向未成年人宣传安全知识，同时还有一些指导未成年人如何应对洪水、火灾、交通事故以及恐怖袭击等的讲座和培训。

（四）未成年人身份识别牌和登记卡

俄罗斯政府自“别斯兰人质危机”发生后，采取了一切必要措施加强全国中小学生的安全防范，尤其是为中小学生配置了类似军用身份识别牌以及记录未成年人身份和基本医疗信息的登记卡。这种识别牌可以放在登记卡里，也可以佩戴在脖子上，即使遭到炸弹袭击，该识别牌上的信息也不会丢失。登记卡主要包括未成年人的姓名、指纹、照片、家人资料以及基本医疗信息等。

二、日本学校安全

（一）学校安全法律基础

日本是一个自然灾害频发的岛国，该国十分重视学校安全教育并已形成了完整的学校安全教育课程体系。日本学校安全管理和安全教育的法规主要由基本法、部门法和部门行政指导等构成。自1995年阪神大地震之后，日本政府相继制定了《学校教育法》《国家赔偿法》《传染病预防法》《日本体育及学校保健中心法施行令》等一系列法律法规，形成了一套完备的学校安全法律体系，对学校安全教育的具体目标和内容予以明确，建立起了长期有效的学校安全管理机制，保障了学校安全教育的顺利开展与实施。

（二）学校安全教育课程体系

1.学校安全教育的课程目标

日本文部科学省颁布的《培养生存能力的学校安全教育》中指出，学校安全教育的目标为：通过实践了解必要的事项，以尊重自己和其他的生命为基础，培养未成年人安全生活的基础以及为构建安全社会作贡献的资质与能力，以确保未成年人在日常生活中的全部安全。学校安全教育是未成年人日常生活能够安全的基本保障。因此，为在校学习的未成年人提供一个安全安心的环境是学校的基本任务。此外，日本政府希望通过学校安全教育加深未成年人对日常生活中的事件、事故灾害、犯罪受害等现状、原因及防止方法的理解；对于现在及将来面临的安全问题，能够基于正确的思考和判断做出适当的决定和行动选择；对日常生活中潜藏的各种危险进行预测；考虑自己和其他人的安全并采取安全行动；改善危险的环境，尊重他人生命，认识到建设安全、安心社会的重要性；积极参加学校、家庭和社区的安全活动，为安全作出自己的贡献。

2.学校安全教育课程设置

日本学校安全教育课程是贯穿于学前、小学、初中及高中并且融合各个学科教学的完整体系，针对未成年人各阶段的身心发展特征开展相应教学。

（1）以习惯养成为主的学前安全教育

学前儿童的身心仍处在发育之中，其对外界事件所产生的影响极为敏感，且尚不具备自我调节情绪的能力。因此，日本学前教育阶段的安全教育重心在于安全的生活习惯和态度培养，目标定位于教师和监护人帮助下的安全生活。课程内容包括教师指导下的情绪稳定，了解危险的场所和事物，通过游戏形式加深儿童对生活安全的理解。

（2）通过学科开展的日常生活小学安全教育

根据心理学相关理论，未成年人在小学阶段崇尚权威且有一定的理解能力，是安全教育的最佳时期。小学学习指导纲要中关于小学教育课程编写方针规定，学校的体育健康指导要符合儿童成长规律，在考虑学校整体状况下进行。具体内容主要通过社会科、生活科、体育科、特别活动课展开。

（3）初中阶段重技能操作的校园安全课程

初中生正值青春期，身心发展有其明显的叛逆特征，逻辑性思考方式也逐渐显现，因此，在此阶段要明确未成年人的需要，注意角色转变思考问题，向未成年人传达安全的意义和掌握安全技能的理由尤为重要。基于此，日本在中学开设地理科、家庭科、保健体育科等课程。

（4）基于深化研究的高中校园安全教育课程

高中生不同于中小学生，身心发展更加成熟，注重自身兴趣、能力、性格和适应性。因此，在高中阶段的教学过程中，日本更注重知识的深层讲解和切实应用，注重培养未成年人的社会责任感。基于此，日本在高中阶段开设地理科、保健体育科、家庭科等课程。

3.学校安全教育教学方式

日本学校安全教育的教学方式灵活多样，根据未成年人身心发展特点，以课堂讲授知识为主，将安全教育内容穿插于各科教学内容中。学校在知识基础上，开展各种安全教育活动，进行各类形式的安全指导，如：由校内教师或外请专业安全人员对未成年人进行安全知识讲解及安全技能培训；以年级课内外活动指导、学校活动指导、未成年人会活动以及俱乐部活动指导和学校日常生活安全指导等形式开展的各类安全指导活动、灾难安全演练活动，以及真实情境下由消防人员指导进行的消防演练等。可见，日本各级学校十分重视家庭、学校、社会的合作式教学，调动全体人员参与到校内外各种安全教育教学与活动中，以强化未成年人的安全技能。

4.学校安全教育课程评价

日本文部省在1988年颁布的《学习指导纲要修订版》中提到：对于未成年人各科目的学习评价主要分为“关心、热情、态度”；“思考、判断”；“技能”；“知识、理解”四个主要方面。

“关心、热情、态度”是指未成年人对各科目学习内容是否感兴趣，是否具备亲自解决课题的热情和态度。在评价时，主要考查未成年人对各科目的学习内容的配合状况，将其作为评价标准。

“思考、判断、表现”是指未成年人是否掌握了利用各个科目知识、技能解决课题等所具备的必要的思考力、判断力、表现力，主要注重未成年人在论述、发表、讨论、观察、实验和写报告等方面的能力，不仅注重结果性评价更注重过程性评价。

“技能”是评价未成年人在每个教科中是否掌握了切实的技能，并在日常生活中具体地应用。

“知识、理解”是评价未成年人是否理解了各个教科中应该学习的知识和重要概念。

（三）学校安全教育特点

1.内容广泛且贴近生活

日本学校安全教育内容主要分为生活安全教育、交通安全教育、灾害安全教育。生活安全教育是指以教育目标为基准，使未成年人能够理解日常生活中易发生的事故的内容，对危险能够进行一定的预测和防范，能够进行自我保护，培养未成年人安全行动的能力，包含生命教育、防暴力防欺凌教育、网络安全教育、食品安全教育、性安全教育等。交通安全教育包括教育未成年人如何遵守交通规则，理解在各种场合发生的一系列危险，避免交通伤害，维护交通秩序等教育活动。灾害安全教育包括教育未成年人对地震、海啸、台风、泥石流、火灾、雪灾、洪水等自然灾害有所了解，并且在发生此类灾害时能够采取应急措施保护自身和他人生命安全。上述学校安全教育内容基本涵盖未成年人日常生活所能接触到的全部危险。因此，日本学校安全教育具有生活化和广泛化的特征。

2.注重学科融合并与活动结合

日本学校安全教育没有设立独立的课程，主要通过学科融合教学和课内外活动开展两种形式进行。在具体实施安全教育时，日本学校会事先根据《学校保健法》制订《安全教育年度计划》，在计划中结合季节变化和学校各项活动具体规定每个月的学习指导重点。学科教学方面，主要将各类安全教育内容融入社会科、地理科、家庭科、生活科、保健体育科中。如：在地理课中介绍国家地形及各种自然灾害的形成情况；在家庭课中，针对家庭住房、饮食健康、食品安全、厨房设施等方面进行讲解，要求未成年人掌握生活技能等。课内外活动开展方面，日本十分注重活动的实践性和体验性，通过各类校内外活动让未成年人真实感受并了解引发危害安全的原因及场景，通过各种体验获得对安全的感性认识，让未成年人在真实的环境中以参与者的身份进行学习，从情感上培养未成年人的安全素养，进而激发未成年人兴趣，加深知识掌握，增强安全教育的效果。

3.学校与家庭、社会紧密协作

日本学校教育是家庭、学校和社会的结合体，学校安全教育的完善离不开家庭和社会的贡献。日本每所学校都设有家长教师联合会，由家长组成，积极参与学校内外事务的组织与管理。例如：PTA中的校外委员会负责上下学安全指导计划的制订与实施，配合上下学学区活动与交通安全机构沟通、校外巡逻等。学校会定期举行多种类型的避难训练并邀请家长参加，练习发生灾害时如何接未成年人回家，提高家长的防灾避难技能。日本各地方的消防部门、警察部门均设有专门的防灾教育课，由专人负责到学校、单位讲解消防知识、安全知识并指导进行各种防灾训练和演习。消防部门会为学校灾害演练提供专业指导人员，同时为未成年人提供防灾公园、防灾科技馆等参观场所。正是由于多方共同参与协助的教育力量有效地保障了日本学校安全教育的有效性和全面性。

4.警力与高科技双管齐下

日本中小学拥有较为完善的安全保卫系统，由学校、家长、警方、医院、社区、教育行政部门等组成，为未成年人营造安全的学校环境。每所中小学都组织志愿者服务队，在未成年人上学和放学高峰期的学校周围巡逻并带领小学生过马路。马路边也会有贴有志愿标志的商店，当未成年人在上学路上遇到麻烦时可进去求助。日本学校除了在各个教室内配备防暴武器，还在未成年人的书包上安装GPS电磁接收器，在有必要时未成年人可通过接收器向警方求救。

为了推进学校安全工程，学校也从软件和硬件来保证学校安全。软件是指制度、课程、实践方面，如：建立健全组织机构，即学校安全委员会负责制订安全计划，校长、各类教师、主任各司其职，对未成年人进行安全培训、指导；制订安保计划和危机管理手册；编写安全与应急行动指南，学校开设预防安全事件的课程，教给未成年人的安全常识细化到除了上下学结伴、不走偏僻路线、对陌生人保持警惕和不许一个人乘坐电梯。此外，学校会把警察请到课堂与教师协作为未成年人授课并经常进行安全演习。硬件是指学校基础设施，如：对学校安全设施设备的日常排查；为未成年人配备用于定位的 GPS，便于监控未成年人上学放学，以防出现安全问题。

三、美国学校安全

为了保证校园安全，美国政府从学校安全立法、学校安全管理、安全应急演练、安全常识培训以及学校安全状况评估等方面开展工作。

（一）学校安全法律基础

美国于1990年通过《校园安全法》确认了校园警察制度的法律地位；1994 年出台《校园禁枪法》和《校园、社会及安全法》；1994 年通过《美国2000年的教育目标》，其中第7项目标就是安全的学校，该项目标的主要内容是：美国的每一所学校都将没有毒品和暴力，决不允许出现未经授权的枪支和酒精，为未成年人提供一种秩序井然、良好的学习环境。1999 年美国国会颁布《未成年人持枪暴力犯罪防治法》，禁止未成年人持枪，以防止未成年人持枪犯罪；2001年颁布的《不让一个孩子掉队法案》中要求每个州必须对长久处于危险境地的学校作出明确说明以确保未成年人知情权。2010年美国的《教育改革蓝图》中将学校安全作为有限改革和保障的重点领域，联邦政府将优先建立新的保证未成年人安全的教育模式，支持家庭、社区全面参与学校安全建设。

（二）学校安全教育实施

1.设立安全教育课程

美国学校按照国家课程标准和地方课程设置的要求，将安全教育纳入教学内容并对未成年人开展学校安全教育。与其他的主干课一样，除了由专门的安全教育教师教授以外，还会请一些富有经验的专家来讲解。如：美国红十字会经常到学校讲授防火安全课，消防队也会派消防员来讲授消防课。其中，“关注危险（Risk Watch）”是美国消防协会制定的一项建立在教育学基础上的学校安全教育课程。这是第一个专为课堂授课而设计的综合性伤害预防课程。它围绕对中小学生生命安全威胁最大的8个方面展开讨论，介绍了提高自我保护能力和识别能力的相关知识，展示了真实可靠的安全技能，使未成年人懂得该怎样做才能避免受伤，如何保护自己和他人免受伤害以及该如何说服他人树立安全观念等。此外，在美国各个地区也会开展不同侧重点的安全教育。如：在弗吉尼亚州的小学里有专门开设的自行车课；马里兰州有专门从学前到小学五年级的系列自行车安全教育课程，侧重实践技巧的培养；美国沃雷县公立学校开设了预防暴力课程，通过教授种种系统的方法，来帮助未成年人培养移情、怒气管理和冲动控制的技能，防止或减少暴力行为的发生。而为了倡导网络安全行动，应对未成年人网络伤害，美国政府在《21 世纪法案》中提出政府将提供资金要求学校教授未成年人基本的网络道德，设置幼儿园到高中的互联网安全课程标准，确保未成年人使用互联网的安全。

2.渗透安全教育内容

美国学校的各科任课教师会在课堂上有意识地进行安全教育内容的渗

透，即学科渗透。授课教师将某一主题作为教学内容，结合语言、数学、体育、音乐等各个学科制订计划，构建一个大的主题网络，使安全教育与其他课程巧妙融合。教师将知识点与各学科的教学目标、常使用的教学方法结合起来设计活动方案。以消防安全知识与各学科活动设计相结合为例：在科学课中，培养未成年人观察能力目标时渗透消防员服装辨认；在社会课中，要求未成年人了解各行各业人员及培养热爱劳动者情感时渗透关于消防员的知识；在活动课中，发展未成年人的肌体动作及培养敏锐的反应能力时渗透消防员的灭火过程。

3.开展模拟和演习

安全教育不仅需要理论知识的学习，更需要实践演练的配合，只有理论与实践的结合才能确保安全教育的效果。美国学校非常重视校内安全演练，演练会针对潜在突发事件的类型、可能发生的地点以及应急准备工作的实际情况进行。演习时重点解决未成年人的逃生自救、应急协调配合等问题。演习既有定期举行的，也有不定期的；既有预先通知的，也有突然的，如：消防演习、校园关闭演习、恶劣天气下的演习、校园枪击案演习等，以此增强未成年人应对突发事故的能力，培养未成年人在突发安全事故中临危不乱、沉着自救的能力。

4.进行未成年人亲身体验

除了开展校内模拟和安全演习，美国中小学还会让未成年人到安全教育体验中心或实践基地去体验和运用在校内学到的安全知识、技能，力求回归到现实生活的实际操作。以交通安全教育为例，可让未成年人在道路上参与交通指挥活动；在“火车日”，学校先放录像，然后带领未成年人到铁路旁，介绍过铁路的正确方法，如何防止脚被卡在铁道里等。这种体验式教育效果很好，很多未成年人在长大以后仍对当时的现场感受记忆犹新。

5.组织安全教育宣传活动

美国中小学会让未成年人在丰富多彩的安全知识和安全技能竞赛活动中树立正确的安全理念。以交通安全教育为例，一些学校组织交通安全宣传标语、宣传画竞赛并将获奖作品张贴在进入学校区域的路边橱窗中，或是制成彩旗立于路边以警示驾车人要小心驾驶，注意未成年人。此外，安全讲座也是一种有效的安全教育途径，如：慈善机构经常到学校开展珍惜生命的安全教育；警察组织会在校园开展预防枪击的安全教育讲座。

（三）学校安全教育课程

1.课程定位

美国中小学将安全教育纳入正规的教学管理中并列入教学计划，还规定安全教育是公立中小学的必修课，而且必须达到一定的授课时间。同时，各个学校每学年都要进行一到两次综合性安全演练。这样将安全教育贯穿于教育阶段的始终，有利于提高未成年人的安全意识以及自我防范的能力。如：南卡罗来纳州的各中小学根据年级和未成年人人数设置最适当的安全教育教学计划，开设注重技巧的安全教育课程；要求每个年级每年至少开展50 个课时的安全教育，并且由高水平的、准备充分的、受过训练的教师教授，力争取得最佳教育效果。

2.课程标准

美国于1996 年制定的《国家健康教育学习标准》中涉及安全教育课程标准。该标准提供了具体的安全学习框架和内容，规定了未成年人需要学习的必要知识和技能，并且更侧重于学习安全行为和安全决策技能，也为学校安全教育的全面评估提供了参照标准。同时也对不同学段安全教育内容、教学目标和教学侧重点也有不同要求，小学阶段的安全教育主要集中于日常生活中的危险预防等初级安全知识，中学阶段关注的是更高一层的安全知识教育，并且小学以游戏和模拟为主，初中以活动和体验为主，高中以体验和辨析为主。

3.课程内容

美国政府为了增加未成年人对安全知识的学习热情，培养安全意识，掌握安全事故防范与处理的方法与技能，养成安全习惯，明确规定了对学校安全教育内容的选择必须有足够的灵活性以及定期纳入新的、真实可信的内容，使未成年人能够掌握最新的安全知识，如：预防暴力、网络安全教育等。具体遵循的原则如下：

（1）介绍安全教育的课程内容要均衡、充足、有深度。

（2）课程内容组织要反映当前安全教育的理论和原则，有助于未成年人安全知识和安全技能的掌握并需要有高层次思维过程的参与。

（3）课程内容安排要考虑到不同学习水平的未成年人，具有可读性。

（4）课程内容要有助于以技能为基础的多种教学方法运用。

（5）课程要有高品质的补充材料。

（6）在审美支持方面，课程内容的编排要有视觉吸引力，书本纸张、印刷等质量要过关，语言要符合当前使用习惯。

4.课程评价

在安全教育评价方面，美国十分注重利用权威性机构对学校安全教育进行评估。其中，学校安全服务署是美国著名的为学校提供安全咨询、相关培训、安全评估以及其他有关未成年人安全服务的专门组织。所有学校的安全教育评估都要依据安全教育的课程标准，评价未成年人安全素养的获得和发展。首先，安全教育评估的是未成年人安全意识的建立，基本安全知识的掌握，在实际生活中能够应用这些知识并进行批判性思考、解决问题、自主学习、有效沟通的技能和树立健康负责的公民意识。其次，安全教育与其他学科一样也需要采用多种方式评估未成年人的成就，如项目活动、测试、任务、开放式问题等。对于安全教育效果的评价是持续进行的，作为学习过程的一部分。再次，安全教育评估还会给出评估数据，随着时间推移可以追踪未成年人行为的改变。最后，通过评估、监测和统计，学校可以了解课程前和课程后未成年人的态度和行为的变化及趋势，查看学校实施的安全教育课程的有效性。此外，学校安全教育的活动安排、资源配备、实施情况和实际效果等方面的评估，给未成年人、教师和学校提供有意义的反馈信息，以便使他们了解和监测安全教育的有效性并进一步改善教学。总之，全面的安全教育评价为教学方案的改进提供了非常有价值的信息，最终促进了未成年人安全素养的形成。

（四）学校安全教育措施

1.制订安全训练计划

美国教育部要求所有学区和学校要制订师生员工的安全训练计划，学校行政人员、教师、职工、未成年人要定期进行应急演练以增强师生预防突发事故的意识和能力。学校在安全状况评估后会提示相关人员预防学校及周边存在的潜在危险，避免带有危险倾向的未成年人转入或在学区内就学。同时，美国还要求每一所学校和学区都要有一个可操作的危害情况管理计划即危险应急方案，包括管理人员、未成年人、家长、协调法律实施部门、社区危机情况服务部门和危机管理部门等。如：美国小学每隔一两个月就会进行一次火灾演习，包括让未成年人熟悉逃生通道、火灾发生时要冷静听从指挥以及各种自救行为等。

2.严控师资队伍质量

在美国安全教育必须是由合格认证的安全教育教师来教授。如：公立学校的安全驾驶教育课程要由有专门驾驶安全执照的教师教授。在教师思想信念上，除了具有和其他学科教师一样的素质之外，安全教育教师要持有坚定的信仰——安全对每一个未成年人能否在生活中成功至关重要。优秀的安全教育教师要对他们所教科目有特殊的远见和评价。在教师技能上，安全教师要对所教的内容进行正确示范，即教师不仅传授理论知识，还要进行实际操作的演示。

3.邀请专业人员参与

美国学校会聘请消防员、律师、警务人员担任安全教育专业指导人员，如：纽约市公立学校现有 2600多名警务人员作为安全指导顾问。同时，还聘请获得专业安全学士学位的人担任学校安全专家。这些学校安全专家在维持未成年人安全方面发挥了重要的作用，他们与学校行政人员和当地执法部门实施预防计划；与家长和社会各界沟通，执行学校活动的规则并处理所有与安全相关的问题，包括对安全教师的培训，传授经验和技术等，如：印第安纳州要求每个学区都要有学校安全专家以协调所有学校安全计划并为学校提供各种资源。此外，美国学校还可以雇佣安全人员或警察在校园内巡逻。为此，美国于1994年提出改善学校安全特别计划，主要是新增拨款帮助学校雇佣和培训新的社区警察，建立社区范围内的学校安全和未成年人暴力应对机制。

4.赋予校车特权

美国校车拥有着至高无上的特权，其“待遇”与警车、救护车、消防车是一样的，有专门且详细的“校车避让规则”，包括在校车停车、上下未成年人的时候，任何车辆（包括警车、救护车、消防车）必须处于完全停车状态且必须停在离校车不少于20英尺的距离之外。在全美50个州，超越正在停靠和上下未成年人的校车是最严重的交通违法行为之一。

四、其他国家学校安全教育概况

（一）韩国学校安全

韩国对学校安全教育课程的实施十分重视，安全教育基本贯穿于各门学科和日常生活中，特别体现在国民伦理、体育课、统合课程、家政等科目中。首先，韩国从幼儿园开始，韩国学校每年都会组织3—4次消防安全演练，使孩子从小就养成在危急情况下能迅速而有秩序逃生的能力；在中小学生上学和放学时，学校会安排专门的老师维持学校门口治安，家长也会轮流做志愿者以协助校方维持学校周边的交通安全。其次，为了防止学校内发生安全事故并及时补偿受害师生，韩国于2007年起正式施行《有关预防学校安全事故及补偿的法律》，要求政府教育管理部门应优先支持安全方面的预算，每年两次以上对学校安全设施进行安全检查，同时对师生进行预防学校内安全事故的安全教育。同时，韩国教育委员会按地域设立学校安全补偿共济会，使管辖区内的师生能加入学校安全保险，在发生安全事故时能得到相应补偿。最后，虽然韩国社会治安总体上较好，但针对未成年人的恶性事件也时有发生。2009年先后发生数起针对女性未成年人的恶性骚扰事件，随后学校和家长都加大了针对未成年人人身安全的防范和教育力度。其中，学校增加了校园周边摄像头的数量和保安人数，家长纷纷为未成年人购买可随身携带的安全防范设备，如：喷雾剂、报警器等。

（二）法国学校安全

法国早在1957年就开始规定未成年人从小学到初中都要进行交通安全教

育并在许多城市成立了交通公园和交通法规学校，未成年人可以通过自己观察现代微观城市了解交通安全知识和规则。法国为了保证小学生的安全，警方会在未成年人上学和放学的高峰期派出专门的警察疏导交通和保护未成年人安全；每个学区配有特警机动队以便及时快速地处理学校发生的暴力事件；学校校门旁设有专人负责的大厅作为到校较早未成年人的等候区域；放学时教师会把未成年人亲自交给家长；教师还经常会与未成年人沟通谈话并及时了解未成年人身边潜在的不安全因素。

（三）英国学校安全

英国以法律法规的形式要求学校必须对未成年人进行安全知识和安全技能教育，且安全教育工作要贯穿未成年人日常成长的始终，让未成年人从小形成安全意识，特别是英国政府颁布的《儿童十大宣言》深受英国家长的热捧，它实际上是英国对儿童安全教育的指南，具体内容如下：

（1）安全的权利——平安成长比成功更重要。

（2）保护自己身体的权利——背心裤衩覆盖的地方不许别人触摸。

（3）生命第一的权利——生命第一、财产第二。

（4）向父母讲真话的权利——小秘密要告诉妈妈。

（5）拒绝毒品与危险品的权利——不喝陌生人的饮料，不吃陌生人的糖果。

（6）不与陌生人打交道的权利——不与陌生人说话。

（7）紧急避险的权利Ⅰ——遇到危险可以打破玻璃、破坏家具。

（8）紧急避险的权利Ⅱ——遇到危险可以自己先跑。

（9）面对侵害不遵守诺言的权利——不保守坏人的秘密。

（10）对坏人可以不讲真话的权利——坏人可以骗。

通过上述安全教育使孩子们知道在关键时刻可以通过破坏东西、打人叫人、夺路而逃等非常规手段求救，貌似颠覆了教育孩子“懂礼貌”的传统做法，实则是教会孩子发现危险、积极应对的本领。同时，英国政府为了保护学校安全会在幼儿园到高中的每所学校内设有数名荷枪实弹的警察。此举不仅能有效应对“学校暴力”，还能对社会力量企图伤害未成年人的行为形成震慑。此外，英国教育行政部门还向家长提出要求，明确他们肩负的“安全责任”。如：要求幼儿园和小学阶段的家长统一接送孩子，并且家长必须把孩子送进校门；放学后老师和孩子们会在学校操场的固定区域等候家长。

（四）阿根廷学校安全

阿根廷建立了一个由警察、交通安全人员以及商贩组成的“学校安全通道”共同维护学校安全，取得了积极成效，学校及其周边区域的犯罪事件明显下降。在这个“学校安全通道”中，每到上学和放学时间都会有警察和交通安全人员在校门口及附近地区执勤。在学校附近经营的商贩也被邀请加入学校安全体系担当流动岗哨的职责，协助警方密切关注学校门口的可疑人群，并随时为遇到紧急情况的未成年人提供力所能及的帮助。

（五）新西兰学校安全

新西兰针对未成年人安全出现的危害事件通常会借助“4R”法则来解决，即应激（Response）、降低（Reduce）、还原（Recovery）、准备（Readiness）。在学校安全问题发生之前进行有效预知和防范；针对会出现的未成年人安全事件进行模拟和训练并完善应急措施；根据事先准备好的应急措施来对发生的安全事件进行处理；安全事件发生之后会进行妥善处理，随后还要进行工作总结以及针对事件出现的原因进行调查分析并完善安全问题的解决措施和预防措施。

第三节　学校安全教育概述

一、学校安全教育概念

（一）安全

“安全”一词在希腊文中的意思是“完整”；在拉丁文中有“卫生”的意思；在梵语中的意思是“没有受到伤害”；在《韦伯国际词典》中，“安全”表示一种没有危险、恐惧、不确定的状态，免于担忧；另一方面，还表示进行防卫和保护的各种措施。“安全”一词在第 6 版《现代汉语词典》的第一个释义是没有危险。可见，不受威胁，没有危险，太平、稳定、不出事故，无危则“安”；完整、没有伤害或无残缺，无损则“全”，即无危无损为安全。

（二）安全教育

安全教育是指通过学习使未成年人掌握安全防范知识以及一系列的安全技能，防止无意或有意的伤害，同时也包括掌握受到伤害时的应急技能、急救技能、最基本的受伤治疗技能等，即能够进行自我救助和互救，避免或减少伤害和死亡事故。

（三）学校安全教育

目前，对于学校安全教育的概念界定主要有以下三种观点。第一种观点认为：学校安全教育是指按照未成年人的年龄阶段，在维护未成年人生命安全的基础上有目的、有计划、有组织地增进其安全意识、安全知识及安全技能的教育活动。第二种观点认为：学校安全教育就是在尊重或保护未成年人个体和集体生命利益的基础上，对个人和集体进行教育，以提高未成年人防范和处理危急事故的能力，增强个人和集体自我保护意识。第三种观点认为：学校安全教育是以未成年人为本的教育，是在尊重和保护未成年人生命的基础上，提高未成年人防范与处理安全事故的能力以及自我保护能力而进行的一种教育。

综上，学校安全教育的概念可总结归纳为以规范未成年人安全行为作为基本目标的教育活动，其与未成年人的生存、生活及发展有着密切联系。

二、学校安全教育特点

（一）长期性

随着时代的进步和科技的发展，学校环境与教育教学条件也在不断变化发展，安全知识和安全技能也随之更新充实；同时，随着未成年人就读年级的提高及其社会接触面的扩大，他们所要掌握的安全知识和安全技能的深度与广度也各有侧重。因此，学校安全教育必须是长期性的。

（二）全面性

每一位未成年人在成长过程中都存在发生安全事故的可能，而安全教育工作必须贯穿于未成年人成长的方方面面。因此，学校安全教育也必须是全面性的。

（三）专业性

由于学校安全教育有其依据的专业理论、独特内容以及区别于其他教育的教学方式和方法。因此，学校安全教育具有专业性。

（四）针对性

学校安全教育需要从每一个未成年人、每一个学校、每一个地域、每一个国家的实际情况和发展变化出发，根据个人、学校、地区、国家的各自特点和各种需求，紧密结合实际情况进行有针对性的安全教育。

（五）实效性

学校安全教育的宗旨是确保未成年人生命安全，如果未成年人对安全知识和技能不能学以致用，那么学校安全教育就毫无实效、流于形式，当危险真正来临时，未成年人的生命安全便无法得到有力保证。因此，学校安全教育必须注重实效性。

三、学校安全教育理论基础

（一）安全科学理论

1.安全科学概述

安全科学是关于事故发生发展规律的正确认识以及预防事故手段的结构化知识体系。安全科学的最终目的是将现代技术应用所产生的任何损害后果控制在最低限度内，或者至少使其保持在可容许的限度内。为实现这个目标，安全科学的特定功能是获取及总结有关知识并将发现和获得的相关知识引入安全工程中来。

2.安全科学发展

人类对于安全问题的应对经历了从事后“亡羊补牢”型到预防控制型的变化，从安全事故的致因调查发展转变为安全问题的科学预防；从安全事故的处置过程发展为安全系统工程；从安全事故的注意事项发展为安全科学的理论体系。总之，安全科学理论随着时代的变化仍在不断地发展与完善。

3.安全科学原理

（1）安全哲学原理：从历史学和思维学的角度研究实现人类安全生产和安全生存的认识论和方法论。有学者把人类由古至今在安全认识论上演化的过程归纳为三个阶段，即远古人类的安全认识论是宿命论，方法论是被动承受型的；近代人类对安全的认识提高到了经验水平；随着现代工业社会的发展和技术进步，人类的安全认识论进入了系统论阶段，从而在方法论上能够推行安全生产与安全生活的综合型策略，甚至能够超前预防。因此，有了正确的安全哲学思想指导，人类现代生产与生活安全方能获得高水平保障。

（2）安全系统论：从安全系统的动态特性出发，研究人、社会、环境、技术、经济等因素构成的安全大协调系统，建立生命保障、健康、财产安全、环保、信誉的目标体系。在认识了事故系统中的人、机、环境、管理四要素基础上，更强调从建设安全系统的角度出发，认识安全系统要素：人——人的安全素质；物——设备与环境的安全可靠性；能量——生产过程能量的安全作用；信息——充分可靠的安全信息流是安全的基础保障。因此，从安全系统的角度来认识安全原理更具有理性的意义，更具科学性。

（3）安全控制论：安全控制是最终实现人类安全生产和安全生存的根本措施。安全控制论提出了一系列有效的控制原则，要求从本质上来认识事故而不是从形式或后果来认识，即事故的本质是能量的不正常转移，并由此提出了高效地实现安全系统的方法和策略。

此外，还有安全管理学原理、安全信息论原理、安全经济学原理、安全工程技术原理、安全仿真理论、安全专家系统、系统灾变理论、本质安全化理论和安全文化理论等。

（二）需要层次理论

需要层次理论是由美国心理学家马斯洛在《人类激励理论》一文中提出，也是行为科学的重要理论之一。该理论指出：人的需要是人体某种生理或心理上的不满足感使人产生行动的动机。而人的需要又是多样和复杂的，人在某一阶段会有多种需要，但会有一种需要是相对强烈的，这就是强势需要。强势需要产生了主导动机，而主导动机会直接导致人的行动。人通过行动满足了强势需要后又会产生新的强势需要，如此循环往复。为了便于分析和研究人的各种需要及其作用，马斯洛按照人生各个生涯发展阶段将人的需求由低级到高级依次分为五个层次：生理需求、安全需求、社交需求、尊重需求、自我实现需求。其中，生理需求是人类生存的最基本最原始的本能需求，包括吃饭、喝水、求偶等需求。安全需求是人在生理需求获得适当满足之后产生的，包括生命和财产的安全、身体健康、生活环境的安全稳定等方面的需求。社交需求是指感情与归属上的需求，包括人际交往、友谊、被群体和社会接受和承认等，这种需求体现了人有明确的人际关系需求和社会认同需求。尊重需求包括自我尊重和受他人尊重两方面，前者包括自尊、自信、自豪等心理上的满足感；后者包括名誉、社会地位等满足感。自我实现需求是最高层次的需求，是人有发挥自己能力和实现自身的价值与理想的需求。高层次需求产生的前提是低层次的需求得到满足，欠缺的需求的层次越基层，对人类生存所构成的威胁就越大。在需求的各层次中，安全需求是仅次于生理需求之后最为迫切的基础需求，由此也可以看出安全需求的重要性。

（三）生命教育理论

美国学者华特士（James Donald Walters）于1968年首次提出了生命教育理论并对生命教育思想进行了全面阐述，随后便在美国加州创办了阿南达学校，把生命教育思想付诸实践。华特士认为：教育不只是训练未成年人将来能够谋得职业或是从事知识的追求，而是引导人们充分地感悟人生的意义；更为重要的不仅是在学校的岁月，人的整个一生都是教育的历程。此后，国际上出现了一种新教育思潮——生命教育理论，随之在许多国家地区得到了深入研究和发展。有学者认为：生命教育是有目的、有组织、有计划地进行生存能力培养、生命意识熏陶、生命价值提升的教育。这与学校安全教育能使人真正理解生命的价值和意义，进而尊重敬畏生命的最终目标完全一致。我国香港和台湾地区分别于1996年和1997年开启了有关生命教育的探索与研究。随后，生命教育一词也出现在中国大陆地区。生命教育的最终目的是培养未成年人关注生命、尊重生命、珍爱生命、欣赏生命、成全生命、敬畏生命的意识。因此，减少或避免未成年人发生安全事故，增强未成年人安全防范意识，提高未成年人保护自己以及保护他人的能力，使他们能够健康安全地成长是生命教育肩负的重要使命。

（四）“以人为本”理念

科学发展观的核心是以人为本，每一个生命体都是向前发展的，每一个未成年人都有无限发展的潜力，对未成年人进行安全教育就是坚持“以人为本”的思想，关爱其生命，重视其发展。当今在大力提倡素质教育的时代背景下，更应该坚持以人为本，因为它是素质教育的精髓。对于学校教育而言，坚持以人为本就是要坚持以未成年人为本，以未成年人为核心，要以保证未成年人的生命安全为根本目标。学校要实现保证未成年人生命安全就应当做到时时刻刻以未成年人安全为重，加强学校安全教育，使未成年人树立安全观念，掌握相应的安全知识和安全技能，养成安全行为。

（五）“生命至上”理念

党的十八大以来，以习近平同志为核心的党中央站在党和国家事业发展薪火相传、后继有人的战略高度，要求各级政府及教育行政主管部门要高度重视青少年儿童安全工作，亲切关怀青少年儿童健康成长，着重强调要把学校及社会青少年儿童的安全防护工作作为当前及今后一段时间的大事急事抓紧抓好，要牢固树立以人民为中心的发展思想，坚持人民至上、生命至上的理念，把学校及社会青少年儿童安全防护工作抓紧抓实抓到位；要统一思想认识、提高政治站位，正视风险隐患，振奋提振精神，增强做好学校及社会青少年儿童安全防护工作的责任感、紧迫感。

四、学校安全教育内涵

教育是人类特有的活动，其目的在于充实生活、扶植生存、发展生计、延续生命，因此，追求安全也是学校教育的重点之所在。事实上，教育活动的顺利进行也必须仰赖于学校安全环境的维系；而教育成果的效标便是学校安全环境的创造。我国教育部提出学校安全教育的宗旨是发展和培养未成年人安全行为，使他们能够在面对环境挑战的成长过程中学会评估危险环境并懂得如何应对和处理事故，更重要的是培养良好的安全意识和态度。因此，学校安全教育的内涵应当包括：探究未成年人学习生活情境中潜伏的危机；创建未成年人安全快乐成长的教学环境；研拟简易有效的学校安全教育教学及保护计划；开发和构建未成年人安全防范措施和体系。此外，还应该包含教导未成年人学会与环境互动的安全知识，帮助他们可以安全自在地学习和生活。

五、学校安全教育目标

（一）总体目标

新时代新形势下，我国各项教育事业必须坚持在党的坚强领导下，全面贯彻党的教育方针，坚持马克思主义指导地位，坚持中国特色社会主义教育发展道路，坚持社会主义办学方向，立足基本国情，遵循教育规律，坚持改革创新，以凝聚人心、完善人格、开发人力、培育人才、造福人民为工作目标，培养德智体美劳全面发展的社会主义建设者和接班人，加快推进教育现代化、建设教育强国、办好人民满意的教育。习总书记指出要努力构建德、智、体、美、劳全面培养的教育体系，形成更高水平的人才培养体系。要把立德树人融入思想道德教育、文化知识教育、社会实践教育各个环节中去，贯穿基础教育、职业教育、高等教育各领域，这也是学校安全教育必须遵循和追求的总体目标。因此，学科体系、教学体系、教材体系、管理体系要围绕这个总体目标来设计，教师要围绕这个总体目标来教学，未成年人要围绕这个总体目标来学习。

（二）具体目标

学校安全教育具体目标可以从两个方面进行探讨：一是从心理卫生和生物学基础来看，学校安全教育目标在于促进未成年人身心健康发展，使他们能够健康、活泼、快乐地成长即保护未成年人的生命安全，促进心理健康。二是从未成年人成长与教育的目标来看，未成年人的生活与教育必须以“安全第一”为本，开发未成年人成长喜悦的经验和学习成长的基本能力为辅，这样才能使其成为身心健康、全面发展的人，具体目标如下：

1.了解危险的概念并知道什么样的状况才是安全的。

2.认识生活中可能存在的危险，并学会简单评估环境的安全性。

3.发现危险事物时，非其个人能力所能防范处置时，应告知成人前来处理。

4.遇到危险情境时，若无十分把握处置时，应寻求他人帮助。

5.身处危险环境时，应当学会判断自己身边具有的安全措施。

6.对日常生活中的各种环境要养成用安全的方法去做事的习惯。

7.以合作的方式接受他人的安全建议，但必须经过分析判断后方可实施。

8.会提供改进安全情境的建议。

综上，学校安全教育就是透过教育活动，让未成年人认识危险情境，建立良好的生活习惯与态度，培养生活中安全的基本知识与技能，了解有关意外伤害发生的原因，熟知如何控制和减少意外事故发生的必要步骤，培养应变能力以令其不会因无知盲从而造成自身与家人永远的伤痛。然而对未成年人积极实施学校安全教育并非一味地阻止他们不能做什么，而是让未成年人了解什么是危险，什么是安全，培养他们辨别安全的能力；若对未成年人过度保护，将会养成过度的依赖性并阻碍其安全认知和安全意识的发展。

六、学校安全教育意义

孩子作为每个家庭的希望和支撑，尤其对独生子女家庭而言，孩子就是整个家庭的全部。每一个生命的失去都是家庭不可承受之重，给家庭带来沉重的精神冲击和巨大的经济负担，影响家庭和睦与幸福，给社会增加了潜在不安定因素，也影响了社会和谐进程。未成年人是国家的未来和希冀，作为基础教育的中小学教育是高等教育的起点，也是未成年人成才的起点。保障未成年人安全方能保证教育教学活动正常开展以及保证未成年人能够成人成才。

未成年人的生命安全和健康成长是关乎每个家庭、每所学校和整个社会的大事；保障未成年人的生命安全是学校安全教育工作的首要职责，也是全社会的共同责任，更是构建社会主义和谐社会的重要基础。因此，加强学校安全教育有利于未成年人的健康成长；一是培养合格的未成年人、守法的公民；二是教导未成年人学会用法律武器保护自己和他人；三是学习更多的安全防范知识，学会自我救护和救助他人。加强学校安全教育有利于社会环境的净化；一是能够提供健康信息的传播和接收；二是提供良好的精神食粮。加强学校安全教育有利于增强各级各类学校的责任感。

目前，相当一部分未成年人还不具备足够的安全意识和自我保护能力，需要学校、家庭和社会的保护。学校的根本任务是培养人，是为了未成年人的健康成长。确保未成年人生命安全是教育战线实现好、维护好、发展好人民群众根本利益义不容辞的重大责任，是办好让人民群众满意教育的基础和前提。加强学校安全教育有利于意外事故的预防。80%的意外伤害事故是可以避免的，安全教育是生命教育，安全教育是公民教育，安全教育是世纪教育，仅仅依靠社会、学校、家长对未成年人进行保护是不够的，更重要的是引导未成年人掌握自救知识，锻炼未成年人自我保护和自我救护的能力，使他们能够果断正确地进行自救互救，机智勇敢地处置各种异常情况或应对危险情境。

七、学校安全教育前瞻

学校安全教育无非是借由诸多实践活动来培养未成年人应对安全问题的

能力。意外无法预料，却能事先防范。因此，学校预备安全的环境以及制订切实可行的学校安全教育计划，通过安全教育使未成年人了解和掌握各种环境下的安全活动以及有效预防危险。教育活动是持续不断的历程，多一分准备就少一分伤害，学校教育教学活动能否顺利进行依赖于学校安全环境的维系。如果在教育中多一份用心便能激发未成年人潜在的危机意识，防止意外事件的发生。因此，为了能使我国学校安全教育得到有效开展，应当大力解决以下问题。

（一）学校安全教育基础理论研究及师资培训问题

学校安全教育的理论基础、学理基础、历史渊源、学科特征等重大的理论问题都需要深入探讨；同时，迅速培养一大批合格的学校安全教育专业师资力量是当务之急。

（二）学校安全教育课程体系及系列教材研制问题

到目前为止，已正式出版的有关学校安全教育教材仅有两三种，且已出版的学校安全教育教材尚有不少缺陷，需要国家层面或各级地方政府因地制宜编撰出适合我国学校安全教育的教材，使之更贴近于未成年人的现实生活，提升学校安全教育的实效。

（三）学校安全教育教学方法更新问题

学校安全教育本质上是一种理论结合实践的课程，且更为注重未成年人在现实生活中的操作能力和应急处置能力，与现行教育体系中的知识性、逻辑性、科学性的教学活动有着较大的区别。因此，学校安全教育课程对任课教师的要求相当高，这就要求教师在教学过程中真正贯彻体验式教学、启发式教学和知行合一式教学。同时，也要大力提升学校安全教育教学硬件设施的建设。

（四）学校安全教育教学资源问题

学校安全教育应具备广阔的学科视野，借鉴先进国家在学校安全教育领域的做法，整合国内现有学校安全教育资源，特别是学科资源和地域资源，积极融合心理学、教育学、体育学、物理学、生物学、化学等学科知识，打造科学合理、易于实施的中国式学校安全教育课程。

（五）学校安全教育社会化问题

我国政府应当努力引导将学校安全教育推向社会，全面实施国民安全素质教育。因为安全教育属于公民教育，也是现代社会每个公民应当具备的基本素养。

（六）教育行政体制保障问题

我国教育行政管理部门要从学科研究、学校课程体系设置、教材编写与使用、资金投入、专职教师培养、考评体系构建等方面着手，确保学校安全教育工作的有效实施。

第二章　学校安全教育规划与实施

第一节　学校安全教育规划

一、学校安全教育规划概念

首先，规划是全面的、长远的、原则性的并带有前瞻性眼光的发展计划及实施方案，是对事物发展的一种前瞻性判断，也是对各种资源进行取舍、挖掘和开发的总体指导方针。其次，规划是人类思考并基于思考后行动的过程，是一个过程而不是内容。再次，规划的领域受心理学、管理学、科学方法论、系统论、控制论、运作研究和逻辑学影响。最后，规划是涉及未来导向，是在做出选择前对各种方案的制定与评价，以获得资源最大化利用的能力。此外，规划是超前于实践、高于实践，但规划的好坏最终需要由实践来检验。因此，一个良好的规划应当符合以下六个重要步骤：一是确定目标及范围；二是搜集现状资料；三是分析与整理资料；四是编拟计划草案；五是修正草案；六是决定计划。

学校安全教育规划是指地方各级政府及教育行政主管部门为确保学校师生员工生命财产安全，实现普及推广安全教育、树立安全意识，避免和减少校园安全事故发生而依据国家相关教育方针和政策法规对学校安全教育的发展目标、规模速度及相应步骤措施等做出的设计、部署与安排的过程或活动。

二、学校安全教育规划内涵

（一）规划制定主体统一

学校各项工作的正常运转和发展提升必须服从各级政府和教育行政主管部门的领导与管理。因此，各级政府和教育行政主管部门在学校安全保障方面起着至关重要的作用，其理应成为学校安全教育规划的制定主体。学校安全教育规划属于宏观性指导行为，是对一个地区内各级各类学校安全教育工作做出的一种宏观性设计、部署和安排，其主体也必然是各级政府和教育行政主管部门。因而各级各类学校应当遵照各级政府和教育行政主管部门做出的学校安全教育规划并结合学校自身情况制订相应的学校安全教育工作计划。

（二）规划制定目的明确

学校安全事故的发生给学校师生员工生命财产和学校公共财物造成了巨大损失，其原因多为师生员工安全意识淡薄、安全技能有限或缺乏安全常识与经验。学校安全教育规划的目的应当是各级政府和教育行政主管部门有效制定学校安全教育规划以及专家学者对学校安全教育规划进行研究的出发点和归宿。因此，在制定学校安全教育规划时要把普及安全教育落到实处，使广大师生具备一定的安全常识，不断增强师生安全意识，尽量避免或减少学校安全事故发生。

（三）规划制定内容全面

由于学校安全教育涉及学校安全的方方面面，这就要求学校安全教育规划包含的内容也应当是全方位的，如：学校安全教育的最终发展目标、学校安全教育将要达到何种水准、学校安全教育的实现途径等。

虽然学校安全教育规划是实现学校安全教育的基础，但由于其只是一种设计、部署和安排，仅仅是对学校安全教育做出的宏观设想，距离实践仍然有较大差距，因此，还需要在实践中不断对学校安全教育规划进行检验、修正和完善。

三、学校安全教育规划外延

学校安全教育规划的外延是指学校安全教育规划的适用范围，即针对的是不同类型的学校或教育培训机构。在我国虽然学校相对于其他各行各业而言属于较小的一个领域，但学校涉及的未成年人、教师和职工群体人数异常庞大。因此，学校安全教育规划的适用范围呈现出“面窄里深”的形态。不同层次和不同性质的学校、培训机构、托育机构等均是学校安全教育规划覆盖的范围，这也是各级政府和教育行政主管部门在制定学校安全教育规划时应当考虑的情况。

四、学校安全教育规划功能

（一）规划功能

该功能主要体现在对学校安全教育的发展目标、规模速度以及相应步骤和措施等做出的设计、部署和安排并以此来构建学校安全教育发展的宏伟蓝图。

（二）预测功能

该功能主要是体现在面向未来的过程，这一过程就要求学校安全教育规划要立足于现实，在合理分析现状的基础上科学地进行预测与制定学校安全教育在未来一段时期内的发展前景。

（三）指引功能

学校安全教育规划一经制定便会对学校安全教育工作产生指引作用，即依据学校安全教育目标，在各级教育行政主管部门指导下围绕该目标开展工作以达到学校安全教育的预期目的。

五、学校安全教育规划特点

（一）宏观性

学校安全教育规划是教育战略思想发展的长远思考、筹划和安排，其范围大，涉及面广，必须要求规划的制定者具有战略眼光、高瞻远瞩，不是权宜之计，而是定大计、谋发展。因此，学校安全教育规划具有宏观性特点。

（二）权威性

学校安全教育规划是由各级政府和教育行政主管部门邀请学校安全教育领域的权威专家和学者，集众名家之智慧，通过反复论证、修改、制定的发展规划，具有很高的权威性。此外，学校安全教育规划作为各级政府和教育行政主管部门制定的文件也具有一定的公信力和权威性。

（三）普适性

学校安全教育规划是各级政府和教育行政主管部门在考察其管辖范围内学校安全教育现状，分析和预测学校安全教育发展趋势下制定的，更是各级各类学校开展学校安全教育工作的纲领性文件，其具有普适性指导作用。

六、学校安全教育规划原则

（一）系统性与科学性原则

学校安全教育规划的内涵和外延是一个巨大的系统，如：从教育部、地方教育行政主管部门再具体到各级各类学校；从高等教育、中等教育、初等教育再到学前教育；从普通学校、职业学校、特殊学校再到各类培训机构等，这些教育单位和教育机构组成了我国庞大的教育系统。从系统构成而言，学校安全教育规划具系统性的特点，在进行学校安全教育规划时必须遵循和坚持系统性原则。

学校安全教育规划作为一项宏大而严密的系统工程，要求立足于我国学校安全教育的客观现实，尊重学校安全教育的客观规律，统筹全局，遵循科学性原则。在这一原则指导下的学校安全教育规划将是科学且具体可操作的，也是能够指导学校安全教育工作顺利开展和有效实施的。

（二）静态性与动态性原则

事物是运动、变化和发展的，但在变化发展过程中会呈现相对静止的状态。学校安全教育规划也是如此，随着社会发展，学校安全教育规划也在不断更新完善，但在一定时期内其是相对稳定的。学校安全教育规划是一个具有长期性和周期性的过程，在此过程中学校安全教育规划有一定的周期，而每个周期之内有其主要任务和目标，在周期之内的规划不可随意变更，否则朝令夕改，会使学校安全教育规划无法推进下去。因此，学校安全教育规划要遵循静态性原则。静态性原则是指学校安全教育规划在一定时期内保持相对稳定，以便能集中精力实现该阶段主要任务和目标。虽然学校安全教育规划是面向未来的事业，但由于教育发展是一个缓慢过程并且在一定时期内具有相对稳定性，因此，应当利用科学方法去预知未来一段时间内学校安全教育发展会出现的情况和发展程度，进而制定相应的学校安全教育规划。

学校安全教育规划研究属于未来研究范畴，是在厘清学校安全教育发展历史和现状，在寻找学校安全教育发展趋势和规律的基础上，寻求和实现学校安全教育根本目标的最佳行动过程。从时间上，其跨越了过去、现在和未来，具有长期性。在此过程中学校安全教育规划要根据社会发展、人们观念和国家教育政策等诸多因素的变化而改变。虽然在一定时期内处于相对稳定和静止，但总体而言仍是一个不断发展、更新和完善的过程。因此，学校安全教育规划应当深入考察学校安全教育的过去、现在和未来，随时关注学校安全教育发展的最新动态，进而不断调整学校安全教育规划指导思想、及时调整学校安全教育的手段等，做到与时俱进，这样才能使未成年人获得适应社会发展需求的安全技能和安全素养。

（三）现实性和预测性原则

学校安全教育规划应立足于现实，展望于未来，这不仅需要对当前我国学校安全教育现状进行科学合理分析，更需要构建未来发展蓝图，预测未来发展趋势。因此，在进行学校安全教育规划中必须坚持现实性与预测性相结合的原则。规划是对未来的展望，立足学校安全教育现状是进行学校安全教育规划的前提和基础，也是进行科学研究的主要依据。学校安全教育规划考察和总结以往学校安全教育成果与经验，正视学校安全教育存在的问题与不足，分析学校安全教育开展不力的诸多原因，以战略眼光规划未来三五年或更长期的学校安全教育发展方向。因此，学校安全教育规划必须遵循现实性原则。而要遵循此原则就要做到：一要实事求是调查和分析当前学校安全教育的现状，分析其发展特点和存在问题。二要有一套科学规划理论和方法作为指导，使其拥有深厚的理论基础作为支撑，这样才能更有效地达到进行学校安全教育规划的目的。

学校安全教育规划需要预测或预见学校安全教育发展的未来状态或未来可能发生的变化，需要构建学校安全教育发展的理想目标以及实现理想目标的最佳行动方案，因而其具有预测性。由于教育本身具有周期长和见效慢的特点，这使得发展教育事业需有长远战略眼光和高瞻远瞩的预见性，更需要有鲜明的未来观念、未来意识和丰富想象力。因此，在进行学校安全教育规划时应注意：一要对学校安全教育的发展历史、现状、未来发展趋势进行深入细致研究，并对未来学校安全教育的基本轮廓和特征进行全面、认真探索和剖析，才能比较准确地预测、预见和构想学校安全教育的未来，方能制定出切合实际并能有效地付诸实施的学校安全教育规划。二要深刻地揭示学校安全教育与经济、政治、文化等社会发展的关系，在学校安全教育与外部环境相互作用的过程中把握学校安全教育的未来发展。

七、学校安全教育规划举措

各级各类学校在落实学校安全教育工作时除对学校安全教育目标进行合理规划外，还应当安排专业师资人员贯彻执行，同时，要加强学校与家庭、社区、社会团体的协同合作，落实于未成年人的日常教学活动和生活中。在规划学校安全教育时应注意以下事项：

第一，学校对未成年人日常生活中出现的诸多危险因素应拟定相应的安全教育计划作为学校安全教育课程的基本部分。

第二，学校安全教育计划必须兼顾一般性学校教育目的，即促进未成年人内在能力发展与社会适应能力相匹配。

第三，教师和学校管理人员应当对所有未成年人的安全负责，除贯彻学校安全教育的课程外，还应以自身的行为态度作为未成年人的示范和榜样。

第四，学校安全教育计划应使未成年人在学校安全教育中积累经验，协助未成年人形成良好的行为习惯，有效提高未成年人社会适应能力以供其作为终生技能应用。

第五，学校安全教育教学方法应力求实践，重点培养未成年人面对危险时做出良好的判断和行为反应，不是过分强调危险和恐怖而使未成年人产生忧虑畏惧心理不敢行动，同时，学校还要教会未成年人在紧急情况下有勇有谋地处置安全问题。

第六，学校安全教育应当能促进未成年人对社会、家庭以及自己的行为产生责任感。

第七，学校安全教育计划应当有效配合学校开展的其他培训活动或课程教育。

第八，学校在制订安全教育计划时应当尽可能多地借助政府机构和社会力量参与其中，使每一位未成年人都能共享安全的学校生活和社会生活。

第二节 学校安全教育实施

一、学校安全教育实施原则

（一）社会视角原则

1.全员化原则

在学校安全教育的实施过程中应以各级各类学校全体未成年人为对象。

2.人性化原则

在学校安全教育的实施过程中应遵循人性化教育理念，教职员工对未成年人应当持有用心、留心和有责的态度施教。

3.社会化原则

在学校安全教育的实施过程中应广泛利用社会资源，与专家学者、未成年人家长、社会团体、政府部门等积极合作，协同参与实施。

4.辅导化原则

在学校安全教育的实施过程中应以未成年人身心保护为中心，通过行政服务与运作，积极建立安全防护计划以确保实施效果。

（二）方法视角原则

1.具体化原则

在学校安全教育的实施过程中可以通过讲故事或角色扮演等情境式教学，将伤害事故的成因及应对措施进行具体化，提高未成年人的认知。

2.步骤化原则

在学校安全教育的实施过程中可以将伤害事故发生的具体过程用条理清晰的脉络形式呈现给未成年人并让他们在实际模拟演练中加深印象。

3.生活化原则

在学校安全教育的实施过程中可以从未成年人的个人经历出发，配合生活中的各种案例，以未成年人最常接触到的安全问题为主题，发动他们讲述自己遭遇到的伤害事故及采取的安全保护措施，促进未成年人安全知识和安全技能的生活化。

（三）教育视角原则

1.配合原则

学校安全教育需配合未成年人的能力规划设计适当的教学活动。

2.匹配原则

学校安全教育应使用适合未成年人年龄的语句、概念与其进行讨论。

3.实践原则

学校安全教育应提供安全技能练习活动和实践操作，培养未成年人危机处理技能并建立危机意识。

4.强化原则

学校安全教育应加强并经常督促未成年人复习已学过的安全技能。

5.创新原则

学校安全教育应开发或创设可能使用特定安全技能的新情境并与未成年人讨论应对处置的方法。

（四）认知视角原则

1.告知原则

学校安全教育应使未成年人正确认知何为危险，教会他们在危急情况下做出正确的判断以及有效处理危机的方法。

2.训练原则

学校安全教育应加强实践性演练使未成年人掌握应急处理和紧急避险的动作和方法，熟能生巧方可使危险和损伤降低。

3.参与原则

学校安全教育应当有教学保护人员在场，如若遇到突发情形便可及时处置，避免危险扩大或殃及未成年人。

总之，学校安全教育的实施原则应当要引导未成年人认识危险，懂得所处环境并学会使用周围可用器物。学校安全教育人员应根据未成年人年龄特征有计划开展形式多样的安全教育活动，循序渐进地教导未成年人以增强危机意识和自我保护能力；要善于运用情境教育及借助社会资源，安排定期与随机模拟演练，教导未成年人掌握必要的急救技能，科学有效地考核评估未成年人在安全教育学习过程中的效果。

二、学校安全教育途径

学校安全教育应当从培养未成年人安全行为、打造学校安全教育师资队伍、构建学校安全教育考核体系、开发学校安全教育课程、落实学校安全教育活动实践、打造学校安全教育实践基地、完善学校安全教育组织推进模式等途径实施，保障未成年人安全健康成长、学校的可持续发展和社会的和谐稳定。

（一）发展未成年人安全行为

由于幼儿期至青春期的未成年人认知思维仍处于发展阶段，对于危险的认知不足，使得他们的应变能力和自我保护能力较弱，因此，需要借由成人来协助其建立安全行为。而未成年人安全行为的形成需要经过确认、评估、决定、表现、评价、修正与应用七个阶段，只有这样才能逐步建立起良好的行为习惯、适当的态度、熟练的安全技能与正确的安全知识（见下图）。

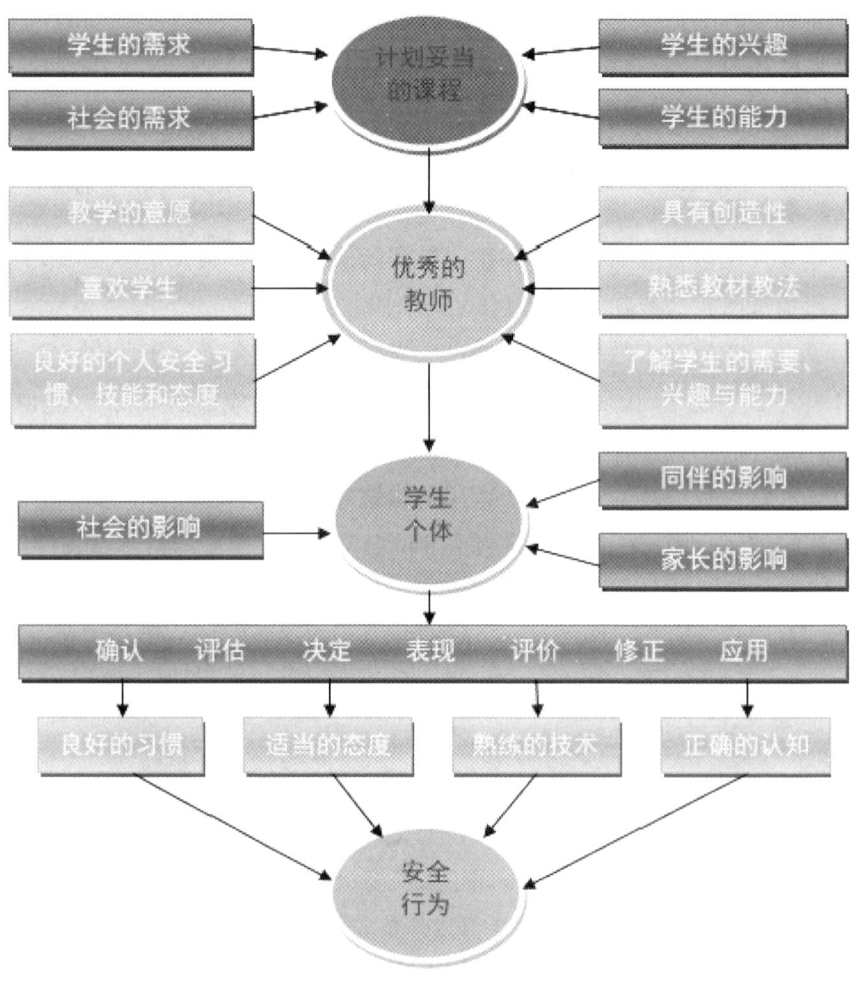

未成年人安全行为发展图

学校实施安全教育在于构建安全的校园活动环境和活动空间，指导未成年人掌握安全知识，养成安全的行为习惯，培养良好的生活常规，教导未成年人在各种危险情境下适时适当妥善处理，方可避免危险或降低伤害程度，进而提升未成年人紧急应变能力。若想改变未成年人的安全行为，教师应当结合未成年人的年龄特征和个人能力，采用恰当的教学方法，借助安全教育的教材、课程、游戏等手段，在日常学习生活中实施安全教育，引导未成年人学习和实践。

（二）打造学校安全教育专业师资队伍

学校安全教育最直接的执行者是教师，而具有安全教育专业背景的师资队伍是学校安全教育工作高效开展的前提和基础。因此，为确保学校安全教育工作的实效性和保障性，我国各级教育行政部门和基层学校应从大力引进安全教育专业人才和有效培训对现有安全教育师资队伍进行有效培训等方面入手。

1.学校安全教育专业人才培养

目前，我国高等教育的教育学大类中还没有开设学校安全教育这一专业，这是造成我国学校安全教育专业人才匮乏以及培养专业缺位的根本原因。而高等院校中的体育教育学、公安技术、公共管理、环境与安全等专业都和安全教育存在着较为密切的关系。特别是培养体育教师的体育教育专业是培养学校安全教育人才的最佳专业载体，这是由于学校安全教育的知识性、实践性、技能性等特征与体育教育专业的人才培养存在着紧密的逻辑关系。因此，学校安全教育专业人才培养可以依托体育教育专业平台，培养“精体育教育、会安全教育”的复合型应用人才。目前，江苏省南通市开展“校地融合培养学校安全教育人才”模式，由南通大学体育科学学院和南通市学生素质拓展基地牵头，邀请南通市海事局、交警支队、消防支队、红十字会等28个部门协同参与“校地融合推动，行业多元参与”的安全教育人才培养模式。该模式充分整合了南通大学的学科专业优势、南通市学生素质拓展基地的设备和师资培训优势以及各行业部门实践操作优势，紧紧围绕学校安全教育人才培养的核心工作实施协同合作。此外，公安消防人员、退伍军人、红十字会救护师等职业救援人员也可作为学校安全教育专业师资的重要补充。

2.学校安全教育师资力量培训

我国各级教育行政部门和基层学校应着重加大学校安全教育师资力量的培训力度。一是要创新学校安全教育专职教师培训模式，大力提升专职教师的安全素养，强化专职教师的安全技能，促进专职教师的安全教学能力。二是要构筑新型培训管理体系，丰富安全教育教师的安全知识，端正安全教育教师的安全工作态度，提高安全教育教师安全工作水平及行为能力。三是要组建多部门联合安全培训工作领导小组，探索建立多领域安全风险培训体系，明确核心组织机构与配合单位职责，打破部门壁垒，整合多方资源。同时，还要建立健全多层级的培训管理机制，紧抓培训过程，严审考核结果。

3.学校安全教育人员培训体系构建

我国各级教育行政部门应当从培训对象、培训时间、培训内容、培训方式和培训组织上对安全教育教师的培训作出具体规定，构建学校安全教育人员培训体系。第一，在培训对象上，各级教育行政主管部门分期分批对专、兼职安全教师及骨干班主任进行轮训，切实提高专、兼职安全教师和骨干班主任安全教育的基本理论、专业知识和实践技能。第二，在培训时间上，充分利用寒暑假等较集中的时间进行深入培训，使安全教育培训在时间上得到充分保障。第三，在培训内容上，开设专项培训，丰富培训内容。教育行政主管部门应积极开展关于安全教育的专项培训，结合当下学校安全问题，丰富和拓展安全教育的培训内容，如：增加心理健康、网络信息安全、预防校园欺凌和防诈骗等方面的内容，提高安全教师的专业素养。第四，在培训方式上，应注重培训的可操作性及针对性。培训中应增加实例展示、模拟演练和实操训练等内容，减少理论性内容占比，如：围绕各类突发事件的防范措施、应对流程和责任等开展培训。第五，在培训组织上，建议将学校安全教育纳入国培和省培计划，尤其是针对学校安全教育管理人员开展以学校安全为主的培训。目前，陕西省西安市未央区通过邀请“雏鹰坦途行动”城中村流动儿童交通安全教育的专家进行有关儿童交通安全方面的教育培训；河南省通过“国培计划”对中小学幼儿园教师开展关于生命与安全教育、心理健康教育等方面的培训；江西省通过举办培训班，对全省农村中小学安全教育骨干教师进行培训。

（三）构建学校安全教育考核体系

学校安全教育工作开展的实效应当由各级教育行政主管部门定期进行监督与考核，按照省、市、县（区）、学校逐级建立考核体系。同时，各级教育行政部门需要出台相应的考核评价及奖惩制度，从学校安全教育课程开展状况、安全设施与资源配置、安全教育经费、学生安全素养状况、学校安全管理水平等软件和硬件方面进行综合考核，定期向全社会公开每一期考核结果。此外，各级政府可以通过第三方安全专业评估机构或聘请安全专业领域的专家对学校安全教育进行有效评估，对学校安全教育工作提出相应改进措施。此外，各级教育行政主管部门需要着力完善和有效执行学校安全教育奖惩制度，根据每一次考核结果对学校安全教育工作开展较差的下一级教育行政主管部门和学校主管领导进行问责，限期整改；对学校安全教育工作开展优秀的集体和先进个人进行表彰表扬，对其先进事迹和优秀做法进行宣传和推广。

（四）开发学校安全教育课程

我国教育部于2017年明确规定了不同年级、不同学段学生安全教育的要求，将学生安全教育的相关内容纳入各个学科的课程标准之中。将学校安全教育融入普通学科课程中能够帮助学生更广泛地认识安全，增强学生安全意识，提升学生安全知识和安全技能。根据不同学科与安全教育之间存在的交叉知识进行有机融合；不同性质的学科安排不同形式和内容的安全教育、不同学段和年龄的学生安排不同专题的安全教育内容。此外，虽然我国教育部没有明确规定要求各地设置学校安全教育这一课程，但却积极鼓励各地教育行政主管部门结合地方课程和校本课程建设开发中小学安全教育课程。2021年教育部印发的《生命安全与健康教育进中小学课程教材指南》指出：将生命安全与健康教育全面融入中小学课程教材是实现生命安全与健康教育系列化、常态化、长效化的重要举措，对培养德智体美劳全面发展的社会主义建设者和接班人具有重要意义。该指南要求坚持核心素养导向，结合学科特点，着重强调要以体育与健康学科落实为主，有机融合其他相关学科，明确学科各个学段生命安全与健康教育进课程教材的具体目标内容等。因此，依托中小学体育与健康课程，开发相应的学校安全教育课程迫在眉睫。

（五）落实学校安全教育活动实践

实践出真知，只有未成年人亲身参与到实践中去才能使学习到的知识转化为技能并有效地扎根于脑海中。而学校安全教育的实践活动不但能让未成年人设身处地地感受危险环境带来的严重危害，还能培养未成年人对危险环境的判断以及对信息收集处理的能力，从而提升未成年人临危不乱的心理素质和面对危险情形的应对处置能力，更能激发他们珍爱生命、关心他人和社会的良好品德。因此，学校安全教育在实践教学活动中应当以实践体验为主要实施途径，组织开展实验探究、情景体验、虚拟仿真、现场教学、演练演习等活动，确保学校安全教育的有效落实。

（六）打造学校安全教育实践基地

地方各级政府要围绕社会安全、公共卫生、心理健康、意外伤害、网络和信息安全、环境安全、自然灾害等影响未成年人安全的重点领域，发挥各类安全教育实践基地（体验馆）的功能。因地制宜建立和完善学校安全教育活动场所和设施，加强未成年人综合素质实践基地建设，发挥部门资源优势，打造各类安全教育基地或体验馆，面向师生开展安全常识拓展和技能训练，帮助未成年人了解基本的保护个体生命安全和维护社会公共安全的知识，提升广大师生的生命安全意识和能力。

（七）完善学校安全教育组织推进模式

学校安全教育工作的有效落实不仅仅是依靠教育行政主管和各级学校独立承担完成，还需要公安消防、司法、卫生、红十字会等部门以及各类社会组织协同推进实施。因此，各级地方政府要不断完善并构建适合各地学校安全教育工作有效开展的组织推进模式。其中，南通市政府创设的“1+8+N”学校安全教育组织推进模式具有较高的推广和价值。“1”是指成立由分管副市长担任组长的工作领导小组，统筹全市学校安全教育工作；“8”是指由市精神文明建设指导委员会、社会治安综合治理委员会、安全生产委员会、消防安全委员会、食品安全委员会、爱国卫生运动委员会、禁毒委员会、妇女儿童工作委员会等8个专门委员会办公室牵头，协调其下属各部门和单位并结合各自职能充分参与到学校安全教育工作中来；“N”是指所有与学校安全教育紧密关联的若干部门和单位共同参与学校安全教育工作。“1+8+N”组织机制的构建，形成了“行政推动、部门联动、社会谐动、家校互动、教师主动、学生能动”以及“部门全融入、学校全覆盖、家庭全关注、师生全参与、专题全涵盖、考评全过程”的“六动六全”工作格局，对全国各实验区组织开展学校安全教育工作做出了积极的探索和示范。此外，南通市以“互联网+学校安全教育”为导向，不断创新学校安全教育模式，丰富学校安全教育内容；各地各部门充分发挥职能作用，协力开展学校安全教育各类主题活动，组织编写交通安全、消防安全、毒品预防教育、水上交通安全等教育读本并推广使用；充分发挥各类安全教育实践基地作用，为提升师生安全基本技能搭建舞台；依托“南通市学校安全教育平台”，系统开展安全教育，构建学校家庭相衔接、线上线下相结合的安全教育体系，逐步实现新常态下安全教育从幼儿园到高中、从城市到农村、从公办学校到民办学校的全覆盖，平台相关综合考核指标在全国各实验区名列前茅。

三、学校安全教育实施措施

（一）学校安全教育实施内涵

学校安全教育的最终目的在于培养未成年人具有安全生活的能力，而安全生活的能力需要经过身体训练、知觉能力训练、心理训练等。

1.身体训练

在身体方面，诸如视觉、听觉、触觉等感官的机能，大小肌肉的协调发展以及身体健康维护是确保安全的必要条件；而敏捷性、平衡感和爆发力的培养对于预防及避免意外事件的发生均有其重要性。

2.知觉能力训练

在知觉能力方面，诸如增进未成年人对周遭环境中危险事物的认知进而增进其判断力和适当的反应能力，尤其是有关日常活动中的交通安全、游戏安全、水火用电安全等问题均是确保人身安全的必备知能。

3.心理训练

在心理方面，诸如安全感、注意力、稳定性、欲求控制能力等往往是预防意外事件的重要条件；而依赖、反抗暴躁、冲动不安、攻击等性格却是最容易造成意外事件的因素。因此，如何强化个体的心理健康是值得教育人员关注的要点。

（二）学校安全教育实施内容

1.意外事故防范计划拟定与修正

学校为了防范危险事故发生应事先搜集各类意外事故的资料，宣传相关法律法规，拟定各项事故的安全教育计划与紧急应变流程。平时应做好人力资源安排与社会资源联系网络，定期进行模拟演练，演练后亦须针对疏漏处加以修正完善以达到效果。

2.相关法律政策搜集与执行

与学校安全教育相关的法律政策都是学校教育工作者所必须熟知和掌握的，教师平时应留意与工作内容相关的法律法规，依据相关规定从事教学保护工作以构建安全的校园环境，培养健康的未成年人。

3.校园环境设计规划与配合

（1）学校应当设置防火措施、逃生设备、消防设施等，定期检查其功能状态。

（2）校园活动空间要符合未成年人发展需求并有良好的安全保护设计。

（3）学校要配置安全的运动器材并定期进行维护和保养。

（4）学校应当具备良好的安全教育教学设施。

（5）学校制定防撞防跌、防暴防恐等安全防护措施。

4.学校安全小组设置与执行

教学场所应参照学校安全维护的需求来编制安全小组，采用分层负责、分工合作的方式，执行学校安全维护与教育，定期开展检验与改进工作。

5.平安校园保险措施补充

学校应当要减少校园意外事故发生的善后处理困扰，重视全体师生员工的安全保障，有必要为全体师生员工投保适当的保险与保额。同时，为了珍惜物力和保护财产，教育机构亦应投保有关园所设备安全项目的保险，在平时搜集有关保险资料，熟知投保理赔的作业程序和其他配合事项，因为这些补充措施对保障师生人身安全都是不可或缺的。

6.实施安全教学与保护活动

校园内外的学习生活对未成年人而言是最直接的经验学习，学校除了日常有计划安排各种学校安全教育活动外，也应引导未成年人认识各种环境设施的正确使用方法与潜在危险，透过情境教育增加未成年人自我保护观念与技巧以及在日常生活中不断提醒他们遵守安全规则。

7.教职员工危机意识形成与教育培训

学校教职人员的行为往往是未成年人学习模仿的对象，因此，除了要教会未成年人掌握安全知识和安全技能之外，教职人员也应具备必要的危机意识。学校可定期举办在职人员安全教育与培训，提升教职人员的安全意识，如此方能形成良好的安全行为模式让未成年人学习仿效。

8.学校与家庭的配合

学校可通过诸多方式建立与未成年人家庭之间的合作关系：①建立紧急联络资料；②确实做好亲职教育工作，建立互信与共识；③设计有关未成年人学校安全教育的亲子活动并鼓励家长观摩及参与；④为家长提供安全教育的培训课程，如：防火演习、心肺复苏术等；⑤借助家长资源，提供必要的人力支援，共同维护未成年人安全。

9.社区资源网络建立与使用

目前，我国学校、家庭与社区的合作模式愈来愈受重视，社区的许多机构能够给学校提供相当丰富的资源与协助，其角色与功能是不容忽视的。

因此，学校平时应主动挖掘各个社区和社会资源，建立社会资源网络分类档案，确实知悉其合作方式并与其建立良好的互动网络以强化未成年人的安全。

学校安全教育是一种心对心的工作，持续灌溉耕耘方能开辟一片丰收园地。学校安全教育工作需持续不断地努力与奉献，虽然有时无法看到立竿见影的效果，但是预防意外事故最基本、最经济的作法仍是要做好学校安全教育工作。而学校安全教育就是协助教师积极努力地去反思所作所为，让一切教学保护活动顺利进行，使意外事故的发生得以因事先预防而避免，或因及时处理而减轻。此外，教育行政主管部门应加强对学校安全教育工作的监督和管理，确保学校安全教育的有效实施，推动家庭、社区和社会的参与，共同为未成年人建立最安全的学习和生活环境。

第三章　学校安全教育时机与方法

第一节　学校安全教育时机

一、时机概念

古语有云“机不可失，时不再来”，即“时机”是从时间和空间两个层面解释的。从时间层面而言，时机与时间有着密切的联系，它是使人们获得某种目的的最佳时机。从空间层面而言，它是人们实现某种目的最有利的环境。综上可知，时机就是人们达到某种目的的最佳时刻和最有利的环境。从教育教学领域而言，时机就是在教学过程中能够达到最佳教学效果的时间段和最有利的教学环境。

二、学校安全教育时机概念

首先，学校安全教育是一门培养未成年人良好生活技能、社会适应以及应急处理等能力的课程。未成年人可以在学校安全教育的课堂上生动形象地学习到关于安全教育的理论知识，身临其境地体会到安全教育情境，扎扎实实培养安全技能。其次，未成年人可以将所学到的知识、方法和技能应用于生活实践中，从而安全合理地指导自己的学习与生活。因此，学校安全教育时机是指在学校安全教育教学过程中，通过案例分析使未成年人明辨反映在其中的安全问题；同时，教师要善于借助安全教育的理论与方法对未成年人进行思想和行为的教育，实现最有利的教学时间与教学环境，达到最佳教学效果。

三、学校安全教育时机特点

（一）客观性

学校安全教育时机客观性是指时机客观存在于安全教育教学中某个时间段内。根据辩证唯物主义和历史唯物主义，时间具有客观实在性。如果教师不能很好地了解具体安全情境中时机的背景，通常就不可能处理好教与学的关系。由于学校安全教育时机是客观存在并不以教师主观意识为转移的，因而对安全教育时机的捕捉与利用也必须遵循客观规律。此外，学校安全教育时机的形成以“刺激—反应”规律和受教育者身心发展规律为基础，这两个规律的过程和表现形式都是客观的，因此，学校安全教育时机具有客观性。

（二）可捕捉性

学校安全教育的机遇性实质上是人们思想观念、心理状态、情绪情感等的综合反映。捕捉教育时机可视为时机出现时能够及时地发现并迅速做出决策行为和付诸行动。每个人具有主观能动性，作为教师可以根据安全教育的教学内容、未成年人的学习情况和教师自身状况，准确地捕捉与利用安全教育过程中出现的时机。

（三）开发性

教师作为个体具有主观能动性，可以利用学校安全教育现有的教学资源，遵循教育教学的客观规律，发挥个人主观能动性，对教育中出现的时机进行深入开发与利用。同时，教师还可根据安全教育课堂教学的实际情况和未成年人的身心特点，有意识地创设教学情境，捕捉与利用时机以便提升教学效果。

四、学校安全教育时机类型

（一）理论传授时机

所谓教育机智就是教师在教学实践活动中的一种随机应变能力。理论传授中的时机是指教师在学校安全教育理论知识传授过程中产生的时机。教师可以利用教育机智对理论传授中的时机进行捕捉与利用，抓住未成年人“知与不知”“信与不信”“应该与不应该”等在学习过程中由求知欲产生的时机和由未成年人疑惑产生的时机进行适时施教，将外界环境、未成年人的心理和教育内容看作一个综合的、动态的系统，寻找最佳契合点，实现理论知识传授 。

（二）师生交往时机

师生关系是学校中最基本的人际关系，师生间良好的关系很大程度上取决于教师。而教师在教学过程中通过某种手段向未成年人传授安全知识和安全技能时可以创设相应的教学情境或安排相应的教学道具，使他们更好地掌握理论知识和安全技能。与此同时，教师还需要不断与未成年人进行交流互动，及时消除他们的安全误区，纠正他们的错误行为和习惯，增进彼此间的感情。这样不仅能提高未成年人的学习效率，还能提高教育教学效果。

（三）突发事件时机

未成年人在校园内遇到的突发事件是学校安全管理的一个重要方面，也是最常见的学校意外事故。对于学校安全教育人员而言，这些学校突发事件则是时机教育的重要教学案例来源，这就需要任课教师有良好的教育机智。面对这种突发事件，教师需要根据自身教学经验，结合安全知识，从人、事、地、物等视角对上述教学案例进行全面解析，让未成年人切身体会到学校安全教育的重要意义。如果任课教师能够善于利用这样的时机，不仅可以保证安全教育任务的完成，还能使未成年人心理素质和安全技能得到提高、感染和启发。

五、学校安全教育时机应用原则

（一）启发诱导原则

教师在学校安全教育过程中要坚持启发诱导的原则。如：教师在捕捉与利用安全教育时机中要尽可能减少对未成年人进行满堂灌和填鸭式教学，更多地采取启发诱导教学，发挥他们的主体性；通过教师循序渐进式引导，让未成年人学会去思考、敢于去探究、真正能运用。这样既能巩固未成年人对安全知识与安全技能的理解，又能使其将所学知识与技能进行运用，还能培养其分析和解决问题的能力，促进其安全意识和安全行为的形成。

（二）及时施教原则

及时施教就是指在恰当的时候对未成年人进行合适的教育。由于时机具有短暂性和可捕捉性，使得教师在学校安全教育中对于时机的捕捉与利用应当坚持及时施教原则，这样才会达到相应的课堂教学效果。

（三）动态发展原则

任何事物都处于不断变化发展状态，时机也毫无疑问存在着变化发展。虽然时机在学校安全教育中是客观存在且具有可捕捉性与可利用性，但时机具有的短暂性特点也极易导致教师无法及时对其进行捕捉与利用。因此，教师在教育教学中要始终清醒地认识到事物是处于变化发展的，坚持动态发展原则，不能轻易放过任何一个可捕捉与利用的时机，即要把握动态发展原则，乘机而教以提高学校安全教育的效果。

第二节 学校安全教育方法

一、讲授法

（一）讲授与讲授行为概念

《现代汉语词典》中将讲授界定为讲解传授，无论是讲解还是传授都离不开教师。

《教育词典》中将讲授界定为学校教育中广泛运用的一种教学方法，其他教学方法的运用往往要结合讲授法。

《教育学》中将讲授归纳为教师通过语言系统连贯地传授知识的教学方法。

《教学论》中将讲授概括为教师通过简明、生动的语言系统地传授知识，发展未成年人智力的教学方法。

讲授行为是指教师通过口头语言传授知识的方法，包括讲述、讲解和讲演三种方式。讲授行为是教师用口头语言系统传授知识的一种最常用最基本的教学方法。美国教育研究专家弗莱德斯曾在大量课堂观察的基础上提出了“三分之二定律”，即课堂教学时间的三分之二用于讲话，讲话时间的三分之二是教师讲话，教师讲话的三分之二是向学生讲话，而不是与学生对话。国内研究者在对我国中小学高效课堂的观察后也得出相似的结论：即教师讲述时间占课堂总时间的65%。

（二）讲授法优缺点

优点：①能够在较短的时间内向未成年人传授较多的知识，具有时间少、容量大、效率高的特点；②不受条件设备的限制，省时省力，便于广泛运用，成本低；③能较好地发挥教师的主导作用，有利于系统地传授知识，适宜解决大多数未成年人面临的疑难问题。

缺点：①主导性讲授很容易造成知识的单向传输，抑制未成年人学习的主动性和积极性，陷入“注入式”教学的怪圈；②忽视未成年人的个别差异，不能有效地取得因材施教的互动效果；③不能代替自学和练习，讲授过多，会挤占未成年人自学和练习的时间。

（三）讲授法特点及应用

学校安全教育讲授法的特点是思考性强，这就要求教师一要把学校安全事故案例发生的原因、过程、应对处置的方法讲清楚，使未成年人掌握的知识不是零碎散乱，而是整体结构性知识，这样才能保证他们的思维畅通。二是在讲授中要挖掘和解释安全知识所蕴含的操作技能，使未成年人在掌握安全知识的同时，积累生活经验和安全技能，形成“安全第一，生命至上”的理念。如果教师充分考虑到未成年人原有的认知结构、身心发展规律和教学内容的逻辑顺序，他们的情感就会被有效调动，认知被刷新，潜能被激发，那这样的讲授就不是灌输，而是未成年人有效学习的重要途径。因此，学校安全教育中的讲授可以通过典型的安全事故引出相应的问题或直接提出安全问题，阐明解决问题与预防事故发生的程序和要求，提出解决问题的办法，还要向未成年人讲授安全技能的操作过程以及在解决实际问题过程中提醒他们准确判断、择优而行，进而实施科学合理的办法和行为，最后要求未成年人对行动的实施结果进行归纳总结。

二、多媒体教学法

（一）多媒体教学概念

媒体是指用于存储、传递和处理信息的载体和工具。其含义有两层：一是承载信息的物体，如：文字、符号、图形、声音、动画、超链接等；二是指储存、传递信息的工具，如：书本、幻灯片、录像机、光盘以及其他处理设备等。多媒体技术是多种媒体类型的总和，包括文字、图像、音频、视频、动画等多种形式。当把多媒体技术应用于课堂教学中时称这种教学模式为多媒体教学。多媒体教学是指在教学过程中合理选用现代教学媒体，同时与传统教学手段相结合。鉴于这种教学模式具有强表现力、强共享性、强交互性等突出优势，采用多媒体辅助教学可以使课堂教学过程变得更加生动有趣。

（二）多媒体教学优势

1.激发兴趣，引发联想

多媒体技术对于激发未成年人的学习兴趣有着不容忽视的作用，它具有集文字、图像、音乐、视频、超链接等形式为一体的优势，因此，多媒体教学的使用可以让学校安全教育变得更具有直观性、丰富性、趣味性、新颖性，实现了声、光、电的完美结合。

2.创设情境，深入理解

学校安全教育需要较强的教学情境，通过在安全教育课堂上使用多媒体辅助教学，利用多种现代教学手段再现案例事件，使未成年人身临其境并能深入了解各类安全事故的成因和后果的严重性。

3.条理清晰，突出重点

多媒体课件具有丰富的表现力和交互性，教师可以根据学校安全教育的专题内容对相应安全知识与安全技能进行脉络梳理，使未成年人一目了然；同时，教师综合多渠道搜集的资料和讯息，突出其重点和难点，使他们能够全神贯注地紧跟教师的教学步伐。

4.丰富课堂，开拓视野

多媒体教学具有操作便捷、容量大、可重复利用等多种优势，且不受时间和空间束缚。因此，在学校安全教育中使用多媒体教学不仅可以丰富课堂教学内容，帮助未成年人培养良好的安全意识，系统掌握安全知识和安全技能，还可以开拓他们的视野，了解当前国际上关于安全教育的最新手段和方法。

三、情境教学法

（一）情境及情境教学法概念

1.情境概念

情境是指在一定时间内各种情况的相对的或结合的境况，包括戏剧情境、规定情境、教学情境、社会情境、学习情境等。作为通用概念，情境在不同学科中有不同的规定。在心理学中，情境被认为是事物发生并对有机体行为产生影响的环境条件，是对人有直接刺激作用、有一定生物学和社会意义的具体情境。在教育学中，美国著名教育学家杜威是第一个提出教育学情境的人，他提倡教学开展必须遵循“创设情境、发现问题、占有资料、提出假设、检验结果”这一原则，并将其划为教学法的重要因素。因此，从教学视角出发，情境应该是教师在课堂教学活动中为了达到自己预先设定的教学效果而努力营造出的一种情感氛围。从宏观角度而言，情境是一种被优化过的教学环境，包括教学媒介、教学工具、从事教学活动的校园环境等；从微观方面而言，情境涵盖教师个人专业素养和教学技能等。

2.情境教学法概念

情境教学法是指教师根据课堂教学目标围绕教学内容，在结合未成年人实际情况的基础上设置特定的生活化、社会化等具体情境，使未成年人进入其中并达到自我教育目的的一种教学方法。

（二）情境学习理论

情境学习理论强调学习不仅是个体独立的意义构建过程，还是在人与环境和社会相互作用中互动生成的知识经验和生存方法的交互过程。人只有在真实的社会生活情境中通过自身的实际行动才能获得完整的经验，掌握相应的生存法则和活动程序。构建主义理论中也强调学习的情境性，知识不是教师单向的传授过程，需要依靠未成年人的原有经验与外界情境交互作用形成新的知识。因此，情景学习理论启发教学要在真实的社会生活情境中进行，并且这种情境要有外在的真实性与内在的科学性。只有在真实的情境中进行教学才能利用未成年人已有的生活经验生成或形成新的符合他们不同阶段社会实践所需要的新知识与新技能。由此可见，在现实教学实践中实施生活化情境教学是非常有必要的。

（三）情境教学应用模式

学校安全教育强调在真实完整的生活情境中对未成年人进行安全知识的传授与安全技能的训练。情境创设是学校安全教育生活化情境教学能否成功进行的关键。进行生活化教学情境创设的方法有很多，结合当前中小学安全教育的基本要求和学校安全教育课程的特点，提出以下四种创设学校安全教育生活化情境的方法。

1.依托具体生活中的安全事故案例

采用安全教育生活化案例来进行教学情境的创设有利于未成年人在具体情境中利用已有生活经验去理解新知识，将感性经验上升为理性经验；在掌握安全教育理论知识的同时学会分析安全事故发生的原因与危害的手段或方法，提高未成年人自我安全意识，最终使感性经验向理性经验回归。但需要强调的是创设生活化情境的案例素材应当来源于未成年人日常学习生活中的衣、食、住、行等方面。

2.依托真实的安全问题情境

生活化问题情境中的问题设置要有一定的开放性、真实性与梯度性，从而使未成年人的思维过程在问题情境展开的过程中得到完整呈现。要想激起未成年人的学习兴趣使其更好地理解问题、解决问题，发展安全思维，掌握解决安全问题的一般思路与方法就要使他们真正深入地理解情境，这就要求教师在进行问题式教学时，问题依托的情境一定要贴近未成年人的实际生活与社会现实，围绕真实的问题链条展开情境创设。因此，在通过问题式教学创设生活化情境时一是要注意呈现的问题情境要新颖有趣、有探究价值，并且可以引发未成年人积极地思维活动。二是呈现的问题情境要有一定的层次性，符合未成年人认知过程由低层次向高层次逐步推进的规律，这里较高层次的问题是指没有标准答案的、开放性生活化安全问题。通过这种有层次、有价值的问题创设的情境可以很好地激发未成年人思考并促进其安全知识与安全技能的有效学习。

3.依托学校安全教育实践活动

未成年人真实的生活就是最好的教育资源。学校安全教育实践活动是未成年人在教师指导下真正在生活与社会课堂中通过亲身实践、发现、获得安全知识和安全技能的一种生活化教育形式。学校安全教育实践活动中的生活化情境与其他几种局限于课堂中被设计好且需要按探究步骤逐步展开的情境不同，学校安全教育实践活动中的情境要更加真实和直观。安全教育实践活动中的情境是真正的生活场景，其中涉及的各种安全教育要素都是可以被未成年人直观感知的。在此情境中，未成年人可以根据自己的生活经验与个人能力，结合学校安全教育的方法设计符合科学标准的实践方案，而教师需要做的只是明确实践活动目的并在实践过程中给予他们相应的帮助。学校安全教育实践活动创设的情境真实丰富且具有生成性与未知性，可以有效避免未成年人被设计好的情境牵着鼻子走，给予了他们更多的学习自主性，激发其对安全问题的探究欲望。

4.依托角色扮演

角色扮演又称情景模拟教学，包含角色、扮演、情境三个要素。利用角色扮演法进行学校安全教育需要进行相应的岗位化、任务化和问题化的课堂情境构建，让未成年人可以在教师创设的逼真的社会生活情境中根据角色身份特征去对特定的安全问题进行分析与决策，培养他们运用安全知识和安全技能去解决真实生活中的问题的能力。

四、应急演练法

（一）应急预案

应急预案是指面对突发事件如自然灾害、重特大事故、环境危害及人为破坏的应急管理、指挥、救援计划等。应急预案一般应建立在综合防灾的规划上并且包含了诸多个子系统，一是完善的应急组织管理指挥系统；二是强有力的应急工程救援保障体系；三是综合协调、应对自如的相互支持系统；四是充分备灾的保障供应体系；五是体现综合救援的应急队伍等。应急预案需要形成行之有效的结构体系，针对各类可能发生的事故和所有危险源制定专项应急预案和现场处置方案并明确事前、事发、事中、事后各个过程中相关部门和有关人员的职责。

（二）应急演练概念

应急演练是指各级政府部门、企事业单位、社会团体等通过组织相关参与应急活动的人员与群众，针对特定的突发事件假想情景，按照应急预案所规定的职责和程序，在特定的时间和地域，执行应急响应任务的训练活动。

（三）应急演练目的

1.检验预案

通过开展应急演练查找应急预案中存在的问题，进而完善应急预案，提高应急预案的实用性和可操作性。

2.完善准备

通过开展应急演练检查应对突发事件所需应急队伍、物资装备、技术等方面的准备情况，发现不足时应当及时予以调整补充，做好应急准备工作。

3.锻炼队伍

通过开展应急演练增强演练组织单位、参与单位和人员等对应急预案的熟悉程度，提高其应急处置能力。

4.磨合机制

通过开展应急演练进一步明确相关单位和人员的职责任务，理顺工作关系，完善应急机制。

5.科普宣教

通过开展应急演练普及应急知识，提高公众风险防范意识和自救互救等灾害应对能力。

（四）应急演练作用

通过开展应急演练可以实现评估应急准备状态，发现并及时修改应急预案、执行程序等相关工作的缺陷和不足；评估突发公共事件应急能力，识别资源需求，澄清相关机构、组织人员的职责，改善不同机构、组织人员之间的协调问题；检验应急响应人员对应急预案、执行程序的了解程度和实际操作技能，评估应急培训效果，分析培训需求。同时，作为一种培训手段，通过调整演练难度可以进一步提高应急响应人员的业务素质和能力。

（五）应急演练原则

1.结合实际，合理定位

应急演练活动的开展应当紧密结合应急管理工作的实际，明确演练目的，根据资源条件确定演练的方式和规模。

2.着眼实效，讲求实效

应急演练活动的开展应当以提高应急指挥人员的指挥协调能力、应急队伍的实战能力为着眼点。重视对演练效果及组织工作的评估、考核，总结推广好经验，及时对存在的问题进行整改。

3.精心组织，确保安全

应急演练活动的开展应当围绕演练目的，精心策划演练内容，科学设计演练方案，周密组织演练活动，制定并严格遵守有关安全措施，确保演练参与人员及演练装备设施的安全。

4.统筹规划，厉行节约

应急演练活动的开展应当事先进行统筹规划，适当开展跨地区、跨部门、跨行业的综合性演练，充分利用现有资源努力提高应急演练效益。

（六）应急演练类型

根据应急演练的组织方式、演练内容、演练目的和演练作用等可以对应急演练进行分类，目的是便于演练的组织管理和经验交流。

1.按组织方式分类

应急演练按照组织方式及目标重点的不同可分为桌面演练和实战演练等。

（1）桌面演练：是一种圆桌讨论或演习活动，其目的是使各级应急部门、组织和个人在较轻松的环境下，明确和熟悉应急预案中所规定的职责和程序，提高协调配合及解决问题的能力。桌面演练情景和问题通常以口头或书面叙述方式呈现，也可以使用地图、沙盘、计算机模拟、视频会议等辅助手段，有时桌面演练还被称为图上演练、沙盘演练、计算机模拟演练、视频会议演练等。

（2）实战演练：是以现场实战操作的形式开展的演练活动。参演人员在贴近实际状况和高度紧张的环境下，根据演练情景的要求通过实际操作完成应急响应任务，以检验和提高相关应急人员的组织指挥、应急处置以及后勤保障等综合应急能力。

2.按演练内容分类

应急演练按照其内容可分为单项演练和综合演练两类：

（1）单项演练：是指只涉及应急预案中特定应急响应功能或现场处置方

案中一系列应急响应功能的演练活动，该演练注重针对一个或少数几个参与单位(岗位)的特定环节和功能进行检验。

（2）综合演练：是指涉及应急预案中多项或全部应急响应功能的演练活动，该演练注重对多个环节和功能进行检验，特别是对不同单位之间应急机制和联合应对能力的检验。

3.按演练目的和作用分类

应急演练按照目的与作用可分为检验性演练、示范性演练和研究性演练。

（1）检验性演练：主要是指为了检验应急预案的可行性以及应急准备的充分性而组织的演练。

（2）示范性演练：主要是指为了向参观、学习人员提供示范，为普及宣传应急知识而组织的观摩性演练。

（3）研究性演练：主要是为了研究突发事件应急处置的有效方法，试验应急技术、设施或设备，探索存在的安全问题解决方案而组织的演练。

不同演练组织形式、内容及目的的交叉组合，可以形成多种多样的演练方式，如：单项桌面演练、综合桌面演练、单项实战演练、综合实战演练、单项示范演练、综合示范演练等。

（七）应急演练组织实施

一次完整的应急演练活动应当包括计划、准备、实施、评估和改进这五个阶段。

1.计划

该阶段主要任务是明确演练需求，提出演练的基本构思和初步安排。

2.准备

该阶段主要任务是完成演练策划，编制演练总体方案及其附件，进行必要的培训和预演，做好各项保障工作安排。

3.实施

该阶段主要任务是按照演练总体方案完成各项演练活动，为演练评估总结收集信息。

4.评估

该阶段主要任务是评估总结演练参与单位在应急准备方面的问题和不足，明确改进的重点，提出改进的计划。

5.改进

该阶段主要任务是按照改进计划由相关单位落实实施并对改进效果监督检查。

（八）学校安全教育应急演练

1.制定科学预案

《教育系统事故灾难类突发公共事件应急预案》是教育部针对教育系统专门制定的应急预案。适用于教育部、省级及以下教育行政部门、各级各类学校事故灾难类突发公共事件的应急处置工作。该预案中所指的事故灾难类突发公共事件包括校园火灾、交通事故、水面冰面溺水、拥挤踩踏、建筑物倒塌、煤气中毒、爆炸、危险物品泄漏污染、水电煤气等能源供应故障，组织师生外出实习、参观、考察等集体活动，以及校园周边、学校所属企事业单位发生的突发安全事故等。各地教育行政部门、学校应针对发生在校园内或在学校组织的教育教学活动中发生的突发事故提前制定情报预警、信息发送等工作方案；突发公共事件发生时的调整教学计划和上学时间、师生转移疏散安置等工作方案；突发公共事件发生后的受损建筑设施检查、受伤师生救治、师生复课等工作方案，同时根据自身实际情况及时修订和完善突发公共事件的应急预案。

2.融入课程教材

我国教育部颁布的《义务教育体育与健康课程标准》《义务教育初中科学课程标准》和《普通高中体育与健康课程标准》中明确将预防和简单的处置急救知识作为重要教育内容；《中小学健康教育指导纲要》和《普通高校健康教育指导纲要》中明确将应急救护等院前急救技能作为健康教育的内容；《中小学综合实践活动课程指导纲要》中明确将应急救护、防灾减灾等实践教育活动纳入其中。在中小学道德与法治、体育与健康、生物、地理、化学等学科融入防灾减灾、防触电、防溺水等应急管理相关内容。如：在小学科学课程中要求未成年人学习触电、溺水、异物堵塞气管、蛇虫咬伤等急救安全知识和安全技能；在初中生物课程中要求未成年人模拟练习人工呼吸或止血包扎等。

3.加强应急演练

教育系统通过举办现场应急骨干培训班、红十字生命健康安全教育师资培训班等形式对各级各类学校的有关人员进行应急救护理论和实际操作培训。学校还应以防灾减灾日为契机，结合本地区易发、多发自然灾害情况和学校特点，积极开展应急演练，并充分利用微博、微信公众号、校园网站、宣传橱窗等平台，通过VR体验、知识竞赛、征文大赛等形式，开展内容丰富的主题教育活动，增强师生的安全意识和安全能力。

第四章　学校安全教育内容

第一节　家庭安全教育

安全是一个人从出生到死亡都不能须臾懈怠的话题。未成年人因其对危险认知不足以及先天体能有限，导致其自我保护能力较弱，需要成年人为其人身安全提供照顾与保护。因此，未成年人的安全是建立在成年人的教育和学校安全教育基础之上。其实，未成年人在日常生活中或多或少都会遇到一些不安全因素，如：灯光昏暗的小路、家中电气或煤气使用不当、刀具的误用、药品贮存问题等。这些生活琐事一旦处理不当都会成为未成年人发生意外事故的诱因。近年来，媒体时常报道的涉及留守儿童失踪以及未成年人被家暴等涉及未成年人监护的问题都突显出我国家庭监管不力的普遍性。通常而言，未成年人遭受的非正常对待多为其所认识的“熟人”所为。这些“熟人”可能是家长信任的好友或是受大家喜爱的亲戚，包括父母亲、继父母或同居男女友人等都可能是施暴者。而作为家长角色补充的学校教育管理者应当深入了解未成年人在日常生活中可能面临的各种危险，有义务去提醒和教导家长要了解这些危险情况并教导未成年人避免受到家庭伤害。此外，所有家长必须正视身边和社会环境是否安全，帮助未成年人安全地探索与体验世界。教师也应当通过安全教育帮助未成年人习得社会发展所必须具备的安全策略以防范各种潜在危险，培养他们的安全技能以避免受到潜在伤害。

一、家庭安全教育影响因素及目标

（一）家庭安全影响因素

家庭是未成年人最早进行社会化的场合，也是未成年人最可能遭受安全事故伤害的地方。因此，涉及未成年人居家安全问题，宜先从家庭安全事故发生的原因着手。家庭安全事故的发生一般是由环境因素和人为因素组成，但通常多为综合并发。如：地面湿滑缺损、电气设备误用或放置混乱、家具放置不安全等导致未成年人受到伤害，这些都是家长疏忽和环境因素共同造成的。而人为过失导致的伤害事故多为监护人或照顾者判断不足、慌张出错、肢体功能缺失、照顾小孩不周等原因。因此，影响家庭安全因素包含以下三个方面：①宿主——主要是照顾者的观念、行为及能力；②环境——家中环境布置及摆设；③物件——所使用的物品和器具。

（二）家庭安全教育目标

（1）使未成年人认识家庭发生的各种伤害事故。

（2）协助未成年人发展对家庭安全的责任感。

（3）教导未成年人如何使用家用电器的安全技能。

（4）协助未成年人获得在家庭生活中的良好习惯和行为活动。

二、家庭安全教育原则

（一）因材施教

学校安全教育人员必须确实了解未成年人的发展状况及其个人能力极限，依据年龄特征做适当的安全教育安排。一是在校园内充当亲职的职能，与未成年人建立良好的师生关系和良好的沟通渠道。二是要教导并培养未成年人养成良好的学习和行为习惯。如此方能在健康安全的前提下达到培养未成年人独立、自主和自理的目的。

（二）授之以渔

学校安全教育人员一要教会未成年人居家安全常识与规范；二要教会他们各种家庭器物的安全使用规则；三要教会未成年人安全使用水、火、电的方法，并要求他们严格遵守。如：①随手关水龙头；②使用电气时必先擦干双手；③有漏电情况时应及时拔掉插头，甚至以木棍等绝缘物品将插头松脱，避免以手碰触而触电；④闻到煤气异味时应马上关闭煤气总开关并打开门窗通风，绝不可在此时开、关任何电气开关以免引发火灾；⑤浴缸中的洗澡水勿放太满，以防溺水。

对于有监护人照顾的未成年人而言，平常放学回家后的安全基本无须顾虑，但家长临时有事来不及接未成年人放学回家时，教师应当要教会未成年人遇此情况可到平时有来往的邻居家中或到家附近的商店、书店等公共场所等候，绝不可乱跑，更不可独自逗留在自家大门口、楼梯间以防歹徒有可乘之机。同时还要让未成年人遵守以下规则：①熟记各个紧急电话号码，包括110、119、120以及父母家长的联络电话，甚至附近有来往可随时提供援助的邻居电话，以备不时之需。上述电话号码应置于家中电话机旁边明显之处，帮助未成年人在紧急状况下随时使用；②教会未成年人家门钥匙要收好，不可随便示人或拿出来玩；③平日以讨论、故事、扮演，甚至借由电视新闻等方式教导未成年人紧急状况的应变措施，若返家时发现门锁已被打开，不可径直进入，应赶忙退出，以公用电话向派出所报案或通知父母赶回家。若未成年人单独在家接到不明电话和不明访客或临时有病痛时，最重要的原则是即刻联络父母和家长；④未成年人外出玩耍时，一定要事先征得家长的同意并明确告知家长自己的去向。

（三）掌握未成年人家庭情况

学校安全教育人员要与未成年人家长进行良好有效的沟通，掌握其家庭情况，提醒家长在未成年人教育过程中不可过度保护，亦不可过度放任。过度保护会让未成年人失去发展个体直觉与判断力的机会，降低未成年人判断危险或可疑环境的能力，进而失去安全危机意识；过度保护也会无形中削弱未成年人的自尊，加重未成年人的无助感。事实上，无助感与自卑正是受害未成年人的特质。

授之以渔是培养未成年人安全技能的准则。为了教育未成年人成为一个称职的独立个体，学校安全教育人员应适当提醒家长给未成年人留一些独立成长的自主空间。换言之，成人的职责不只是通过教育帮助未成年人独立，还要提供更多的机会让他们学会独立生活。家长在保护未成年人的过程中需要适度监督，给予未成年人合适的期望；家长还要掌握机会教育，利用开放沟通的方法来帮助未成年人获得健康、安全成长的机会。因此，家庭安全教育需要利用情境教育来引导未成年人成长，家长的过度保护或放任不管都不如教会未成年人辨别安全讯息，教导未成年人掌握安全技能。

三、家庭安全教育策略

首先，学校安全教育人员要了解未成年人的个性，要求未成年人的行为必须符合其年龄和身份，同时要给予其明确、坚决的行动界定限制。其次，学校安全教育人员为了未成年人安全成长要与其家长进行有效沟通，可以给予家长一些善意提醒或专业指导。无论未成年人如何表达都需要尊重他们的个人感受。最后，学校安全教育人员要依据未成年人个人表现的技巧和能力给予适当的自由和责任，同时要培养未成年人成长，直到他们可以承担更多的责任。

第二节　社会安全教育

随着经济飞速发展和城镇化快速推进，城市人口密度越来越大，未成年人的活动空间逐渐缩小，他们对游戏设施和活动场所的需求比以往更迫切。新时代的中国家长对未成年人的限制和监督要远多于过去时代的家长。而针对未成年人的暴力事件和犯罪数量的上升，也使家长担心自己的孩子可能会被拐卖、绑架、受欺或交到坏朋友等。对于学校安全教育人员而言，不仅需要了解未成年人在校园内可能面对的危险，还需要关注他们在校外环境中的危险，更为重要的是应该帮助他们安全健康地探索世界。这就要求学校安全教育人员在保护未成年人成长和引领他们探索世界的两者之间把握好分寸。

一、游戏运动设施安全

现代社会适合未成年人的游戏设施日趋多样化、精致化和普遍化。但一些游戏设施造成的安全事故偶有发生。一项关于游戏运动设施安全的调查显示：只有三成的受访者认为公共场所的游戏设施是安全可靠的，而高达六成以上的受访者认为公共场所的游戏设施不安全；一半的受访者认为校园内的运动设施不安全；四成的受访者认为商场或餐厅的游戏设施不安全。相关统计数据显示：每十个未成年人在游戏或运动中就有三名未成年人曾因游戏（运动）设施故障而导致受伤。美国公共利益研究小组的报告指出：每年约有十五万名美国未成年人在游戏运动场所发生安全事故被送往医院急救；平均每天约有十五名未成年人死于游戏运动场所的伤害事故。因此，游戏运动设施的安全性对于未成年人而言极为重要。

（一）室内游乐设施安全：设计要适龄、安装要牢固

设置在室内的游戏设施有其特殊的安全要求，必须特别留意：

（1）由于设在室内的游戏设施规模不可能大到适合任何年龄的未成年人都可以玩，所以对于超过规定年龄或者身高的未成年人应劝导或禁止其进入。一方面避免因器材不适合而受到伤害；另一方面也可以确保器材的使用安全，同时延长器材的使用年限（三岁以下的孩童是最常受伤的群体）。

（2）室内游乐场既有年龄限制，更应该有人数限制。因为人数太多，容易发生推挤、争吵、踩踏事件，甚至超过器材的安全负荷范围，引起倒塌、断裂或倾覆的危险事件。而器材安置场所若不够宽敞，过多的人员同时挤在里面，剧烈活动下，空气容易污浊，影响身体健康。

（3）室内游乐场的地面应铺设软垫、地毯等软厚适当的材料，保护未成年人不受伤害，也不容易滑倒。

（4）一般来说，设在室内的游戏器材体积不宜太大。而这些小型游戏器材在未成年人经常爬上爬下摇晃、跳跃的情况下，基部的稳固性要特别留意，以免造成倾覆、摔伤或压伤。坠落是未成年人最常见的伤害事故。

（5）提供给未成年人游玩的设施应该没有尖锐、突出等会伤及未成年人的地方。

（6）游戏器材安置之处宜在空气流通处，最好光线充足并要在大人视线范围之内。

（7）器材设置应当远离楼梯口、窗户边，避免未成年人游戏活动路线受到人流干扰。

（8）游戏场所应随时清扫，保持干净并定期消毒。

（9）游戏设施最好能固定下来，以免未成年人任意推动，造成意外伤害。

（10）游戏设施应当定期维修保养并经过一致性安全检查与维修标准

认定。

（二）户外游戏或运动设施安全：遵守规则

在重视休闲运动的现代社会，家长也是竭尽所能培养自己的孩子。每个适合休闲旅游的地区都能够看到配套的游戏或运动设施，许多社区公园里就设置了未成年人游戏运动区，他们在幼儿园和学校内使用的游戏运动设施其安全问题由幼儿园和学校负责，但在公共场所内发生的游戏运动安全问题却不容易找到负责单位。因此，学校安全教育人员应当教会未成年人安全使用游戏运动设施：

（1）在使用游戏运动设施前大致评估其安全性，从中学会“安全第一”的习惯，评判安全的准则包括：设施有无破损、断裂；有无容易造成割伤或刺伤的尖锐物；有无危险松动的零件；有无倾覆的危险；使用时有无撞伤、割伤的可能；游戏设施地基部的保护措施做得够不够等。

（2）有无因为游戏运动设施的设置地点特殊而发生伤害的可能。如：建在斜坡处、水沟旁或周围车水马龙（易致空气污染和交通危险）、游戏运动中有无被球打到的可能（足球场、篮球场边）等。

（3）游乐场或运动场最好设于有树荫处或者设置遮阳顶棚，避免未成年人在太阳下晒伤。

（4）未成年人发现有不安全的游戏运动设施时除了热心通知主管机构加以修护，也可以示警告诉别的孩子不要使用。

（5）负责游戏运动设施安全管理的专责单位应当确实负起监督管理责任，建立完善的检修制度，不要等到意外发生造成未成年人伤害后再来追究责任。

（6）社区公园中的游乐运动设施主要供给该社区的人员使用，可提醒同一社区的家长要联合起来共同关心游戏运动设施的安全性，为未成年人提供安全保护。

（7）告知未成年人不可独自在空旷的游乐场或运动场中活动，应当要有家长陪护。

（8）许多游乐场中设有射箭、飞镖等游乐项目，应告知未成年人一定要在大人的陪护下和在大人的视线范围内活动，遵守游戏规则以免发生安全事故。

（9）许多商业游乐场虽然有定期维修保养，但却没有明确标示适合使用的年龄范围和入场人数，而且使用时经常没有专门管理人员在场，因此，学校安全教育人员要提醒未成年人注意游玩活动时的安全。

二、食品安全

食品安全是重要民生基础工程，是人民通往美好生活的必经之路。校园食品作为特殊的餐饮环节，受众群体覆盖面广、年龄层次宽泛，涉及幼儿、中小学生及大学生，其安全性历来备受社会关注。校园食品安全不仅关系到未成年人的身体健康，更牵动着千家万户的心，一旦出现问题将严重影响社会的和谐稳定。对于自我保护意识不强和视频安全认知薄弱的未成年人而言，校园食品安全教育不容忽视。学校作为保障校园食品安全重要的参与主体，应建立严格的食品安全管理机制，落实食品安全管理制度，大力开展食品安全宣传。

第一，学校食堂的食材选择第一要求应当是安全卫生，不得使用未经检验或无正规厂商生产的食品。

第二，学校要提供给未成年人均衡的饮食，培养他们不偏食的好习惯。

第三，学校食物加工时要以正确的清洗方法洗掉有害物质和去除掉不能食用的部分。

第四，学校选择食品时要避免使用烧烤熏制、人工合成、添加剂过多、腌制品等不健康类型的食材。

第五，食品在烹煮过程中，要注意安全与卫生，也要留心减少营养素的流失。

第六，食品应当确保在保质期以内，超过保质期或发霉馊掉的食物应当丢弃不能食用。

第七，教导未成年人少吃高脂肪高热量和添加剂较多的垃圾食物。

第八，盛装食物的餐具应进行清洗消毒，保持干净卫生。

其实，每个未成年人都有自己特殊的饮食习惯，如：对某些餐具、食物有特别的喜好或食物的进餐方式和次序不同等。教师不要将成年人的习惯强加于未成年人，只要合理就好，也可顺势而为，但要坚持以身作则，改掉未成年人不良饮食行为，培养其正确的饮食观念和不浪费粮食的意识，确保未成年人吃得营养与安全，养成节约粮食的习惯。

三、交通安全

（一）交通安全教育目的

一是通过学习交通安全知识，增强未成年人交通安全意识，使未成年人养成“安全第一”的交通习惯，保护他们安全健康成长。二是引导未成年人在交通安全教育活动中认识生命的意义，在自我体验中发挥潜能，进而教育未成年人关爱生命、尊重生命、敬畏生命、激扬生命、热爱生命、保护生命。三是加强对未成年人法制及交通安全的教育，使未成年人增强法制观念，做到知法守法，确保身心健康，平安上学和放学。

（二）交通安全教育内容

1.行路安全

学校安全教育人员应当教育未成年人在走路时注意力集中，不能东张西望，更不能看书报看手机或因为想事情、聊天而忘记观察路面情况，这样很可能被路面上的石块、树枝、台阶绊倒摔伤或撞到树上、电线杆上，甚至可能发生车祸。路边停有车辆的时候要注意避让，避免汽车突然启动或打开车门造成撞伤。不能在马路上踢球、玩滑板、骑平衡车或追逐打闹，更不要扒车、追车，站在路中间强行拦车或者抛物击车。雾天、雨天走路要小心，注意路滑，穿上颜色鲜艳（最好是黄色）的衣服或雨衣，打颜色鲜艳的伞。晚上在街上行走的时候，要选择有路灯的地段，特别要注意来往车辆和路面情况，以防发生意外事故或不慎掉入修路挖的坑里以及各种无盖的井里。穿越马路时，要听从交通民警的指挥，要遵守交通规则，做到“红灯停，绿灯行”和“一慢、二看、三通过”。

2.骑车安全

我国交通部门规定：不满12周岁的未成年人不允许骑自行车、三轮车和推拉各种人力车上马路；未满16周岁的未成年人不允许骑电动车上马路；即使已满12周岁的未成年人骑自行车上马路也必须遵守交通规则。骑自行车上马路时要在非机动车道上骑行，不能进入机动车行驶的快车道，也不能在人行道上骑自行车。在没有划分机动车、非机动车道的路段，要尽量靠右行驶，不能逆行，更不能骑到路中间，这样很容易造成交通事故。

3.乘坐出租车安全

未成年人乘坐出租汽车时，不要站在机动车道上等待车辆到达，乘车谨记要系安全带。一旦不幸遇到翻车事故，不要死死抓住车内某个部位，而要去抱住自己的头部并蜷缩全身才是上策。若遇到交通事故时，要维护好现场，同时呼喊大人的帮助，通知医院以便迅速抢救伤病员，及时向交通警察或治安人员报警，还要记住肇事车辆的车牌号码等。

4.乘坐公交车（大巴车）安全

未成年人在乘坐公交车时须在站亭或指定地点依次候车，等车辆靠边停稳后依次序上车，上车时不要争先恐后、乱拥乱挤以免踩伤或为小偷作案提供条件。如果公交车因发生意外事故掉进水中，这时一定要保持冷静并迅速用公交车内的安全锤砸碎玻璃逃生，不要做危险的举动。车辆行驶时应当抓好扶手，避免瞌睡，因为汽车在行驶过程中的起步、刹车、加减速十分频繁，极易发生意外。不要将头、手、胳膊等身体部位伸出车窗外以免被对面行驶而来的车辆或路边树木等刮伤。要爱护车辆卫生，不在车内或朝窗外乱扔垃圾杂物以免伤及过往车辆和行人。为了公众的安全，请不要把易燃、易爆的危险品带入车内，易燃易爆物品容易在挤压碰撞或车辆行驶过程中引起燃烧或爆炸，严重危及他人生命安全。

5.铁路及乘火车安全

未成年人不能在铁路口或铁路上行走逗留、打闹，拣拾废弃物品，也不能钻车或扒车。通过铁路道口时必须听从道口看守人员的指挥，栏杆放下表示火车就要通过，千万不能钻栏杆过道口。不要横穿铁路，更不能在铁轨上玩耍。如果有火车来了，必须站在铁轨5米以外；在电气化铁路线上时还要注意不能攀爬接触网支柱和铁塔，也不要在铁塔边休息或玩耍，防止触电。在站台等车时，要站在安全线后面，如果在没有安全护栏的月台上，一定要离开轨道两米以外，火车进站时速度很快，靠得太近就有被卷入的风险。在火车上不要玩火，不要到两节车厢的连接处玩耍，这样容易被夹伤或挤伤；千万不能把头、手、身体等伸到窗外，以免被车窗卡住或是被沿线的信号设备、树木等刮伤。车上吃东西用完的塑料饭盒、塑料瓶、包装袋等杂物不能随手扔到窗外。

6.在放学和集体外出时听从指挥

未成年人在放学路上要遵守纪律排好队，在教师的护送下有秩序地在人行道上行走，在没有人行道的地方应靠路边行走。过马路时要走人行横道，在没有人行横道的路段要看清路面情况，在没有车辆行驶时抓紧时间通过。走路时注意力要集中，不能一边走一边玩耍或一边看书，也不能三五成群并排行走，更不能追赶车辆嬉戏打闹。集体外出活动时要有教师带领，排成两路纵队在人行道上行走。不要随意离开队伍，不要在队伍里推推拉拉、嬉戏打闹。不做违反交通规则的事，不在车流量较大的地方集中和停留，以免影响他人通行或造成不必要的交通事故。除此以外，学校安全教育人员必须向未成年人示范正确的交通规则并要求其严格遵守，平时还要提醒他们一些常识性安全注意事项，包括：

（1）不要在汽车后面或大卡车的车底下玩耍。

（2）发现有汽车要倒车时须立即避让。

（3）不要从停在路边的车阵中临时窜出。

（4）走路时注意路边停放的电动自行车。

（5）家长开汽车带未成年人外出时绝不能把未成年人单独留在车内。

（6）绝对不可以在停车场乱跑，要随时注意周边车辆的动向。

（7）开关车门时注意不要被夹伤手脚。

四、建筑设施安全

目前，建筑设施对未成年人的出行玩耍既不方便又不安全，不少未成年人意外事故的发生就是因为建筑设施在当初设计时考虑不周全。因此，学校安全教育人员对未成年人需进行建筑设施安全教育。

（一）建筑工地

（1）建筑物或工地在施工时应做好安全警戒范围，必要时须加盖处理以免未成年人擅自闯入嬉戏或不小心跌落而发生意外。

（2）经济发达地区的建筑设施翻新改建频繁，经常会看见建筑器材占满人行道，行人被迫改走机动车道；若未成年人走在机动车道时更要注意安全。

（二）建筑物内

经常或偶尔有未成年人出入的建筑物，宜考虑的安全性包括：

（1）尽量少用落地玻璃门窗或少装设透明的自动玻璃门。

（2）窗户和阳台的高度及式样应留意不能让未成年人可以攀爬而摔落或卡住他们的身体或头部而导致意外伤害事故。

（3）部分建筑物的自动门无法感应到未成年人的身躯或体重，会造成进出受困的意外；也有些自动门的开关速度过快极易夹到他们，应谨慎防范。

（4）有些大楼或公共场所采用旋转门进出，如果推门力量或门的旋转速度设计未考虑到未成年人身体特点，则他们有可能被卡在门的中间或被门撞击。

（5）无论楼梯或电扶梯，若有从两侧坠落的可能就应有防范坠落的设计，如：设置安全网或防护栏等。

（6）家长尽量不要让未成年人单独搭乘电梯，尤其当他们个子还很矮小时，根本摸不到电梯按钮；电梯门开关的时间也不宜太短，以免未成年人被厚厚的电梯门夹住造成意外伤害事故。

（7）公共场所建筑设施内的所有逃生门或逃生通道都不能封死，有关单位必须确实负起监督责任，另外，应配置数量足够且有效的灭火器以防火灾发生。

（8）绝不能带未成年人进入已经被认定为危险建筑的建筑设施内。

（9）电梯或电扶梯的升降速度应适当，免得吓到未成年人或造成意外伤害。

（三）公共场所

（1）许多广告宣传牌以铁丝绑在路边电线杆或柱子上，展板拆走后却往往没有一并拆除铁丝或铁架框，以致发生与其高度差不多的未成年人经过时遭其刺伤的意外事故。

（2）公园等游憩场所若设有喷泉水池，最好有护栏装置以防未成年人游玩时跌入水池造成溺水或者触电。

（3）未成年人游乐园等场所设置的游乐器材应由专责单位负责安全监督。

第三节 校园安全教育

一、校园界定

一般谈及校园时人们总习惯性地将校园定格在学校围墙内的范围，而学校围墙外面就不属于校园了，但谈及校园安全责任归属问题，有人认为师生员工在学校范围内发生的事故应该由学校负责，而在校园外发生事故则应该由政府负责。假设这个推论成立，那么未成年人上学放学的校外交通安全问题，师生员工校外的安全事故，如：溺水、山难、自杀、不正当言论、校际群殴等突发事件，难道学校就可置身事外吗？可见，狭义的校园是指学校围墙范围内的区域；广义的校园是指学校能有效管辖的区域或范围。师生员工发生在校园内外的安全事故都需要学校承担相应的安全教育，如此在探讨学校安全教育时对社会的影响会更深远、更有意义。

二、学校突发事件

（一）学校突发事件概念

学校突发事件是指在学校教育场景（包含校内、校外）中出现的非正常事件，其对学校师生身心健康或学校声誉影响较大且必须采取紧急处理的事件。学校突发事件往往伴随着学校安全事故的发生。2005年国务院常务会议审议通过的《教育系统突发公共事件应急预案》中明确指出：学校突发事件是指除自然灾害、事故灾难、突发公共卫生事件、突发社会安全事件以外，还根据教育系统的特点，补充了网络与信息安全、考试安全应急预案，形成了六大类学校突发事件。

（二）学校突发事件特点

学校突发事件是公共危机的重要组成部分，由于学校突发事件的发生场合是在学校内，一般与师生具有直接或间接关系且在某些方面与公共突发事件存在着些许差异。因而，学校突发事件一般具备以下特点。

1.突发性

学校突发事件具备突发性，突发事件一般是在师生毫无防备的情况下突然发生，会对师生身心健康造成巨大危害。因为事件发生的后果或现场的惨状超出了师生的心理承受范围，从而使师生对平常事物的看法偏离了正常人的认知。因此，师生急切希望一切能回归正常状态。

2.破坏性

学校突发事件会受到来自学校内部和外部等多方面因素的影响并迅速扩大破坏范围。由于学校突发事件一般都会造成人员伤亡或财产损失，而这些情况的发生都会给学校声誉带来污点，也会给社会和谐稳定带来不利。

3.机遇与危险并存性

每件事物都有其两面性，学校突发事件也不例外。只要能对学校突发事件进行快速有效处置，那么就能让学校赢得更多社会人士的认可，从而获得更大的发展空间。相反，学校一旦未能很好地对突发事件进行有效处置，不仅会造成较为严重的人员伤亡和财产损失，还会对学校声誉产生重大影响，严重时甚至会影响学校的可持续发展。

三、校园安全影响因素

影响校园安全的因素既有来自外部的干扰，也有来源于校内未成年人的自身问题或教育管理者的疏忽。

（一）天灾与偶发事件

自然灾害是一项极难抗拒的灾害，学校也是难以防范的。对于学校发生的未成年人食物中毒、体育课上的运动损伤、上学放学或春秋游中的意外交通事故、在游乐场所违反游乐规则或游乐设施故障造成的意外伤害等偶发事件也会令师生员工防不胜防。

（二）校园安全管理疏忽

校园内的老旧教室和教学硬件设施或设备未能定期进行检查、保养和维护，校园工程工地内的安全保护措施不足等都是导致未成年人发生意外事故的最大原因。当前我国中小学的教学设施楼层渐高，未成年人经常在楼道追逐打闹、攀爬窗户。教育管理者若未能落实校园安全保护措施并及时给予未成年人校园安全教育，此类意外伤害事件的发生概率会大大提升。此外，教育管理者对于未成年人群聚集活动未能妥善组织规划、对存在心理问题的未成年人未能及时掌握其情况且未能迅速做出辅导等都是校园意外事故的重要诱因。

（三）教师教育方式欠妥

第一，教师在校园内除了教学活动之外，最重要的就是班级管理，尤其是未成年人需要从班级的集体生活中去体验群己关系，学习生活规范和角色扮演。这对于他们而言是一个极为重要的社会化过程，而教师则是扮演班级领导者的角色。如果教师不懂得科学管理班级的理念方法或教师毫无责任心，那么这个班级师生间的冲突会时常发生，对未成年人的社会化极为不利。第二，许多未成年人在校学习时会遇到一些学习障碍或来自问题家庭的未成年人会遭遇某些心理伤痛与挫折。如果教师无法有效运用辅导技能，那么师生间的沟通互动就容易产生摩擦冲突。一旦出现以上问题，有些未成年人会因不服管教而出言不逊，如果教师以武力方式解决，那么将会产生更为激烈的摩擦冲突。另一类师生冲突主要来自教师的不当管教处分或体罚所致，一旦出现体罚过当，容易引发师生冲突和家长不满。第三，绝大多数的校园安全问题产生会有一些前兆，但往往有不少教师的安全意识淡薄或缺乏警惕性，任由危险警报存在或扩大，进而错失防范良机。待到意外事故发生之后，教师只能对未重视事先所获得的讯息而追悔莫及。

四、校园安全维护目标及要领

校园安全维护目标是以学校软件、硬件设施、建筑物和师生员工人身财产等皆能不受干扰、损失和破坏为最高原则。假设以0度为最高安全指标；

以0度至90度之间为安全区；以90度至180度为危机区及崩溃区。为了确保学校安全势必要将各种危险因素管制在安全区内（见下图）。

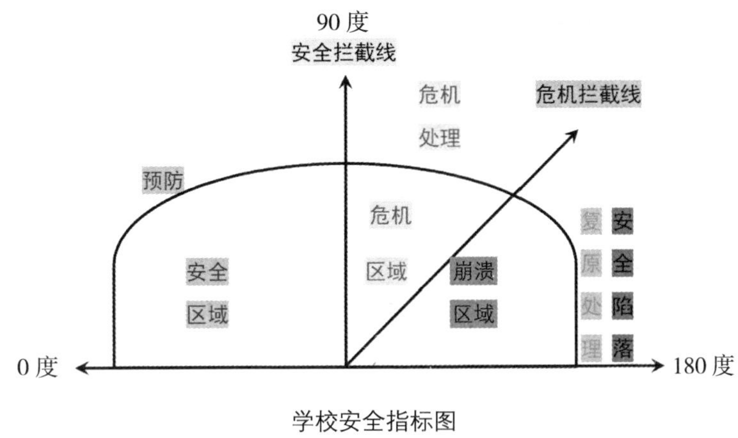

学校安全指标图

基本上，学校安全状态不可能完全呈现一个恒定的状态，因为学校内的人、事、时、地、物都在不断变化，也有着不同的安全状态或危险指标。

（一）人员

有些未成年人个性暴烈，容易和人发生冲突，那么他的危险指标较高；有些未成年人个性温顺开朗、安分守规，当然他的危险指标就低；同样，有些教师管教严格，有些则理性温和，因此他们也有不同的安全指标。

（二）事件

未成年人在教室里上课与到户外进行体育活动时可能发生的危险概率也不同。

（三）时间

早上七点前和晚上，窃贼和犯罪分子容易入侵校园，其安全指标和白天相比会存在不同；白天上课时间和下课或是午休时间和放学以后也会有不同的安全指标。

（四）地点

教室、办公室、图书馆、运动场和师生经常活动的地点，安全性良好；但是空教室、学校建筑工地、校园偏僻处、地下停车场、灯光昏暗处，其危险指标较高。

（五）物件

一般的教学器材、物品和实验室的有毒化学用品也有不同的安全指标。

总而言之，要有效保护校园安全，必须从各个方面考虑其安全指标或危险指标并做好预防措施，设法降低各项事物的危险指标，在能够容忍的最大安全极限（90度安全指标）实施第一道安全拦截。假如无法在第一道安全线内成功拦截各种危险问题时，这些问题的危险指标将会持续升高并进入危机区，如果危机信息明显（若危机信息不明确或隐藏性较强则问题将会更大），学校师生将会感受到焦虑恐慌，同时也会感觉到意外伤害事件即将发生的压迫感。这时危机处理人员就必须尽快实施第二道安全拦截，希望在危机区中实施危机处理并有效解除危机。倘若在危机拦截线前仍无法解除危机，那么危机事件就会爆发开来并危及校园安全，此时，全校师生都有可能受到伤害。因此，为了师生安全和校园安宁，各项安全保护工作是非常重要的，而安全保护的要领原则是：预防胜于处置，妥善处置又胜于逃避推脱责任。

第四节　国家安全教育

一、国家安全概述

（一）国家安全概念

国家安全是指国家政权、主权、统一和领土完整、人民福祉、经济社会可持续发展和国家其他重大利益相对处于没有危险和不受内外威胁的状态，以及保障持续安全状态的能力。具体包含四个方面：一是民族和国家的生存不受威胁；二是国家领土的完整不受侵犯；三是国家的政治独立和主权完整；四是国家的经济和社会秩序正常运转。

（二）国家安全构成

我国国家安全领域主要包括政治安全、国土安全、军事安全、经济安全、文化安全、社会安全、科技安全、网络安全、生态安全、资源安全、核安全、海外利益安全、生物安全、太空安全、极地安全和深海安全领域。

1.政治安全

政治安全的核心是政权安全和制度安全。事关我们党和国家的生死存亡，事关中国特色社会主义发展全局，事关党和国家的长治久安。

2.国土安全

国土安全涵盖领土、自然资源、基础设施等要素，是指领土完整、国家统一、海洋权益及边疆边境不受侵犯或免受威胁的状态。

3.军事安全

军事安全是指国家不受外部军事入侵和战争威胁的状态以及保障这一持续安全状态的能力。

4.经济安全

经济安全的核心是坚持社会主义基本经济制度不动摇，不断完善社会主义市场经济体制，坚持发展是硬道理，不断提高国家经济整体实力、竞争力和抵御内外各种冲击与威胁的能力。

5.文化安全

文化安全必须坚持社会主义先进文化前进方向，坚持以人民为中心的工作导向，坚持文化自信，增强文化自觉，加快文化改革发展，加强社会主义精神文明建设，建设社会主义文化强国。

6.社会安全

社会安全包括防范、消除、控制直接威胁社会公共秩序和人民群众生命财产安全的治安、刑事、暴力恐怖事件以及规模较大的群体性事件等。

7.科技安全

科技安全是指科技体系完整有效、国家重点领域核心技术安全可控，国家核心利益和安全不受外部科技优势危害以及保障持续安全状态的能力。

8.网络安全

当今世界没有网络安全就没有国家安全，网络安全与其他领域安全相互交融相互影响，已成为我国面临的最复杂、最现实、最严峻的非传统安全问题之一。

9.生态安全

生态安全是指一个国家具有支撑国家生存发展的较为完整、不受威胁的生态系统，以及应对内外重大生态问题的能力。

10.资源安全

资源安全的核心是保证各种重要资源充足、稳定、可持续供应，在此基础上追求以合理价格获取资源，以集约节约、环境友好的方式利用资源，保证资源供给的协调和可持续。

11.核安全

核安全是指防范核威胁和核攻击、防范核犯罪、核事故所造成的核危害，最终在实现无核武器世界的条件下确保核材料、核设施的安全。

12.海外利益安全

国家海外利益安全主要包括海外能源资源安全，海上战略通道以及海外公民、法人的安全。随着新一轮对外开放的全面推进，特别是“一带一路”建设加快实施，海外利益日益关乎我国整体发展利益和国家安全。

我国国家安全构成内容在国家发展的不同阶段是不一样的，既有“源生内容”又有“派生内容”。作为一个有机体系，国家安全是一个包括了许多子系统的社会大系统，其所包含的各方面基本内容是互相联系、互相作用和不断变化的，并且在动态变化中占据着各自不同的位置，发挥着各自不同的作用，通过互相作用影响着整个国家安全系统。其中，国民安全是核心、政治安全是根本、军事安全是保障、经济安全是基础。进入新时代以后，文化安全、科技安全、信息安全、生态安全在支撑传统安全利益的同时，也成为需要单独维护的涉及国家发展利益的安全主体。

国家安全是一种存在的状态，国家安全不等同于“国家安全活动”“国家安全工作”“国家安全机构”。但是国家安全的保障确实需要国家安全观念、国家安全法律、国家安全战略、国家安全机构、国家安全研究等五项战略性保障机制的建立和完善。国家安全是一种国家利益，但不是一般利益，而是国家的基本利益。在国家的全部利益体系中，处于基础性地位的是国家安全。因此，没有国家安全就不可能有国家的生存与发展。

（三）国家安全特点

1.多元性

影响国家安全的因素有很多，它们之间也存在着交互作用，在不同阶段的表现程度也不完全一样，而且不同类型的矛盾在一定条件下相互转化，形成复杂的国家安全问题。

2.隐蔽性

在影响国家安全的诸要素中有些是间接的、无形的，它们对于国家安全的危害事先难以预料，后果也往往难以判定。

3.演变性

发达国家在保护其既得利益的同时已将全球环境及价值观等问题列入国家安全关注的新内容。而发展中国家则更加关注经济发展环境的安全问题；部分国家和地区局部战争和涉及主权的不安定因素仍是国家安全首要考虑的焦点。不同发展水平和文化背景对国家安全的判断标准不同，国家安全要素是随社会经济和科技发展的变化而不断发生变化。

（四）国家安全影响因素

影响国家安全的因素较多，从性质上可区分为积极因素和消极因素；从种类上可大致分为自然因素和社会因素；从内外部影响来源上可分为内部因素和外部因素，这种分类形式也是当前学者使用较多的分类方法。其中，内部因素是由于政治制度、方针政策、民族宗教、文化传统等因素受到消极影响而形成的内乱、分裂、破坏、极端主义和恐怖主义等危险；外部因素是国际形势、地区及周边国家形势、国际秩序调整争端等问题激化升级而形成的军事入侵、政治颠覆、宗教文化渗透、间谍情报活动、国际恐怖主义等威胁。明确并深刻认识影响国家安全的因素，是维护国家安全的必要前提，是采取有针对性维护国家安全措施及开展国家安全教育，营造良好国家安全教育环境的重要基础。

（五）总体国家安全观

总体国家安全观是一个内容丰富、开放包容、不断发展的思想体系。2014年，习近平总书记首次提出总体国家安全观，阐述了总体国家安全观的基本内涵、指导思想和贯彻原则。总体国家安全观的核心要义为五大要素和五对关系（见下图）。五大要素是以人民安全为宗旨，以政治安全为根本，以经济安全为基础，以军事、科技、文化、社会安全为保障，以促进国际安全为依托。而五对关系是既重视发展问题又重视安全问题；既重视外部安全又重视内部安全；既重视国土安全又重视国民安全；既重视传统安全又重视非传统安全；既重视自身安全又重视共同安全。贯彻与落实总体国家安全观，必须既重视外部安全，又重视内部安全，对内求发展、求变革、求稳定、建设平安中国，对外求和平、求合作、求共赢、建设和谐世界；既重视国土安全，又重视国民安全，坚持以民为本、以人为本，坚持国家安全一切为了人民、一切依靠人民，真正夯实国家安全的群众基础；既重视传统安全，又重视非传统安全，构建集政治安全、国土安全、军事安全、经济安全、文化安全、社会安全、科技安全、信息安全、生态安全、资源安全、核安全等于一体的国家安全体系；既重视发展问题，又重视安全问题，发展是安全的基础，安全是发展的条件，富国才能强兵，强兵才能卫国；既重视自身安全，又重视共同安全，打造命运共同体，推动各方朝着互利互惠、共同安全的目标相向而行。总之，厘清五大要素、把握五对关系，是理解总体国家安全观的关键所在。

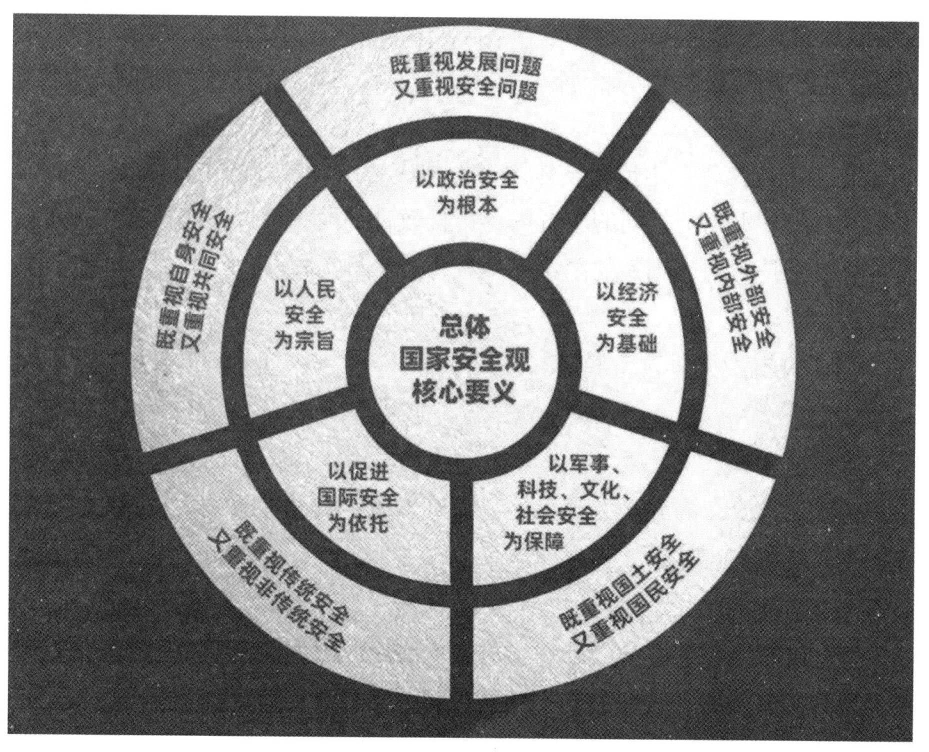

总体国家安全观核心要义图

二、国家安全教育概述

（一）国家安全教育概念

国家安全教育是根据维护国家安全的目的和要求，以一定的国家安全观念和国家安全知识，对全体国民思想和行为施以相应影响的一种有计划的活动。

（二）国家安全教育主体

国家安全教育主体包括全体国民，但应考虑到教育的主体是分层次的，不同的对象有不完全相同的教育内容，且教育手段和教育方法也存在一定的差异，特别是对未成年人的国家安全教育应尽早实施。

（三）国家安全教育特点

1.系统性

由于国家安全内容具有多元性，在对未成年人进行国家安全教育时应建立一个系统的内容体系。

2.前瞻性

针对国家安全内容的隐蔽性，对于未成年人国家安全教育应该科学预见某些安全内容所产生的社会危害及其与其他安全内容的连带效应。

3.动态性

针对国家安全内容的演变性，对于未成年人国家安全教育应该不断赋予教育教学的新内容，在不同时期需要及时调整国家安全教育的重点。

（四）国家安全教育内容

就我国现阶段国家安全的侧重点而言，除了领土、领海和领空的安全以外，还应包括以国家经济秩序稳定、金融与货币安全、战略资源保障、对外贸易与投资安全为主的经济安全；以环境与生态保护、重大自然灾害控制为主的生态安全；以重大犯罪的防范与控制、重大事故和人为灾害的防范与控制、突发性事件的应急处置为主的社会安全；以生物安全、信息安全、核安全为主的科技安全等，这些都是现阶段影响我国国家根本利益的因素，因而都属于国家安全教育的内容。此外，国家安全教育的内容要根据不同人群对象的需要，可以在不同范围内确定不同形式、不同内容、不同程度的国家安全教育重点。

（五）国家安全教育阶段

1.国家安全教育目标应体现知、情、意、行的目标，保证其在每个教育阶段的完整性和连续性

（1）小学阶段的国家安全教育是国家安全工作的一项奠基工程。由于小学生具有幼稚性与可塑性、模仿性与易变性、自我中心性与缺乏自律性等心理特点，因此，小学生国家安全教育目标应通过教育初步培养小学生的集体意识、责任意识以及吃苦耐劳和艰苦奋斗精神；深刻明白自己是国家的主人，具有热爱家乡、热爱祖国、热爱社会主义的感情；理解纪律是维护国家安全的保证；培养小学生勇敢、坚强、有毅力、不怕困难和临危不惧的品格。

（2）初中阶段的国家安全教育是中学阶段国家安全教育工作的核心。针对初中生思想及心理具有过渡性与发展性、矛盾性与脆弱性、自主性与随意性等发展特点，初中阶段的国家安全教育总体目标应该是：使初中生能够热爱祖国，具有民族自尊心、自信心、自豪感；对中华民族的百年历史及我国当前的时代特征和社会环境有所了解，初步培养学生的忧患意识和危机意识；让初中生对国家安全工作有一定的认识，初步树立其国家观念、安全观念、法制观念、责任感和集体荣誉感，对各种国家安全教育活动和社会实践活动具有积极性；使学生具有积极进取、不怕困难的品质；在实践中逐渐培养初中生坚强的意志品质和较强的忍耐力、耐挫力，不轻易被威胁和挫折吓倒；培养初中生在危急时刻或遇到突发事件时学会独立思考，不轻信盲从，让初中生筑起安全心理防火墙，对危害国家安全或颠覆社会主义的精神产品

和不良信息有一定的鉴别和抵御能力。

（3）高中阶段的学生基本完成由少年向青年的转变，这一阶段的国家安全教育无论是对高中生，还是对社会而言都极为重要。根据这一年龄段学生的思想及心理具有的理智性与社会性，多元性与不协调性，务实性与缺少责任性的发展特点，学校应加强与国家安全息息相关的国情教育，通过政治教育要使高中生了解爱国主义的具体内容，正确认识我国社会主义初级阶段的基本情况和国际形势，能够积极参与我国政治问题包括国家安全问题的理解、分析和评论，有维护我国国家安全的紧迫感和使命感；通过思想教育帮助高中生树立“国家安全和国家利益高于一切”的观念，教育高中生用实际行动维护国家安全，能在集体生活中积极发挥个人才干，顾全大局，具有一定的正确处理信息及鉴别、评价、判断、选择能力；通过国家安全法纪教育和职业道德教育，使高中生初步认识《保密法》及相关保密法规的常识，使其自觉将个人利益与国家安全工作的需要结合起来，有通过自己的行动来维护国家安全和国家利益的爱国心和责任感；通过心理教育培养高中生具备战胜危机的能力，能够基本面对现实，不回避矛盾，主动培养和提高其对未来国家安全环境的适应能力。

2.国家安全教育内容应纳入相关课程之中，发挥课堂教育主渠道作用并使之规范化、制度化，注重增强教育的针对性

（1）小学阶段的国家安全教育内容：集体主义教育；爱国情感教育；国防知识教育；挫折教育；民族精神教育。

（2）初中阶段的国家安全教育内容：国家意识教育；国家安全基础知识教育；责任意识教育；应变教育；民族精神教育。

（3）高中阶段的国家安全教育内容：爱国主义教育；国家保密法常识教育；职业道德教育；维护国家安全行为教育；团队合作精神教育；民族精神教育。

3.国家安全教育应坚持多管齐下，逐步深入，注重体现教育途径的发展性与创新性。学校为了实现国家安全教育的目标，应当依据相关教育原则和原理，运用有效的教育方式和教育方法对未成年人进行内容恰当的国家安全教育

（1）多样性：由于未成年人的思想意识是在多种教育因素影响下形成

的，不同的教育因素有不同的承载体。因此，学校实施国家安全教育的途径也是多种多样的，有课程类、实践类、环境类、管理类、辅导咨询类、传媒类等。不同的教育内容适宜在不同的教育载体上进行，教育工作者应根据教育目的和内容的不同、未成年人年龄的差异和国家安全形势的需要，做出有针对性的选择。

（2）相对稳定性：由于学校是专门从事教育活动的场所，是对未成年人进行国家安全教育的主阵地，有受过专门训练的专业教师，有相对固定的时间和教材，在长时期实践的基础上容易形成包括课堂教学、党团活动、校会班会等在内的相对稳定和规范的教育途径。

（3）主导性：学校是体现国家意志的专门育人场所，学校安全教育决定着未成年人国家安全意识和行为的健康发展，进而关系到国家及社会的安定繁荣。因此，学校对未成年人思想与心理健康成长，对其树立正确的国家观与安全观，较之家庭和社会有更重的责任和更多的优势。学校有良好的育人环境，有目标、有计划、有组织、有课程，在培养未成年人良好素质方面起着主导作用。当然，学校的一些教育途径也不是局限于学校范围之内，如：社会实践活动、媒介宣传、咨询活动等都需要国家安全教育工作者相互协调配合，共同完成教育任务。

4.学校阶段的国家安全教育在评价工作上既要具有科学性和系统性，又要具体简明且可行

学校阶段的国家安全教育过程一般要通过国家安全教育成效表现出来，评价一所学校的国家安全教育工作好坏与优劣，对一所学校的国家安全教育状况进行诊断评估，教育成效占据着重要位置。其主要体现在师生素质和社会评价两个方面。对师生思想素质的评价主要是看其对国家安全的认识水平以及在各种具体国家安全问题及各种危机面前的行为表现。因为思想是看不见的，但一定的思想总会外化为一定的行为。因此，诊断评估一定要从实际出发，针对不同对象的特点，做出科学且切合实际的评价。学校是未成年人社会化的重要场所，学校阶段的国家安全教育工作应该追求良好的社会效应。此外，学校阶段的国家安全教育工作特色也是一个很重要的方面，评价学校特色也要注意学校阶段的国家安全教育工作的创新性。

第五节　网络信息安全教育

《青少年蓝皮书：中国未成年人互联网运用报告（2022）》显示：我国19岁以下网民规模达到1.86亿人，未成年人上网普及率已近饱和，手机在众多上网设备中占首位；休闲娱乐成为未成年人主要的上网目的；网络视频类应用成为当下热门，超一半未成年人使用短视频；互联网成为未成年人表达自我的重要窗口之一，网络内容生态影响未成年人认知发展；网络模仿行为较为普遍多样，网络职业进入未成年人职业选择范围；互联网后喻文化现象盛行，“饭圈文化”泛滥盛行；网络安全教育不容乐观。未成年人网络行为、网络社交、网络素养、网络文化等方面呈现的特点和发展趋势对我国经济、社会等各领域都会带来深刻影响。未成年人互联网运用是关系网络强国和未成年人成长发展的重大战略问题，应当得到全社会广泛关注。

一、网络安全教育

（一）网络安全概念

网络安全概念可以从广义和狭义两个方面进行界定。其中，广义上的网络安全是指网络信息和网络文化安全。网络信息是建立在虚拟社会中能够保持其可用性和真实性，通过传播手段给社会带来正能量的一种模式。狭义上的网络安全是指系统中的硬件、软件及数据受到保护，不会由于某些原因遭到破坏、泄露或者篡改，网络系统能够顺利安全运行。

（二）网络安全教育概念

关于网络安全教育概念的界定大体可以分为两类：一类是侧重于网络安

全技术教育，另一类侧重于培养网络安全意识和能力教育。网络安全是一门涉及计算机科学、网络技术、通信技术、密码技术、信息安全技术、应用数学、数论、信息论等多学科的综合性学科。网络安全技术教育是指致力于解决如何有效进行介入控制以及如何保证数据传输安全性的技术手段。其主要包括物理安全分析技术，网络结构安全分析技术，系统安全分析技术，管理安全分析技术以及其他安全服务和安全机制策略等。网络安全意识和能力教育是通过网络安全教育的具体内容去培养学习者的网络安全意识和能力，包含：网络伦理道德和责任意识教育；计算机法律、法规基本知识教育；网络安全知识和安全意识教育等。

（三）网络安全教育内容

1.网络安全意识教育

学校安全教育人员对未成年人进行网络安全教育，首先要做的是从网络安全意识教育入手。要让未成年人从心底、从内心深处认识到网络安全对于自身的重要性。只有未成年人自觉主动地从自己内心认识到网络安全的重要性，才能学会如何运用互联网方便自己的学习与生活，掌握如何运用正确的手段保护自身的生命和财产安全。因此，各级各类学校应该不断加强未成年人的网络安全意识教育，制定涉及未成年人学习生活的网络安全规章制度，开设网络安全知识大讲堂，举办互联网安全技能竞赛，聘请网络安全专家开展安全使用网络讲座等。通过丰富多彩的授课形式让网络安全的重要性扎根于他们心中，让他们自觉主动地获取网络安全知识，保护自身使用网络的安全。

2.网络安全能力教育

网络技术高速发展的时代提升未成年人网络安全能力的教育至关重要。学校安全教育人员应该鼓励未成年人积极参与网络安全实践活动，让他们的意见与建议能够得到倾听。通过收集和整理未成年人提出的建设性意见，学校才能更好地制定网络安全教育内容。学校安全教育人员还需要通过开展网络安全教育实践活动，让未成年人在网络实践活动中得到有效指导，从而进一步提升他们的网络安全技能。

3.网络安全行为教育

网络安全行为教育是让未成年人的网络行为在一定安全范围内且不能超出此安全范围。在安全的网络界限内活动，既保护了自己的网络安全，也不妨碍他人活动，更不能做出危害国家网络安全的行为。未成年人在享受网络便捷生活的同时也要提高自身的网络道德素养。国家在保障网络信息依法有序自由流动的同时也应为未成年人提供安全健康的网络环境。此外，未成年人还应当对危害网络安全的行为进行举报，为净化网络安全、构建和谐的网络安全环境贡献力量。

（四）网络安全教育策略

1.完善网络安全教育内容

（1）融合多学科内容，提高网络隐患鉴别力。学校安全教育人员应当融合思想品德教育、心理健康教育、计算机课程教育、法制教育等内容，将网络安全教育的内容融入多学科学习中，使未成年人在各个学科的教学过程中深入了解网络安全隐患，潜移默化中提高自身对于网络信息的价值判断力，不盲目跟随网络信息之风，理性应对网络信息。

（2）增加网络安全教育的实践环节，提高网络行为的自控能力。学校安全教育人员应当开展未成年人网络安全教育活动，采取班级会议、学校大会、社团活动、情景演练等方式进行模拟网络安全相关案例的教育教学；也可以通过网络安全主题情景剧表演，让未成年人充当网络安全教育小课堂主讲人，使未成年人在实践网络安全教育内容中规范网络行为，提高自身网络行为的管理能力。

2.改进网络安全教育方式

（1）抓住未成年人网络心理需要，提高网络安全课堂教育的实效性。学校安全教育人员在网络安全教育方式上应当发挥课堂教学内容的引导作用，采用平和柔性的对话机制与他们进行良性沟通。对于未成年人接触到的非主流社会文化应该以兼容并包的态度对待，遇到优秀的网络文化应鼓励他们进行学习；遇到腐朽的网络文化则要予以说服教育，而不是强硬打压。当未成年人产生网络交友、网络成瘾、网络信息的困惑时，需要学校安全教育人员发挥人文关怀功能，以理服人，以情感和道理来引导他们选择正确的价值观，以未成年人当前的网络心理需求为契合点提高他们对网络安全教育内容的理解，提高他们在网络安全教育实践环节的自我督促力。

（2）创新主流意识形态的网络宣传方式，完善网络安全管理工作。学校安全教育人员应当加强主流意识形态的主导力，提升学校安全文化的引领作用，引导未成年人更有效地接纳和吸收网络安全教育内容，树立正确的人生观、价值观和世界观。在网络安全教育的日常管理中应以创新性理念引导主流意识形态，以更加人性化的原则提高未成年人的网络责任、道德认知，使他们能够在科学的舆论导向中找到自己的人生价值与目标。

3.优化网络安全教育环境

（1）优化网络舆论环境，提高应对网络安全隐患的判别力。各级各类学校应当在未成年人各项日常活动中积极宣扬正能量的社会文化，再以丰富多彩的网络舆论宣传活动吸引他们参与，或以学校官方公众号的形式促进未成年人对优秀传统文化的理解，提高学习兴趣，增强网络安全风险鉴别力，提高应对网络风险的行为能力。提升网络信息甄别力，规范网络行为，增强网络责任意识。

（2）加强学校安全文化载体建设，优化网络安全教育环境。学校安全教育人员应当加强思想政治引导与教育功能，在学生党团社团学习、学生会活动、图书馆宣传等活动中加入网络安全教育内容的宣传，提高未成年人网络安全隐患的认知与判别能力。

二、信息安全教育

在电子产品普及的时代，未成年人比以往更早、花更多的时间接触互联网，他们早已不是信息社会屏障之外的公民，相反他们已成为信息社会的中坚力量。但未成年人仍处于身心发展的关键阶段，他们对网络信息的辨识能力尚不成熟。特别是当下社会各类信息安全问题频现以及严峻的个人信息安全形势使得未成年人信息安全教育显得尤为重要。因此，学校安全教育人员应在把握信息安全教育客观规律的基础上，结合日常生活中发生的各类信息安全事件，为未成年人制订信息安全教育方案和计划，确定具体的教育内容，开展信息安全教育。这样既能使未成年人树立正确的信息安全观念，提高信息保护以及自我保护意识，又能使他们掌握一些应急处理方法，保障自身财产和隐私，更好地适应信息社会的发展需要。

（一）信息安全概念

信息安全是一个抽象的概念，其所涵盖的范围较为广泛。英国BS7799信息安全管理标准给出的信息安全概念是使信息免于遭受一系列威胁，实现商务连续性目标，尽可能地减少商务损失，并获得收益和回报。国际标准化组织（ISO）认为信息安全是指通过技术和管理对数据处理系统进行安全保护，确保计算机软硬件、数据不因偶然或恶意原因遭受破坏和更改。中国信息安全测评中心认为信息安全由完整性、可用性、可控性和保密性四个部分组成。可见，信息安全的概念大致从两个角度阐述：一是从信息安全涉及层面的角度，如：数据、物理、运行层面。二是从信息安全所涉及属性的角度，如：可用性、完整性、机密性等。因此，信息安全是指网络组织中的软硬件设施及系统数据受到保护，不因人为或偶然因素而遭到破坏、篡改和泄露，使得整个信息系统能持续正常稳定地运行，实现信息服务和业务的连续与高效。

（二）信息安全教育概念

信息安全教育是以国家法律政策制度为指导，采用课程设置、宣传教育、实践活动等方式，全面系统地增强未成年人信息安全素养和意识，提高他们的信息安全知识和安全技能。信息安全教育是学校安全教育中非常关键的一部分，其主要包括信息安全意识及能力教育和信息安全知识及技能教育两个方面。其中，信息安全知识及防范技能是未成年人知识结构的重要组成部分；信息安全意识和信息安全责任是未成年人道德修养和综合素质的重要组成部分。

（三）信息安全教育内容

目前，我国中小学信息技术课程基本实现了普及，未成年人作为信息时代的生力军，是富有智慧、想象和情感的新生代，是教育教学活动中最为重要的因素。信息技术课程的总目标是提高未成年人信息素养，培养他们在信息社会中成为一名合格的社会公民。信息安全问题是时代发展的产物，当今社会信息在每个人日常生活中发挥着至关重要的作用，如：在线购物、网银交易、工资薪酬发放等都是与人们日常生活紧密联系的信息安全事件。信息技术课程不仅教授未成年人信息技术操作知识，还能培养他们作为一个信息社会公民的价值追求和责任意识。现代信息技术课程一般由早期的计算机课程发展而来，后又逐步向信息技术课程转变，其课程培育目标也从单一的计算机素养向信息素养多维化和丰富化转变。时代的进步要求社会公民不仅仅要掌握信息科学技术知识，运用信息技术解决信息问题，更重要的是在进行信息社会活动中明白如何正确安全地利用信息技术，独立自主地解决信息问题。

（四）信息安全教育策略

1.建立健全信息安全教育机制

（1）强化未成年人信息安全认知。学校安全教育应当设置独立的信息安全教育课程，进一步丰富现有的信息技术课程内容，加大对信息安全知识的教育，提高未成年人对信息安全教育的认知。当未成年人信息安全素养提高后，不仅能减少网络中不安全因素对他们身心造成的伤害，还能减少网络安全事故的发生率，进而增进家庭、学校和社会的和谐稳定。

（2）建设强有力的信息安全教育师资队伍。学校安全教育应当要有效提高未成年人信息安全意识，增强其信息识别和判断能力。因此，学校应当组建一支强有力的信息安全教育师资队伍，为未成年人提供优质高效的信息安全教育。

（3）制定和完善信息安全教育考核制度。为了确保信息安全教育考核评价发挥作用，学校安全教育需要将信息安全教育考核纳入整个学校现有的考核评价制度中。而完善信息安全教育考核评价需要制定明确的指标体系，也只有符合指标体系的标准和要求才能称得上考核通过。信息安全教育考核评价可以通过对未成年人信息安全知识掌握的准确性和实践应用能力等方面进行量化。

2.科学开展信息安全教育

（1）以社会主义核心价值体系为引领。只有以社会主义核心价值体系作为信息安全教育引领目标，才能减少网络不安全因素的困扰，达到我国社会主义接班人的培养目标。

（2）以未成年人自我保护能力教育为基础。学校开展形式各样的信息安全教育，其目的是帮助未成年人在信息社会中获得自我保护能力，同时教会他们有效地利用各种信息资源，减少信息环境中不安全因素的伤害。一旦未成年人形成足够的自我保护能力，便可有效地抵御信息环境中诸多不良诱惑，强化自我保护意识和能力。

（3）以信息保护的法制教育为保障。通过法制教育提高未成年人对信息安全法律规范的了解程度，增强其法律意识，减少信息环境中不安全因素对其生活的干扰，帮助其形成健康安全的信息使用习惯。

3.完善课程设置，净化周边环境，强化家校合作

（1）课程内容设置与时俱进。教育行政部门需要联合政府其他职能部门，面向未成年人开设科学合适的信息安全教育课程，普及信息安全知识和技能。对未成年人进行全方位信息安全教育，将盗取个人信息、网络诈骗、电子盗窃等网络犯罪行为案件生动形象地向他们进行展示，同时也要在线提供各种基本防护工具，帮助未成年人采取信息安全防范措施，提高他们在信息环境中的自我控制和保护能力。

（2）净化学校周边环境。学校应当借助政府职能部门的力量有效提高信息安全教育工作的效果和质量，严厉打击校园周边安全隐患，如：网吧、游戏厅、宾馆等。净化校园周边环境为未成年人提供安全的学习、生活和娱乐环境。

（3）构建家校合作机制。将学校安全教育与家庭安全教育进行有效结合，形成良好的家校合作机制，使未成年人无论是在学校，还是在家中都能得到较好的关注，最终将信息安全教育工作落到实处。

第六节　生命教育

一、生命教育概述

生命有广义和狭义之分。从广义上而言，所有的动植物和人类等有机体都可以称之为“生命”；狭义上的生命通常是指人的生命，它是区别于其他生物体的生命。人不仅是一个自然存在物，更是一个寻求生命意义、生命价值的存在物。因而说人的生命是一个自然的物质生命过程，同时也是一个精神生命过程，更是一个社会生命过程。因此，可将生命分为自然生命、精神生命和社会生命。

生命教育是伴随着人类文明发展及现代化推进而兴起的一种新教育思潮。生命教育最早起源于 20 世纪初，在西方兴起的死亡学以及后来发展的死亡教育、生死教育。目前学者对生命教育的概念并没有统一界定和表述，也缺乏深度的理论求证，而对其内涵的认识与理解也呈现“多样与模糊”的状态，但总体可分为以下几种观点：

观点一：生命教育是一种教育的价值追求。

观点二：生命教育是一种教育的存在形态。

观点三：生命教育是教育的一个实践领域。

观点四：生命教育是一种综合性的活动。

上述对于生命教育概念的观点虽各有不同的侧重点，但总结起来主要倡导的是唤醒人们的生命意识，尊重与珍爱生命，热爱与发展个人独特的生命，实践并活出生命的意义和价值，生成健康美好的生命，成为恬然自发、天然情真的自我实现之人。

总之，生命教育是一种全人教育，其对象是所有的人群；其议题涵盖生与死，包括人与自己、人与他人、人与环境、人与自然、人与宇宙的各种关系；其目的是让人学会以爱和尊重的态度来对待自己和他人的生命，也扩展到其所生存的环境，达到天地人我共融共存的和谐关系。这不仅是一种教育理念，也是一种教育活动，更是一种教育境界。

二、生命教育理论基础

（一）生命哲学

生命哲学在本质上不是一种自然哲学，它的理论对象是人，人的生命，人的生活，人的心理状态和人的历史文化，并由此透视人的周围世界。生命哲学家将生命确定为世界的本源，他们认为世界是具有内在活力的，即具有能动性和创造性的生命存在。根据他们对生命的不同理解，可以把生命哲学分为两个流派：一是具有历史文化倾向的生命哲学，该学说的生物学气息不浓，主要将生命界定为人生和各种文化制度下人的生活，重点包括社会历史领域中文化价值和精神生活方面的内容。二是具有生物学倾向的生命哲学，该学说将生命理解为涉及人的机体和生物进化的有关概念。

（二）现代西方死亡哲学

作为死亡哲学的一个下位概念，西方死亡哲学是一个基于内在矛盾的、与西方社会和西方哲学发展大体同步的包含着诸多阶段于自身之内的连续不断的前进上升过程，一个永远面向未来的、在发展中的系统。社会存在决定社会意识，作为所处时代的一种产物，现代西方死亡哲学对现代西方文化乃至现代西方社会具有相当深远的影响。它以“死亡的直面”为基本特征，主要从必然与自由这对基本哲学范畴的角度探讨死亡问题，引导人们通过反观死亡来提升生命的意义与价值。

（三）存在主义哲学

作为西方社会危机和科技危机在意识形态上的反映，存在主义哲学强调个人存在和现实人生，尤其注重个体面对生存危机的主观体验并以此作为自己的出发点。存在主义哲学将描述和揭露在充满矛盾和危机的现代社会中人的个性丧失、人的自由被剥夺、人之受物及一切异化力量的支配，论证怎样使人获得真正的自由，摆脱异化的状态，恢复人的个性和尊严等视为其哲学的中心问题。

（四）人本主义心理学

作为时代精神之必然产物，人本主义心理学既是对现代科技社会泯灭人性、人格以及人性的一种反动与觉醒，也是对当代西方文化机械主义倾向所表示的那种不安和不满。作为西方心理学史上继行为主义和精神分析学派而兴起的第三种势力，人本主义心理学对前面两种势力的批判也颇为激烈并具有一定的说服力。它一方面批判行为主义把人与动物相等同，以“刺激—反应”的公式取代人的内在心理历程从而陷入机械还原论和环境决定论；另一方面它也批判精神分析学派把病人与正常人相等同，以潜意识的功能取代人的整个心理生活从而陷入生物还原论和悲观论。

人本主义教育以人本主义心理学为理论基础，是人本主义心理学在教育领域的直接应用。它一方面充分继承了西方人文主义教育的优良传统，崇尚心智潜力的自由运用与个性的和谐发展，强调智与情的结合，弘扬理性，肯定人的价值和尊严；另一方面也积极吸纳存在主义哲学与现象学的一些基本主张，把追求“人的存在”作为核心内容，并根据动态生成的观点，将“人的存在”视为人的潜能得以实现的一种能动过程。简言之，人本主义教育就是从自然人性的角度重新审视人的本性、潜能、需要、自我实现以及教育活动开展等问题，以完善的人性教育为依归。

（五）生命伦理学

生命伦理学作为一门交叉学科，是对生命科学和卫生保健领域中人类行为的系统研究，用道德价值和原则检验此范围内人的行为。它以现代生命科学、生物技术与医疗实践中的伦理道德问题为主要研究对象，因而也被称为生物医学伦理学。生命伦理学是对传统医学伦理学的一种现代拓展，具有跨学科、跨文化的特点，属于应用伦理学的分支学科。作为现代生命科技与伦理学、自然科学与社会科学、科学文化与人文文化之间沟通的桥梁或融合的产物，生命伦理学的主题主要集中在“生与死的两端”，充分体现了对人类权利与尊严的价值关怀，这一真谛在生命伦理学的四大原则，即行善、自主、不伤害和公正原则中得到彰显。

三、生命教育理念与内涵

生命教育就个体本身而言，是关乎全人的教育，其目的是促进个人生理、心理、社会、灵性全面均衡发展。就个体与外界关系而言，是关乎与他人、与自然万物、与天（宇宙）之间如何相处互动的教育，其目标在于使人认识生命（包括自己和他人），进而肯定、爱惜并尊重生命，以虔诚爱护之心与自然共存共荣并寻得与天（宇宙）的脉络关系，增进生活的智慧，自我超越，展现生命意义与永恒的价值（见下表）。

生命教育维度与内容表

维 度	内 容
一大理念	全人教育：活在天、人、物、我的均衡关系中
两个方向	1.生命：为何而活——探讨生命意义与本质
	2.生活：如何生活——寻求生活目标、追求丰富的人生
三大目标	1.正面积极的人生观：肯定、欣赏、尊重、关怀与服务生命
	2.安身立命的价值观：良知、真善美、道德价值、终极信仰的建立
	3.调和个体的知情意行：人格统整、情绪管理、自我实现与超越
四个维度	1.人与自己：认识自己、欣赏与尊重自己，发挥潜能
	2.人与他人：与人和睦、群体伦理、关怀弱势
	3.人与环境：建立生命共同体，经营自然和人文环境的持续发展
	4.人与宇宙：寻得永恒价值、生命归宿等信仰所提供的答案

续表

维 度	内　容
五种取向	1.安身立命教育取向：生命意义、死后归宿等
	2.健康教育取向：生理卫生、心理卫生、生态保护等
	3.生涯规划取向：认识自我、发展潜能
	4.伦理教育取向：思考能力、自由意志、道德品质的培养
	5.死亡教育取向：珍惜人生、超越悲伤、临终关怀、安宁照顾
六项实施原则	1.学校有计划：从学校本位管理之下，发展适合学校的生命教育推动方式
	2.教师有素养：人文素养、情绪素养、乐于分享生命、追求理想
	3.环境要开放：营造尊重、关怀、人性化的学校软硬体环境
	4.课程要整合：拟定有系统的生命教育课程，再融入至各科教学与实践中，有助于未成年人体验完整的生命教育
	5.教法要多元：体验、分享、参访等活动化学习方式让未成年人更易接受
	6.以未成年人为中心：从未成年人经验出发，运用团队力量，分享学习成效，建构属于他们自己的学习成果

四、生命教育内容

生命教育比较注重情感体验，其目的主要包括两个方面：积极方面——引导未成年人感悟生命与死亡的意义，学会珍惜自己生命和尊重他人生命，提高自己的生死品质；消极方面——帮助未成年人了解生命与死亡的客观存在性，降低他们对死亡的恐惧与焦虑，有效避免由此引发的各种心理和社会问题。其主要内容和任务包括以下六个方面：一是要了解生命，要使未成年人了解生命来源、组成、特点、规律、价值和真谛。二是要敬畏生命，生命是大自然神奇、美好、伟大之物，要培养未成年人对生命的敬畏情感。三是要尊重生命，在这个世界上最可贵、最有价值的就是生命，要教育未成年人尊重生命。四是要热爱生命，在敬畏与尊重生命的基础上，教育未成年人进一步热爱生命。五是要保护生命，在敬畏、尊重、热爱生命的基础上，教育未成年人进一步对生命加以保护。六是要提升生命，要提升生命的地位、作用、价值和质量，培养未成年人提升生命的能力。

五、生命教育策略

（一）提升教师生命教育素养

1.教师要树立正确的生命观

由于教师的言行对未成年人的思想和行为影响极大。为此，教师必须要树立正确的生命观，这样才能更好地引导与教育好未成年人。

2.教师要培养关爱未成年人的情感

教师应具备关爱未成年人的情感，关爱未成年人是教师对他们进行教育的前提。

3.学校加强师资队伍建设

学校要有效开展生命教育就必须加强生命教育教师队伍建设，通过培训、学术交流、引进人才等形式，着力打造一支训练有素、爱岗敬业，既有思想政治教育和生命教育经验，又懂得心理专业知识的高素质教师队伍。

（二）营造良好环境

1.要加强环境的科学规划

学校环境建设离不开科学规划设计，校园的科学规划设计一定要体现学校特色和人文精神，要在校舍、道路和其他景观的规划设计中增加文化内涵，美化、绿化和净化校园，赋予砖瓦草木以丰富的文化内涵和教育功能。

2.要加强景观文化建设

学校的景观布置应具有丰富的文化内涵，校园文化建设要根据学校自身特点，有计划、有目标，分批建设，逐步完善。

（三）推动生命教育改革

1.完善教育理念

开展生命教育首先要明确教育未成年人是怎么认识生命与生命价值的，这就需要完善生命教育理念，树立“以生命为本”的核心理念。

2.改革课程设置

我国现行学校课程中的大德育观涵盖了政治教育、思想教育、道德教育、法制教育等内容，近年来又设置了生态文明教育、心理健康教育等课程，有些学校还设置了人口教育课程，但很少有学校设置生命教育课程。因此，应当对传统课程的设置进行补充，增加生命教育的相关内容。

3.探索教育方法

生命教育关心的是如何使未成年人在学习过程中不断感悟生命、体验生命，而这仅靠传统的教师教学生学的方法是远远不够的。因此，生命教育工作者应当多渠道探索教学方法并在生命教育过程中尝试运用，比较典型的教学方法包括：体验教学法、参观访问法、观察教学法、探究教学法、讨论教学法、生活指导法、情境感染法等。

（四）开展生命教育实践活动

1.通过主题活动，让生命教育渗透化

生命教育不是单纯的知识灌输，它是双向互动的过程。让生命教育实践活动融入生活，全方位、多角度开展有助于增强生命教育的感染力和有效性。

2.利用网络阵地，让生命教育普及化

精心创设主题教育、校园生活、心理健康、科技创新等网站或网页，充分利用网络平台，积极开展融思想性、知识性、趣味性和服务性于一体的生命教育活动，使生命教育得到普及。

3.建立生命教育基地，让生命教育常态化

要开设生命教育实践课程，积极开展生命教育基地建设，使未成年人通过切身体验，感知美好的生活，认识生命的可贵；使未成年人认识生命、理解生命、珍惜生命。殡仪馆、墓区、社区、医院、康复中心等都可以作为未成年人生命教育的实践基地。政府相关职能部门应协助学校与这些单位机构取得联系与合作，创建和打造能够体现生命教育理念、富有科学与人文色彩、充满生命气息的生命教育基地，推动生命实践与教育常态化。

（五）充分发挥家校合力

1.密切联系

学校和家庭要以多种联系方式为媒介、以校办家教刊物为依托、以各项专题教育活动为载体，密切学校和家庭的联系，把教育环境、方式、内容、形式统一于未成年人生命意识培养和健全人格形成之上；统一于未成年人个性化成长和全面发展之上。

2.强化指导

学校要通过举办家教知识讲座、组织教师开展家访等活动，引导家长加强与未成年人沟通，了解和把握他们的生理、心理及成长规律，以民主平等的教育方式引领未成年人；引导家长发挥榜样作用，以自身良好形象和文明行为影响未成年人；引导家长把生命教育融入日常生活中，教育未成年人遵守社会公德、加强文明修养，为他们生命意识的培养和健全人格的形成创造良好教育环境。

3.及时反馈

家长及时反馈信息、加强跟踪指导是对未成年人进行生命教育的有效策略。家长是未成年人的第一任老师，既是未成年人健康成长的引导者和保护者，也是未成年人完成家庭作业的指导者和监督者，学校和教师应切实加强与未成年人家长的联系，了解和掌握未成年人的行为，既要表扬和鼓励未成年人的文明行为，更要注重教育、引导和纠正未成年人的不当行为，努力使未成年人生命意识转化为自觉行为。

（六）完善生命教育长效机制

1.完善宏观生命教育长效机制

宏观生命教育长效机制是指从社会视角出发，发挥政府教育行政部门的主导作用，使学校、家庭和社会多方密切配合。在完善生命教育长效机制的过程中，各级政府和教育行政部门应当为开展生命教育创造必要的基本条件。在未成年人发生心理危机时，要协调学校、家庭和社会等多方面的关系，形成合力，尽力挽救未成年人；干预未成年人放弃生命、伤害身体的行为；帮助未成年人找到回归自己的力量和方向；重新调整和树立新的健康心理和生命方向。

2.完善微观层面的生命教育长效机制

学校作为未成年人生命教育的承办者，应当构建未成年人生命教育的微观长效机制。

第五章　学校安全事故预防与处置

第一节　学校安全事故预防

随着我国社会高速发展，学校社会化的进程加快，学校与社会各方面的联系不断加深，随之而来的是许多社会矛盾波及到校园，甚至威胁到学校师生的人身安全。近年来，学校意外伤害事故呈现数量增多与性质恶劣的态势，严重干扰了学校师生正常教学以及社会和谐稳定。预防胜于补救，与其意外事件发生之后责难与哀怨，莫不如事先常做检查和准备。凡事若能事前做好预防便能减少诸多危险，花少量成本便能避免较大损失。

一、学校安全事故概念

学校安全范围包含甚广，如学校风气和纪律、校内教学软硬件设施设备、教职员工和未成年人身心遭受伤害、财物受损或严重影响师生正常学习生活，致使学校或当事人受到极大伤害或困扰时，均应当视为学校安全事故。

二、学校安全事故分类

学校安全事故除了具有社会安全事故存在的普遍性以外，还具有其自身的特殊性，主要表现为校园工程建筑事故、体育运动伤害、公共卫生事故、交通事故、火灾、电气事故、暴恐袭击、心理障碍等。由于学校安全事故的发生范围及种类较为复杂，且现阶段我国并没有针对学校安全事故进行分类。为了更加全面地反映学校安全事故的情况，通过借鉴工业事故的分类方法，按事故类型将学校事故分为九大类：

高空坠落：包括未成年人自杀、意外坠落，主要发生在阳台、走廊、房顶等处。

机械伤害：包括实验设备、通风设备、泵、投影台、检修设备等。

电气伤害：主要发生在配电室、宿舍、实验室等。

火灾爆炸：包括设施设备不符合消防规定、消防知识缺乏以及学校管理不当等因素引起的。

高空坠物：主要是高处坠落物导致。

交通事故：踩踏事故、学校内部及周边道路发生的车辆事故。

体育运动伤害：发生在体育课或课外体育活动的游戏运动中。

中毒：人为投毒、食物变质以及不合格食物等因素。

其他伤害事故：打架斗殴、生病、自然灾害、放射性物质接触、外出活动、外出实习等造成的伤害事故。

三、学校安全事故原因

为了有效维护和促进未成年人身心安全以及防范各种伤害事故的发生，学校安全教育人员首先应当了解意外事故的发生原因。

一般而言，意外事故的发生有以下几种原因：一是不正确的认知；二是不当的习惯和态度；三是不安全的行为；四是不熟练的技术；五是环境中所隐伏的危机。在引发意外事件的原因中，人的主观错误或疏忽是主要因素。因此，尽量减少人为错误便能使未成年人的安全得到有效保障，而减少人为疏忽就需要实施学校安全教育以及加强安全防护措施。而对未成年人实施安全教育的目的是使其了解身体伤害及意外事故的成因；知道如何控制或降低伤害的产生；培养树立正确的安全态度；建立适度的危机感和安全行为。

四、学校安全事故辨析

（一）高空坠落

学校安全事故中人员坠落是比较常见的事故类型，其原因包括未成年人自杀、失足、意外坠落等。

1.人员坠落事故特点

（1）发生坠落事故的原因复杂多样，主要是由于学校内部未成年学生人数较多，活动内容多种多样，在高处活动的机会较多。

（2）单起事故伤亡人数一般为1人。

（3）事故发生对校内师生员工的影响较大，容易造成大面积的人员恐慌。

2.发生人员坠落事故原因

（1）人：第一，心理问题。不少发生在学校的坠楼事件是由于未成年人产生了自杀念头而采用跳楼等方式造成的。第二，粗心大意。未成年人喜欢在阳台和窗户边嬉戏，由于攀爬推搡导致身体不稳而坠楼受伤或身亡。第三，防护措施不足。由于学校对校内高层建筑物进行维护装修，施工方未设置防护用具或警戒标识，未成年人进入施工现场玩耍而发生坠落事故。

（2）物：第一，阳台和窗户未按规定要求设置。阳台的护栏过低且不足1米高，或窗户设置时下边缘离地面高度不足，容易造成接触人员重心偏移而导致坠落事故发生。第二，建筑质量问题。部分阳台、凸台结构承重能力不足，发生垮塌而导致未成年人坠落事故。

（二）机械伤害

学校发生的机械伤害主要涉及设备包括：实验设备、通风设备、泵、投影台、检修设备等。

1.机械伤害事故特点

（1）学校内部机械设备未经过安全验收，属于实验研发人员设计开发和组装的产品，不能满足安全要求。

（2）学校教育教学设备种类较多，性能不稳定而导致事故发生。

（3）设备使用人员未经过有效的安全培训。

（4）使用人员误操作或未按操作规程实施造成事故。

2.机械伤害事故原因

（1）设备方面：设备的设计存在缺陷，特别是一些实验室设备并非标准化生产，设备由实验人员设计开发和组装；设备未设置安全警报装置或紧急停车装置；设备的动力装置不可靠。

（2）安全防护装置方面：可动部件无安全防护装置或安全防护装置的设计与安装存在缺陷（如固定不牢或未固定、安全防护装置未完全将可动部件遮挡住、安全防护装置的强度不够）；应安装防护栏的部位没有安装护栏或护栏有缺陷（如护栏高度不够、强度不够、固定不牢、横杆间距过宽等）；检修机器后，未将安全防护装置及时复位；安全防护装置破损，检查维护不及时。

（3）操作人员方面：操作人员违章操作；多人操作时，联系沟通不够，误启动机器；检修机器时，未在机器的控制按钮处设置“有人工作、禁止启动”的安全标志牌，而他人开动机器。

（三）电气伤害

学校发生的电气伤害也称电气安全事故，包括电气火灾、触电事故、雷击和停电事故。电气设备的一般危险因素：

（1）由于操作控制系统硬件的损坏，造成系统事故。

（2）断路器的拒动在电力系统发生事故时会大面积停电或系统瓦解。

（3）断路器在生产装配过程中落入了异物或导电粒子，由于闪络区域的场强将高于断路器的其他部位，电场强度的集中将吸引松散的粒子进入高场强区，粒子沉淀在闪络区域，形成闪络通道，从而击穿绝缘介质。

（4）尘埃、导电微粒和其他杂质可能进入开关设备内部，这些污物沉积在支持绝缘子表面，即使是很微小的颗粒，也会大大降低绝缘子表面的闪络电压。

（5）防雷装置设计不合理、接地网布置不合理、考虑因素不齐全或施工单位没有严格按照设计进行施工。防雷接地装置因焊接不好造成焊接处腐蚀速度加快而成为易断点，致使事故因接地不好而发生。

（四）火灾爆炸

未成年人取暖、用电、吸烟等极易造成火灾爆炸事故，其产生原因为：一是未成年人存在严重侥幸心理；二是老化的供电线路和设施仍在坚持使用，消防器材不足，楼房过道设计不符合消防规定等；三是消防知识缺乏，大多数师生不会使用灭火器，消防课程及演练极少，发生火情不知如何处理；四是管理措施松懈，如：未成年人随意使用电气、煤气、打火机等易燃易爆物品。学校火灾爆炸易发区域包括食堂、实验室、配电室、宿舍等。

（五）高空坠物

高处坠落物击中低处人员的伤亡事故或低处设备设施损毁事故。高处坠物主要包括天花板脱落，灯具脱落，建筑外墙体瓷砖脱落，空调外机箱脱落，树木折枝，体育器材，高空垃圾等。

高空坠落物事故的主要特点为：一是事故发生的形式多样；二是事故伤害的对象一般为单人；三是事故发生没有明显的前兆。

（六）交通事故

交通事故主要是指在学校内部由于道路、交通工具、照明等因素发生故障或驾驶人员不安全行为导致的人员伤亡或校内设备设施损毁的事故。学校内交通车辆主要是轿车、通勤车、电动车、自行车以及食堂或施工等用途的货车等。

1.学校内交通事故主要特点

（1）学校交通事故的车辆、路线和受伤人员相对固定。

（2）学校属于特别管控区域，对车辆限制较为严格。

（3）学校发生交通事故或踩踏事故时，伤亡人员较多。

（4）一年中交通事故的多发期一般为开学前后、学期结束时，家长接送未成年人的车辆多；一天中交通事故的多发时间主要是早、中、晚的上学及放学时间。

（5）交通伤害的形式主要是车辆撞击、挤压人员；货物在装载或搬运过程中发生坠落造成人员伤亡或财产损失；车辆相互碰撞、刮擦等。

2.交通事故成因

（1）车况不佳：车辆带故障行驶，制动失灵，车灯破损照明不足，警告装置失效，燃油、润滑及制动系统的油品泄漏等。

（2）校内路况不佳：道路标志不全，道路损毁未及时修复，道路的视距过短或盲区过多，道路中的障碍物未及时清除，人流通道安排不合理，未按要求设置停车位置，未合理设置人流和车流通道，未按要求设置回车场或设置环形车道导致车辆倒车发生事故。

（3）司机没有驾驶资格证，酒驾，生病或疲劳驾驶。

（4）道路标志缺陷，道路安全标志腐蚀、老化，标志缺损或破损，标志未按规定的位置设置。

（5）车内非法载人或超载，坠落导致伤亡。

（6）学校景观设置不合理，影响驾驶员视野。

（七）体育运动伤害

1.超负荷运动致伤

由于未成年人自我保护意识较差并且在缺乏教师科学指导的情况下盲目进行过量体育运动导致人身伤害或猝死。

2.误伤

由于未成年人未掌握体育器材的正确使用方法或体力不支等原因导致体育器材误伤自己或他人的事故。

3.意外摔伤

由于未成年人自身状态不佳或运动场地条件不佳等原因导致其在体育运动过程中意外摔伤。

4.淹溺

由于未成年人没有进行预热活动，未熟练掌握游泳技能，身体不适或校内游泳安全设施和管理措施不完善等原因造成淹溺事故。

5.人为体罚

由于学校管理制度不完善及安全教育未落实导致教师盲目对未成年人实行体罚引起其人身伤害事故。

6.其他伤害

体育设施设置不当或年久失修引发的事故；未成年人好奇心强、不服从管理，私自进行危险运动导致意外伤害；未成年人带病进行体育运动导致恶性伤害等。

（八）中毒

1.中毒事故特点

（1）春夏季为食物中毒事故多发季节。

（2）学校食物中毒事件涉及人员多、爆发集中、类型多样化。

（3）涉及危险化学品和剧毒物质实验室，一旦发生中毒往往是群死群伤。

（4）学校中毒事故对整个学校乃至社会影响非常大，容易造成社会恐慌。

2.中毒事故原因

（1）食堂食物中毒事故成因

①食堂未严格把关食品的采购工作，未到持有卫生许可证的经营单位采购食品，或采购到的食品不合格。

②食堂餐饮用具所使用的洗涤、消毒剂不符合卫生标准或要求。

③食堂未建立严格的安全保卫措施，非食堂工作人员随意进入学校食堂的食品加工操作间及食品原料存放间，导致投毒事件的发生。

④食堂对食物的清洗未到达相关的卫生要求，导致食物被细菌或病毒污染。

⑤食堂未聘用有资质的厨师，缺乏食品卫生知识，食品加工和储存等方式不当或随意使用食品添加剂，造成食物变质引起食物中毒。

⑥未成年人安全卫生意识较差，易引起因误食而引发的食物中毒事故。

（2）实验室发生中毒事故原因

①未成年人未熟悉实验操作规程进行化学实验时，常因误操作导致中毒事故。

②未成年人违反实验室管理规定带食物进入实验室，在实验过程中因误食或食用经化学品接触的食物导致中毒事故。

③实验室内设备设施未进行定期维护检修等安全管理工作，导致通风不良，有毒废水排水不畅，化学品容器设备破损等故障，间接引起中毒性窒息事故。

④未定期进行实验室卫生清理工作，导致有毒有害物质或危险化学品散落在实验室各角落，从而引起中毒事故。

⑤实验前教师的准备工作不足，没有对未成年人进行充分的安全教育。

⑥实验室中毒事故应急救援预案不完善，未定期进行应急救援演练。

⑦极少别有用心之人投毒导致中毒事故发生。

（九）其他伤害事故

1.特种设备伤害

学校内部的特种设备伤害主要有锅炉、压力容器和压力管道爆炸、电梯故障等引发的人身伤害。

2.跌倒

学校路面破损失修，雨雪天路滑，路面垃圾未及时清理等原因，常引起师生步行或行车过程中不慎跌倒而引发人身伤害事故。厕所或其他潮湿环境也经常会引起跌倒。

3.斗殴

学校治安管理不到位，一些未成年人素质教育和安全教育不足，道德观念淡薄，不能明辨是非，叛逆性强，反抗权威意识浓烈，大众传媒和暴力文化泛滥等因素易导致一些未成年人参与暴力斗殴事件，进而导致人身伤害事故的发生。学校斗殴事件的发生必将给校方和社会造成恶劣的影响。

4.生病

校内人员密集，在集体学习和生活中未成年人接触极为密切，各种季节性传染病极易相互传播。初春季节气温波动较大，是未成年人常见传染病的高发季节。流感、风疹、水痘等是学校内师生间极易传染的传染病。夏季全国气温普遍较高，若未做好学校防暑工作，校内师生就极易出现中暑事件。秋季是肠道传染病、呼吸道传染病、虫媒传染病的多发季节，在学校内极易传播。冬季气温急剧下降，伤寒、手足口病、流行性感冒、肺结核等在学校内传播较为普遍。

5.外出活动

学校集体组织或未成年人自行组织的集体性外出活动涉及未成年人乘车和活动安全问题。外出活动统一搭乘的汽车是否持有相应的资质和牌证将直接影响未成年人的生命安全。外出活动地点若涉及池塘、树林、山川、海边、水库等较为危险的场所时都存在一定的事故隐患。活动过程中未成年人的好奇心比成人强，时常不听从统一指挥，擅自离队，这种情况下极易发生危险。

五、学校安全事故危险源消除

（一）消除原则

1.隔离

隔离原则是将危险源与未成年人隔离开并采用有效的隔离措施，如：单独隔离、送医等措施。

2.替代

替代原则是指学校部分建筑年代久远且不少设备设施已不符合当前学校的使用要求，需要更新设备。

3.限量

限量原则是指限制校园内危险源的能量或储量，如：实验室的易燃易爆化学品、食堂煤气罐等要限制数量。

4.加强安全管理

对校园内正常运行过程中会产生危险且无有效安全措施的应加强安全管理措施，如：校园建筑工地、校内车辆等。

（二）消除措施

1.人员资质

针对学校安全管理的人员资格，应聘用符合要求的安全人员或操作人员对其进行培训并确保全部人员持证上岗。

2.食堂设施

针对学校食堂设施的设置，应关注食堂的卫生情况，加强人员和环境卫生管理，确保饮食安全；食堂使用的炊具应满足安全要求，对具有重大危险的器具应定期进行检查检测；设置符合人机工程的备餐、就餐设施设备；设置可靠的照明设备和疏散设施；配置完备的消防设施；采用隔离方式设置煤气罐并设置可靠的气体警报装置和通风设备。

3.校园交通

针对学校设施中的校内交通状况，应采取的控制措施主要有：禁止无证驾驶、精神状态不佳、酒驾、带病等驾驶员驾车进入；禁止故障车辆进入校园行驶；在未成年人活动的主要路线上设置机动车辆禁行障碍物、警示标志和安全管理人员，确保机动车辆不会出现在此区域；在人流较大的区域中对机动车辆采取分流、拓宽道路、设置灯光、消除障碍等措施，确保人员行走安全；在上下课高峰期扩大限行区域，规范行车停车管理规定；严格控制走道、走廊和楼梯的突出物，如室内消防栓应内置处理。

4.电气设备

针对辅助设施中电气系统设置，制定完善的电气管理制度，制定限制未成年人临时用电管理制度，严格执行电工检修制度；学校内变压器应设置成室内形式，在未成年人较多区域应尽量采用干式变压器；确保学校供电可靠安全；严禁乱拉、乱接电线；采用电路保护系统，在异常电流出现时，切断电路，保护生命和财产；学校内使用的各种电气应选用安全可靠的产品；学校内的保护接地装置、防雷设备设施应完好，定期检测、更换；举行未成年人参与的电气事故演练等措施。

5.消防设备

针对辅助设施中消防系统设置，应完善学校消防系统，学校内火灾事故频发，且部分学校设施采用易燃建筑材料，部分学校年久失修的消防设施已经无法满足安全要求；对于好奇心较重的未成年人，应设置消防系统提示并教授其消防安全常识；确保学校内重点部位的火灾报警系统设备可靠有效；举行包括师生全员参与的消防演练等。

6.教育培训

针对学校安全教育的各项培训活动，学校应加强全体师生员工的安全培训，开设安全教育方面的课程；定期举行安全知识宣传、培训等活动。

7.安全演练

针对学校安全教育培训中的安全演练，应当完善学校内的综合应急预案、专项应急预案；确定事故联动的兄弟单位（公安局、消防支队、特警支队等）并定期举行联合安全演练；配备完备的应急救援设备并举行使用展示活动，要求教职员工和未成年人熟知并学会使用防护设备。

8.安全文化

针对学校安全教育培训中安全文化氛围的营造。

9.其他学校安全事故危险源消除措施

（1）完善设置实验室、道路等危险部位警示标志和标识，做到标志按规定设置，设置规定的标志和标识时应确保标志标识完好无损，并定期进行检查，对损毁的标志和标识及时进行更换。

（2）已装修或正在装修的操场、礼堂、教室等学校设施，对其装饰材料的选用应进行检查，确保装饰材料不会降低建筑物的耐火等级，不会影响安全疏散通道和师生的学习生活。

（3）学校排水系统，主要为生活废水和实验室废水，应按要求排入市政管网的污水处理厂；或进行回收、自行进行污水化处理合格后排出，排水系统的设置不应影响到师生正常的学习生活。

（4）制定完善的采暖通风管理制度，依据地区不同，设立空调、采暖设施设备安装专用位置并完善有关使用和检修规章制度等。

第二节　学校安全事故处置

一、意外事故处置

我国学校历来非常重视安全教育，但许多校园意外事故的发生令人防不胜防。常见的学生意外事故包括：车祸、溺水、山难、疾病、运动伤害、食物中毒、实验室意外等。当意外事故发生后，如果现场师生员工不懂急救要领，经常会因惊慌失措而使原本可以救治的伤者耽误了急救时机。有些师生虽是心有余但力不足，实施了不恰当的急救动作，反而给伤者造成二次伤害。如果师生员工掌握一些基本的急救常识，当发现有人发生意外时，便能在送医之前为伤者施以紧急救护措施，这样不但可以防止伤者伤势恶化，还可以维持其生命。

（一）意外事故处置原则

1.迅速救援

应尽量施以援手，不可放弃救人想法；现场冷静处理，尽力去做自己力所能及之事，并尽快求救和拨打紧急救助电话。

2.妥善照顾

在未明了伤者情况之前勿任意搬动伤者；若伤者处于危险区域（马路上、灾害现场、毒气房间等）而必须移动时应当小心搬运；现场如有其他人员应邀其一起施救；适时安慰和鼓励伤者保持坚强、耐心等待救援。

3.了解状况

应尽快检查伤者伤势，运用观察、触摸、交谈来了解其伤势，找出事故原因，可先观察其伤处，若无明显伤处，则宜由头部开始，依序为颈、胸、腹、背、骨盆、四肢。

4.尽速营救

发现伤者伤势严重时，应先请现场师生尽速联络120派遣救护车来协助；或请校医、教师尽快备车准备送医。急救现场可请在场师生维护秩序，确保现场安全。让伤者保持最舒适姿势，通常一般伤者均采用平躺仰卧为宜，不过也需注意下列状况：脸色苍白有休克现象者应将头部放低脚部垫高；脸色泛红或头部受伤者应将头部垫高；呕吐者应使其头偏向一侧；意识不清者宜采取仰卧姿势。

（二）意外事故处置方法

1.创伤

学生之间的嬉闹打闹或器物使用不当可能发生擦伤、割伤、穿刺伤、断裂伤等，造成伤口出血。这时做好止血处理极为重要。止血方法为直接加压止血法、抬高伤肢止血法、冷敷止血法、止血点止血法等。此外，若是未成年人被尖锐物品刺伤，留在伤口处的尖锐物不可拔出并尽速送医治疗。

2.骨折

未成年人因意外事故导致骨骼断裂就是骨折。骨折的急救处置：一是询问情况。一般伤者多能感到骨骼断裂或听见骨断声音、伤处疼痛肿胀，活动时刺痛或完全不能活动，也可观察是否出现肢体变形、扭曲或长短不对称等。二是尽速处理。发生骨折事故的现场若无危险应尽快就地处理，寻找夹板或代用品（树枝、雨伞、杂志报纸等）和三角巾（布条、粗绳）固定骨折部位及附近关节。若未能找到夹板或代用品可将伤脚与未受伤的脚绑在一起；受伤手臂与躯干绑在一起。三是垫敷软料。固定骨折部位时应先用毛巾垫敷并轻置于伤口处以免因夹板过硬造成伤处不适或疼痛。四是谨慎移动。移动伤者前须先固定骨折受伤部位并保持骨折处及上下邻近关节不可活动，移动时最好用担架。遇到伤者脊椎骨折时切勿随意移动，若需移动则须由数人平抬并不得使伤者颈腰部位弯曲；轻放于夹板后（夹板长度、宽度应超过伤者身高和身宽）以三角巾或粗布条结扎固定其身躯和颈部以免移动时摇晃。此外，不可试图将伤者突出的骨骼硬推进去；尽可能垫高骨折部位，减少伤者疼痛并尽快送医急救。

3.脱臼

未成年人因剧烈发力使肩膀、手肘、手腕等关节脱离关节窝的状态即脱臼。脱臼的急救措施可参照骨折急救方式处理，用冷敷以减轻疼痛和肿胀；若无专业医治经验，千万不可尝试将脱臼关节复位，应立即送医治疗。

4.扭伤

未成年人因外力作用致使关节周围的韧带、肌腱、血管、软组织受到损伤而出现肿胀、触痛、活动时疼痛或因毛细血管破裂而有瘀血状况就是扭伤。扭伤的急救措施可参照骨折急救方式处理，一般扭伤以脚踝居多，脚踝扭伤时不能用扭伤的脚走路，尽快冷敷。

5.肌肉拉伤

未成年人因过分用力引起肌肉、肌腱部位发生损伤致使受伤部位突然发生剧痛的状况就是肌肉拉伤。肌肉拉伤的急救措施可参照骨折急救方式处理，注意多休息，冷敷受伤部位，严重者应尽快送医治疗。

6.中暑

未成年人长时间在户外活动受到阳光强烈照射或在闷热环境中因体温上升无法充分散发而出现脸色发红，体温过高并伴有疲劳头痛、视力减退、晕眩呕吐、意识不清或痉挛发生就是中暑。中暑的急救措施：尽快把伤者带到阴凉处，让其平躺仰卧、头部放低，解开上衣衣扣或裸露上身让身体散热；用冰袋或湿冷毛巾置于其头部降温，用湿冷毛巾擦拭其身体散热；大声呼叫使伤者恢复意识，待其清醒后给其喝一些清凉饮料并迅速协助送医。

7.休克

未成年人因意外伤害造成较大外伤出血剧痛，暴露于寒冷环境过久，饥饿脱水，疲劳、恐惧或情绪过于激动，伤者皮肤苍白且冰冷、身体虚弱、脉搏快而弱、呼吸短促、呕吐恶心等状况就是休克。休克若未能及时处理，伤者出现意识丧失、体温下降，严重者会导致死亡。休克的急救措施：未成年人发生出血、骨折等情况应立即施以急救防止休克；安慰伤者并消除其焦虑恐惧情绪，让其采取适宜姿势躺卧；若头部无外伤则可采用仰卧姿势，两脚垫高；若头部有外伤则宜平躺，头肩垫高而卧；若脊柱骨折则宜仰卧于平坦之处。注意周围环境，保持伤者体温，宜让伤者处于不冷不热且空气流通处并尽快将其送医急救。

8.烧灼烫伤

未成年人在学校因使用热水或实验室操作不慎引发烧伤、烫伤和灼伤等意外事件。烧灼烫伤急救措施：一冲，尽速让伤口在流动冷水中冲三十分钟。二脱，若有必要需除去衣物。三泡，送医途中应持续浸泡于冷水中。四盖，伤口应覆盖干净毛巾，不可涂抹油膏、油脂涂剂以免引起并发症。五送，迅速送医治疗。若皮肤起水泡不可刺破，可用消毒纱布盖住伤处；若衣物着火可用外套、被单、毛毯等物压灭火焰；若有烧焦衣物黏在伤口处，不可撕掉而应送医处理；若伤者烧烫伤面积过大应尽速送医。

9.中毒

（1）食物中毒：未成年人食物中毒后若仍清醒则可先让其饮用食盐水，尽速取得其食用的残余食物样品或呕吐物等，在送医后便于医生诊断，也可送卫生单位检验以调查实情。

（2）药物中毒：未成年人药物中毒后若属普通药物且没有在其嘴唇或口中发现灼伤时应立刻让其大量喝水以冲淡药物或大量喝牛奶、蛋白液以保护其消化系统，降低药物被吸收速度并用手轻压其舌根催吐，尽快送医。若属强酸强碱等腐蚀性药物中毒，不可给水稀释和催吐，只能大量饮用牛奶或蛋白液并立刻送医。

10.蜂蜇

学校或郊外林木葱郁或隐蔽之处可能会有蜂巢，如果未成年人顽皮以石块或木棍戏之则会招引群蜂攻击而被蜇伤，严重蜇伤若不及时送医急救将会危及生命。蜂蜇的急救措施：先用消毒过的针将蜂刺挑出；再用氨水涂敷伤口来中和酸性毒液（在野外可用尿液代替）；最后在蜇伤处用冰敷。若是全身被蜇最好能浸在小苏打水中或以肥皂水冲淋并尽快送医治疗。

（三）意外事故处置程序

1.接案

当教师接到未成年人发生意外事故的消息后要了解其受伤程度并准备实施救援。若意外事故的性质或危害程度低，可由接案者先行处理并尽速通知相关人员（教师、校医或班主任）共同处理。若伤者情况较复杂或危害程度高，接案者应考虑自身处理能力后再视情形介入处理；若本身能力不足，赶快寻求助力协助（现场人员和可用之物），尽速通知校医或专业救护人员赶来处理。

2.处理

当未成年人发生的意外事故必须借助警力处置时，教师应尽速报警求援。若牵涉到未成年人个人安危或权益问题时应尽速通知家长并尊重家长的决定。若意外事故发生地点离学校较远且现场无本校教职员工时，可先向现场附近相关单位或人员求助，再迅速赶赴现场处理（注意：学校处理人员应赶在未成年人家长之前到达现场）。现场仍有高危风险或风险余波尚在妨碍救援工作时，现场教职员工应立即速指挥未成年人疏散避难。若学校活动进行过程中发生重大意外事故应立即中止活动。有人受伤或紧急病痛时应尽速施救并尽快送医。若有人死亡，需保留现场有利证据；主动联系并协助警方调查；安抚校内师生情绪和受害者家长情绪，协助家长了解案情并告知学校的处理措施和善后工作。若意外事故涉及民刑事纠纷应协助调解，尽量寻找和保留有利证据以便提供给相关单位核查。

3.结案

对未成年人发生的意外事故记录备案，签呈上级准予结案，同时总结和检讨此次事故处置过程中的利与弊，谋求改进之道，加强对未成年人的安全教育工作。

二、校园暴力处置

校园暴力是指校内师生员工以及入侵校园的校外人员以言语、肢体动作或器械侵犯他人，造成师生员工心理和生理上伤害的行为。校园是社会的缩影，因校园内外人际关系的冲突而引发的暴力事件多数是可预见的。

（一）暴力行为

1.校园欺凌

校园内总有一些个性暴烈、行为粗鲁、恃强凌弱的未成年人，这些校园恶霸一般身形高大；充满敌意、攻击性强；喜欢成群结党；不体会他人感受；具有较强的控制欲。加之不少被欺凌者的行为举动也为校园恶霸的欺凌提供了借口：第一种是自大炫耀型。此类未成年人成绩优异或某方面表现突出，自大傲慢；或是长相美丽俊秀，很有异性缘，却喜欢在众人面前炫耀；或是行为乖戾，自以为是，性格嚣张；或是喜欢摆阔，炫耀自己财富，惹人眼红妒忌。第二种是自卑懦弱型。此类未成年人身材弱小缺乏信心，在行为上表现出一副好欺侮的模样；或是行为表现笨拙，常会自惭形秽；或是害羞内向、沉默胆小，被欺负时只会逃避哭泣、退缩怨恨、自认倒霉、不敢挺身而出。第三种是孤独无助型。此类未成年人人际关系较差，经常孤单一人，没有同伴和朋友，即使被欺侮也没人知晓或帮助。

校园欺凌按严重程度可分为下列三种类型：

（1）轻微型：讥讽、嘲笑、羞辱、孤立、恶作剧。

（2）严重型：强占或破坏他人物品、挑衅、恐吓、勒索，强迫被害人行其不愿之事，如：协助作弊、代写作业、代顶其过等。

（3）犯罪型：有些校园欺凌行为已达到犯罪，对被欺凌者造成极大伤害。

当未成年人遭受欺凌后常有三种反应：一是向老师、父母、同学求助；二是以武力反击，但有时反击会遭受欺凌者更猛烈的暴力攻击；三是不敢反抗、无力反击，害怕报复或是对老师、父母、家人、同学的援助没有信心，只能自认倒霉，被动承受或逃学不敢去学校上课。

2.打架斗殴

未成年人打架斗殴的原因较多，如：年强气盛爱打抱不平，易受煽动；个人英雄主义，喜欢逞强，不能容忍被讥笑、羞辱、被欺侮；遭受挫折，情绪管理不当；缺乏道德观念、向权威挑战；嫉妒、争风吃醋，报复心理；肢体语言发生摩擦冲突。这些因素很容易诱发未成年人打架斗殴事件，尤其是生长于问题家庭或是在学校没有成就感的未成年人，他们唯一能获得肯定的就是拳脚功夫，于是打架斗殴成为他们表现自我的唯一方式。同时，未成年人情绪自制力不够成熟，打架斗殴之后虽受家长和学校告诫处分，但仍难以阻挡他们产生报复心理，他们还会向认识的同学兄弟或校园人员求援，再次纠集人员进行更大规模的报复性打架斗殴。

3.破坏公物

未成年人破坏公物的心态大致有下列几种：一是不爱惜公物；二是自私心理；三是故意违规；四是嬉笑玩闹；五是情绪发泄；六是怨恨报复。

（二）暴力入侵

1.自身问题招引外力

由于未成年人自身问题所引起的未成年人之间或与教师之间的冲突、暴力行为，在问题没有得到妥善处理或有效化解时，可能会纠集校外人员以暴力介入，通常这些未成年人之所以会招引外来暴力，大概有下列心态：一是报复行动；二是借力壮胆；三是本身不敢露面或无力面对冲突，只好借用外来暴力；四是未成年人的亲朋好友不明事理或被欺瞒而莽撞地在校园内使用暴力。

2.外力侵入校园作案

随着校园体育设施对外开放力度加大，很多社区居民喜欢到学校运动，因而校园安全防护有时在空间和时间上都不是学校保安、教师和相关人员所能完全掌控的，很容易出现安全防护漏洞。对于别有用心之人而言，在此情形下侵入校园并非难事。外力侵入校园作案大概有以下几方面因素：一是校内未成年人与校外人员发生冲突，造成校外人员侵入校园，寻衅报复；二是歹徒侵入校园偷窃、破坏校园财物；三是人格异常或精神疾病人员报复社会侵入校园并以刀枪器械威吓、骚扰、伤害师生；四是一些心理变态人员潜入校园女厕或女宿舍偷窥或躲在阴暗角落惊吓女性师生员工。

（三）校园暴力处理程序与原则

1.欺凌行为处理程序与原则

被欺凌者如果向学校报告，学校除了要体谅求助者渴望得到帮助的心理之外，也要考虑被欺凌者是否还会遭受校园恶霸报复的可能性。因此，学校一定要谨慎处理并避免其遭受二次伤害，具体处置的程序与原则如下。

（1）接案

接案教师一要倾听，用心倾听报案者的陈述并表示关怀。二要严肃，以严肃的态度接案，让报案者信赖，建立信心，增进安全感。三要鼓励，建立其正义感。四要保密，若接案地点有第三者在，应安排至不受干扰的地方，报案者提供的资料和个人信息要妥善保管。五要记录，请报案者提供人、事、时、地、物等资料并详加记载。六要观察，听其言语、观其行、探其感觉以判断案情的严重性，掌握报案者心态是否焦虑、紧张、恐惧、无助、渴望等，以作为处理案件的参考。七要安抚，向报案者说明本案将会秘密进行调查、处理，请其安心并予以关怀，稳定其情绪，约定问题处理后给予答复的时机。八要思考，探究案情全貌并寻找遗漏之处。

（2）处理

一是寻求助力。接案教师尽速与欺凌者及被欺凌者家长联系并请求协同处理，同时调查其同学及亲近好友了解案情；学校教导主任、辅导教师、班主任应尽速到场了解事件过程，寻求最佳解决方案。二是制定方案。通过多渠道调查深入了解案情，有效采取保密措施确保报案人的安全。三是访谈家长。了解双方家庭情况，尽量建立良好的沟通氛围，避免与家长争执。四是调查案情。了解被欺凌者的学习情况、言行特征、人际关系、性格特点及与欺凌者的关系，判断是否具备被欺凌的条件；了解欺凌者情况并深入调查详细的人、事、时、地、物，研判欺凌行为是否属实。若判定确有欺凌劣迹，应合情合理合法地处置欺凌者。五是通报家长。让双方家长了解学校的处置原则并取得家长谅解与合作；请家长适时辅导关怀其子女；如欺凌者家长无法充分合作，可请其他被欺凌者家长一起参与处理。此外，当被欺凌者家长获知孩子受欺凌时必然心痛不已，容易情绪激动，学校在邀请双方家长会谈时要防止暴力冲突，最好先安抚好被欺凌者家长后再让双方有见面的机会；当然，有些欺凌者父母观念偏差、不易合作或本身也是社会恶霸，必要时需求助社会有力人员出面协助；如果欺凌者恶行已达到犯罪行为需做报警处理。此外，对于家长而言，应经常耐心倾听子女的声音，以了解子女在学校的情况；培养子女的独立性以及处理问题的能力；关注子女成长及健康状况。

（3）结案

将整个案件形成完整的记录材料以备查，同时向上级呈报，让双方家长能够第一时间了解学校的处理结果。

2.打架斗殴或暴力犯上处理程序与原则

未成年人打架斗殴事件无论是互殴或群殴，都需要教师或安保人员赶赴现场并做权威式制止。通常未成年人都会一哄而散。

（1）接案

教师在接获未成年人打架斗殴或施暴犯上的报案之后，应以维护校园安全为己任，迅速接案并赶赴现场处理。

（2）思考

接案教师迅速思考案情的严重性及危险性，若属未成年人徒手互殴则案情较单纯，危险性较低；若相互以棍棒、刀械斗殴或有校外人员介入群殴，则危险性较高，多位教师和安保人员同往处理为宜。

（3）反映

接案教师一要请相关负责人协同前往处理，若有校外人员介入案情严重时可请同事报警处理，接案者一边迅速赶赴现场处理，一边请其他同事依案情的严重性依序迅速告知教导处或校长。二要迅速了解案情并召集相关人员投入救援工作，有校外人员介入或案情严重足以危及校园师生安全时，接案者或其他教师可报警并请警方协助处理。

（4）赶赴现场

最好有两位以上教师共赴现场，携带哨子或警报器，若危险性较高则应视情形携带防身物品，如：电击棒、防身器具等。

（5）制止

接案教师现场发现未成年人正在互殴则应大声喝令制止；若群殴则可打开警报器或用哨音制止；若斗殴人员中有以木棍刀械相互砍杀者，接案者应提高警觉，准备用防身物品防身；若未成年人不听哨音及口头制止则应拉开斗殴人员；使双方人员无法近身并进行言语劝阻，静待救援。若是校际群殴，除了强力制止和安抚本校未成年人之外，应尽速请对方学校的负责人出面处理，两校未成年人应尽速疏导并由其余教师带领离开现场，同时告诉他们本校负责人已尽速处理。若是未成年人对师长施暴犯上则应立即制止并将其带到办公室，通知家长前来共同处理。

（6）规劝与安抚

接案教师应以言语规劝打架斗殴或施暴人员并以法律规范提醒；未成年人此时情绪激动难安，应设法控制其情绪；表达教师关怀与协助其解决问题的诚意。

（7）处理现场人员

接案教师若发现现场有伤者应尽速送医治疗；若是未成年人互殴或施暴犯上皆应带回教导处处理；若是未成年人群殴则应尽快找出带头者，先将为首者带离现场，再将现场其余人员一起带至教导处并隔离问讯处理；若在校外应尽量带回学校处理，若无法及时带回学校处理，亦应在最短时间内约定其到办公室谈话并做适当处理；若校外人员到校寻衅滋事，宜先吓退驱赶离校，若不听制止则衡量本身能力，能则扭送至警局，不能则立刻做报警处理；若在校外则应吓退校外人员避免其伤害未成年人；若是未成年人家长亲戚为滋事者则请至教导处详加商谈并了解其滋事原因再作处理。

（8）现场搜证

接案教师应记下校外介入斗殴人员的身材面貌、服饰特征及所用交通工具车牌；木棍刀械等行凶物品应带回并妥善保管；如现场有同学目睹案情则应留下其姓名、电话和地址以便于处理本案；搜集现场各项证据。

（9）案情处理

接案教师一要安抚，斗殴或施暴未成年人带回办公室或教导处之后，其情绪一时仍难稳定，应注意其情绪反应并适度表达关怀之意。二要了解，斗殴双方分别隔离问话，了解案情；倾听其诉说，从中了解案情来龙去脉和主要症结；请其书写情况说明并做记录参考；从其他目睹案情经过或知晓案情内容的人证处搜集相关资讯。三要会商，由教导处召集相关人员研究案情并商讨处理方式，若属校际群殴应联系他校相关人员协同处理。四要处理，将案情研讨结案，反映给上级；依案情严重性及必要性告知其家属，必要时请其家属来校协助处理；涉及当事人民事、刑事纠纷时，务必请其家属或警方人员出面处理；学校则应依校规处分之。特别告知未成年人不得有报复行动，学校亦应研拟防范措施，尤其是在上下学时间应加强巡察保护；学校指派适当人员探望伤患并协助处理善后。五要追踪，学校应委请班主任、教导处人员或其亲近好友，随时追踪未成年人言行，防范其报复。

（10）结案

完成完整的记录备案并向上呈报；让当事人及家属了解学校处理的结果。

三、自我伤害处置

（一）自我伤害概念

自我伤害是指一个人有意地伤害自己身心以达成自我毁灭或是借以表达不满、愤怒、悲伤、绝望的压力和情绪反应。自我伤害会对自己身心造成严重伤害的结果，但并非所有自我伤害的人都真正想结束自己生命，尤其是未成年人由于心智成熟度不足，对自我伤害的动机、做法及其结果没有一个非常成熟且清晰的概念。

（二）自我伤害动机

未成年人自我伤害动机较多，有些人为了控制某人，如：男女朋友感情出现问题，某方就以死亡作为要挟，希望借此控制对方的感情。有些人想利用自我伤害获取某种利益，如：借以换取亲朋好友及师长的注意、关怀、照顾，或是想得到某些好处。有些人为了逃避内心深处的罪恶感、无价值感、挫折感。有些人认为死亡只是短暂分离或认为死后能复活。有些人认为死亡是脱离困境、消除压力、报复他所厌恶的人的方法。

（三）自我伤害鉴别

1.言语线索

从未成年人的谈话或由其日记、作文中有意或无意地透露出想死的念头，若发现这种讯息万不可掉以轻心。

2.行为线索

未成年人日常行为习惯若有巨大改变时，如：积极活泼的人变得退缩；安静的人变得话多；谨慎的人变得喜欢冒险；学习成绩大幅滑落、旷课逃学次数增多；放弃个人财物或丢弃、赠送给好友；独处一室时或哭泣或发呆。

3.环境线索

未成年人由于个人环境的极大改变或因遭受重大挫折，使其倍感压力而无法应付。如：个人顽疾的影响、亲朋好友的离世、家庭危机等。

4.并发线索

此类状况是上述三者的延伸，包括：人际关系退缩；显得与世隔绝；出现忧郁情绪；显现出不满的情绪而抱怨；出现攻击性行为。

（四）自我伤害处理程序与原则

1.接案

接案教师应立即确认个案现在所处位置，个案是否有自我伤害倾向或已付诸行动，个案伤亡情形及周围环境状况，目前有无其他救援人员或措施。

2.建立支援

接案教师尽速向学校教导处或学校应急处理小组反映情况，若情况危急，接案教师应一面反映，一面赶至现场处理。学校相关负责人应立即组织人员赶赴现场并分配任务，同时上报上级教育行政部门。指定人员现场指挥，若无法确定个案行踪应尽速分组找寻个案；若已知危机现场，应尽速指派专人前往处理。尽速联系个案最信任或最喜爱的师长、好友或辅导人员并赶赴现场协助找寻和处理。视案件情形的必要性，通知家长或其监护人。若已知有伤亡情形应迅速通知救护单位或相关人员协助处理。

3.赶赴现场

接案教师或危机处理人员在接获通知后应于最短时间内赶赴现场并寻找个案。

（1）接案教师对于具有高危险性的未成年人应尽一切可能先稳定其情绪并想方设法让个案离开危险工具或危险区域。若个案无伤亡情形应劝导并陪同个案回到教室、寝室或办公室。相关教职人员与个案进行沟通，从交谈中鼓励其说出痛苦之事并尽可能倾听、关怀、支持、接纳以及陪伴个案（必要时由校方安排适当师生和家长轮流陪伴协助其度过危险期）。若能知晓其受挫情形与困扰，应设法协助其解决。若个案愿意交谈则直接与个案探讨对于死亡的看法或讨论其自杀企图，应纠正其观念并建立其生存信念。尽可能由家长接回家中休养并借由家庭关怀、平抚其内心创伤。对于个案同伴应评估其惊吓程度，考虑是否需要进行心理辅导。

（2）接案教师对于已采取行动但未成功的未成年人应立即联络医务人员协助送医治疗，相关人员应陪同至医院照顾。待其病情稳定之后再行处理。若案件发生在校内，为了避免影响其他人员的情绪应尽速清理恢复现场。若发生在课堂上，则应尽速安抚未成年人并恢复正常上课。对于与此案件相关的师长、同学，如：师长责骂个案、同学和个案争吵斗殴等，宜特别留意他们的情绪并列为关注对象，避免其因内疚、自责而引发连锁反应。对于新闻记者的采访，统一由政府职能部门发布，其他师生一概不宜接受采访。鼓励班上同学以平常心看待个案，切勿以异样眼光对待。

（3）接案教师对于未成年人自杀身亡案件应立即通知学校相关领导或学校应急处理小组，随即派人前往现场处理。若个案在家中或他处而家长尚未处理，则可协调警方前往处理并通知其家长；若家长已在处理中则应尽力协助之。学校应急处理小组应由学校负责人牵头成立处理小组来处理该事件，同时校园内应当做好后续情形的处理。

4.心理辅导

学校应急处理小组应评估个案及相关人员情形并适时转介予以心理辅

导。班主任、老师、同班好友、家人应当会同心理辅导教师实施协同辅导并持续追踪其病情。

5.恢复秩序

全校师生应通力合作，引导未成年人正常学习与生活，并尽快恢复学校教学秩序。

四、校园两性问题处置

当未成年人进入青春期以后便逐渐感受到异性的吸引力，于是开始探索性的知识并尝试接触异性。因此，未成年人开始有了性的懵懂和欲望，但有些人因无法正确和妥善处理两性关系而造成诸多遗憾和困扰。

（一）两性不良关系表现

1.性骚扰

凡是一切以“性”为主题，无论是有意或无意表露出来让人觉得不舒适或不受欢迎的信息、语言和肢体动作等都属于性骚扰。由于未成年人进入青春期后对性方面比较好奇，一些调皮胆大的男生可能会对女生做出一些嬉闹的骚扰或侵害行为，如：向女生吹口哨、调侃、挑逗等；靠近女生后突然摸其胸部或掀其衣裙，故意碰触女生或女老师；故意在上课时用言语、字条、在黑板上写画些不堪的文字图像去挑逗女老师和女生；向女生展示色情漫画或刊物。

2.性侵害

以不当的手段对被害者身体造成性的伤害行为，如：强吻对方、强拍裸照、胁迫其表演猥亵行为、强迫发生性行为或性虐待等行为。

3.感情纠纷

未成年人感情问题也不少，有人会单相思，有人在热恋分手后深陷于破碎感情而不能自拔，于是男女生感情纠纷一触即发，容易引发性骚扰或性侵害犯罪。一些想不开的人还会出现自我伤害行为；因争风吃醋出现的暴力攻击与斗殴群殴在校园内外也时有发生。

4.偷食禁果

随着未成年人性器官和性机能的发育，少男少女的性意识逐渐萌生，他们对于异性有向往，但又对与异性交往充满矛盾心理；他们对于性有强烈好奇心，但又对月经、遗精、受精和怀孕等性现象一知半解。因此，青春期的未成年人在性心理成熟程度与性生理发展水平之间存在滞后，导致了性心理与性生理的冲突。研究表明，中学阶段是未成年人性发育的关键时期，也是出现性观念偏差的麻烦阶段。一旦缺乏正确的引导和教育，他们就可能出现低龄性行为。而过早的性行为不仅严重损害未成年人的身心健康，还干扰了学校的正常秩序，更污染了学校的风气以及败坏了社会风气。

（二）两性问题处理程序与原则

教师发现两性问题后一是要及时约谈当事人，密切关注其个人行为，掌握思想动态。二是通过多种信息渠道迅速查清事实、了解真相。三是真诚及时地与当事人的家长进行沟通，寻求最佳解决方案。四是必要时借助心理医生帮助当事人，待事件解决之后继续关心当事人。

五、自然灾害处置

自然灾害虽非人力所能抗拒，但多一分认知便多一分保障，多一分预防就能少一分损害。因此，应加强未成年人应对各项灾害的认识和处置教育。

（一）台风处理程序与原则

1.台风发生前

学校如地处低洼区则要了解学校的地理位置和附近环境状况并能根据实况拟定防灾应变计划。学校及个人贵重物品、电气设施应尽量放在二楼以上或做好安全保护措施。台风季节开始时，学校总务后勤部门应预先确定避难避水的场所；校园内的树木应设置保护架并修剪树枝；钉牢松脱的门窗与支柱；清理附近水沟以保持排水畅通；注意校园附近河流护堤安全状况。

2.台风发生时

师生员工应随时关注天气变化及台风动向。住校及值勤教师应严守岗位，注意校园安全；要了解上班、上课规定并适时回答学生及家长的询问；应给留宿的未成年人准备饮用水和食物；应妥善预备应急物资和急救药物。此外，学校或社团举办的各项活动应暂停或延期举办。要求留校住宿的未成年人不要外出，若宿舍地区在海边河边的低洼地区则应视情形将未成年人撤离至安全地带；必要时应关闭水管煤气和电路以防发生意外事故。

3.台风发生后

住校及值勤教师应快速巡视校园，了解损失情况并向上级反映处理，而后迅速投入重建，如：校园内电线断落或发生内涝应尽速通知电力公司检修，通知消防队排涝。同时，教师应劝导住宿的未成年人不要出外闲逛，若有必要外出时注意断落的电线、损坏的路基和内涝地区。

（二）地震处理程序与原则

1.地震发生前

学校应妥善规划校园各处避难场所和逃生路线，在每次集会或模拟演练中教会师生撤离。学校要让师生员工知晓校园安全设施设备的放置地点和使用方法以便师生危急情况下取用。校内危险建筑设施应及时检修，设置安全区并警告师生请勿靠近。易燃危险物品宜放于较低而安全的储藏柜内。液化气罐应该放置在通风良好的户外场所，且以锁链固定。

2.地震发生时

（1）若在校园集会活动或上课时应听从现场指挥人员指导，请勿马上或慌乱离开座位。请距离门和电源开关最近的人员迅速关闭电源，将门打开。与会人员需迅速拿出物品，如：书本、背包、会议夹等置于头顶以保护头部，或靠近立柱、墙角或躲入桌下。与会人员要远离并背向窗户，以免玻璃震碎，砸伤身体。注意天花板的物品（灯具、电风扇、吊顶等）是否会掉落。远离室内未固定的大型物体（空调、橱柜等），避免倒塌压伤身体。听从会场指挥人员指导，依疏散路线撤离。

（2）若在走廊或楼梯上应立即依靠支柱旁的建筑物、墙壁并保护头部。

（3）若在户外应注意头顶上有无断落天线、电线、花盆、瓦片、砖块等坠落物，切勿再闯进建筑物内，远离学校工程、电线杆、围墙、未经固定的贩卖机等。

（4）若在交通工具内应留在车内或双手紧握扶杆，直至车辆停稳再下车。

（5）上课中的教师、集会时的领导、活动中的主持人应于主震过后立即主动担任会场指挥人员，依据校园地震应急预案指导人员逃生避难，所有人员需先疏散至操场或空旷地区避难，注意余震发生。

3.地震逃出后

教师要迅速清点班级人数、确定伤者人数和受伤情况并上报上级部门；学校要尽快安抚师生员工，迅速组织失踪人员搜救和受伤人员抢救，尽快恢复校园正常秩序。

（三）火灾处理程序与原则

1.火灾发生前

（1）学校定期开展防火宣传与演练，教导未成年人学会使用防火和逃生器材，制订防火避难逃生计划，分析学校建筑物可能发生火灾的火源，如：厨房、宿舍、实验室等；严防宿舍超量用电，防范人为纵火。

（2）消防安全设备定期检查，避难逃生规划与设施定期维护；学校宿舍、集会场所应规划并绘制紧急疏散路线图并公布于入口处和重要位置点，告知全体师生员工；安装紧急照明灯，购置避难逃生器材。

（3）开展防火避难逃生编组与训练，未成年人宿舍应实施消防编组：①消防班：紧急火灾时协助救灾工作。②通讯班：负责报警及通报联络等任务。③救护班：协助伤者紧急救护及搬运等工作。④避难指导班：协助疏导未成年人避难逃生。⑤警戒班：协助警戒防止有人乘机作案。未成年人宿舍消防编组可定期训练或结合学校消防日训练进行联合实施。

2.火灾发生时

（1）扑救：在火灾初期一至二分钟内应迅速将火势控制以免蔓延失控造成不可挽回的损失；初期火灾最好的灭火工具为手提灭火器。

（2）报警：无论是火灾或是请求紧急救援均可拨打电话119报案，报案时详细说明学校位置、火灾地点、灾情、建筑物情形以及自己姓名和联络电话。

（3）逃生：火势失控时应及时逃生，不可贪恋财物，也不可搭乘电梯逃生。夜间宿舍发生火灾时，教师应先叫醒未成年人尽快逃生。在室内待援时应以衣物塞住门缝以防烟雾进入，不断用水浇湿房门降温。出房门时应先用手试一下门把手的温度，若温度过高则表明门外火势较大，不可开门逃生。必须通过火焰时需先将身体浸湿并以湿棉被毯裹住身体；身上衣服着火时应迅速卧倒翻滚压灭火焰。浓烟中应以湿毛巾掩住口鼻或用防烟袋套头，弯腰低姿势沿墙而逃。利用缓降机、绳索、被单或窗帘等连接成绳索逃生或沿屋外排水管逃生；楼层较高者尽量不可跳楼逃生。

3.火灾逃出后

逃出火灾后，教师应立即集合清点人数，确定伤者人数和受伤情况并上报上级部门；主动告知救灾单位灾因、灾况、被困火场人数并配合抢救；学校要尽快安抚师生员工，尽快恢复校园正常秩序。

第三节　学校安全工作实施

一、学校安全工作思路

学校安全要从“安全第一”入手，体现在安全工作上就是要落实一个“严”字。严格的安全管理就是珍爱生命、珍惜幸福。因此，学校既要通过抓教育、抓培训、抓建章立制等形式，也要提升学校安全教育与安全管理水平，更要培养未成年人的安全行为，提高他们的安全意识。

学校安全工作要坚持“严密制订、严格执行、严肃考核”的程序；要坚持重点突出安全教育工作，深入贯彻与落实学校安全法律法规，坚持“安全第一”的工作定位不动摇，“预防为主”的工作思路不动摇，“全面实施”的工作理念不动摇，“以生为本”的工作原则不动摇。一是在建章立制阶段，深入分析学校安全工作的要求，以“全覆盖高标准”为目标，制订环环相扣、保障有力的安全制度标准。二是在执行过程阶段，以“不折不扣、全面到位”为目标，加强宣传和指导，严格监督和检查，确保制度标准得到有效落实。三是在考核评价阶段，严格执行“责任追究制度化”，对学校安全按规定进行考核和处理，以此体现安全管理的严肃性，保证安全管理的成效。

二、学校安全工作目标

（一）要强化车辆安全管理

严格执行《车辆管理规定》，规范车辆使用行为，严禁公车私用，公车私开。严禁酒后开车严禁超速行驶，严禁疲劳驾驶，严禁开病车，严禁驾驶员私自出车，因私自出车，造成交通事故，除给予违章考核和纪律处分外，并承担其相应的经济损失。教职员工上下班的机动车及驾驶人员三证应齐全，各类车驾人员严格遵守交通法规和规章制度，严禁酒后驾驶机动车，不要忘记开车不喝酒，喝酒不开车。

（二）要强化消防安全管理

深入贯彻《消防法》，进一步落实《消防安全管理规定》，及时清理学校内部危险源。加强实验室、师生宿舍、食堂等的明火的管理，确保消防安全。

（三）要强化治安保卫工作

门卫和值班人员要坚守岗位，落实社会治安综合治理责任制，加强内部治安防控体系建设，对可能影响学校治安的特殊人群、危险物品、危险部位加强控制，强化校园的防盗、防爆管理，保障学校及周边环境的社会稳定。

三、学校安全工作原则

（一）坚持以生为本

未成年人是学校安全最核心的要素，全体教职员工都是保证学校安全的主体。全员要齐抓共管、全面覆盖，全面强化安全管理。要提高教职员工的业务素质和职业素养，增强教职员工的向心力和凝聚力，打造一支执行有力、教学高超、工作高效的教职员工队伍。

（二）推进教职员工职业素养

在教育培训、建章立制、科组建设等方面下大功夫、花大力气，不断提升教职员工的“意识安全”和“行为安全”；要加强学习，端正态度，明确目标，充满信心，激情从教。

（三）增强教职员工责任意识

教职员工要规范从教行为，增强安全责任意识；纯洁社交圈、净化生活圈、规范工作圈、管好活动圈，始终做到政治上清醒、经济上清廉、生活上清白，管好自己，带好班级，以自身的模范行动和良好形象聚人心、鼓干劲。

（四）增强教职员工进取意识

每位教职员工都应该自觉地把自己的理想、前途和学校的发展紧密联系起来，在品质、道德和素质上不断提高，客观公正地对待得与失、进与退，爱岗敬业，拼搏进取，努力在平凡的岗位上作出不平凡的贡献，努力在日常的工作中创造一流的业绩。

（五）增强教职员工学习意识

增强终身学习意识，下功夫学管理、学方法、学技能，不断拓宽自身学识修养的广度和深度，开阔视野、增长才干使每个人都能熟悉理解自身教学与管理工作的要求，全心全意为未成年人服务。

四、学校安全环境优化

（一）学校安全环境优化原则

1. 安全系统升级

依靠先进技术对学校的安全系统进行升级及优化（如消防系统、防暴系统等），大大提高各个系统的安全性，使系统的安全程度达到有效的工作状态。

2.安全性能优化设计

对系统或整体空间进行安全资源的优化配置，使安全性能设计或设备优化对象能够最大程度地满足师生的安全需求，并大大降低人员和财产的损失。

（二）学校安全环境优化措施

1.学校安全管理系统

完善学校安全的法律法规和学校的安全管理工作，加强校内监督、巡查、管理部门的监管力度。结合学校的安全教育科研力量，创新学校安全管理模式，确保学校安全管理达到最优化并能正常有效实施。

2.学校规划与选址

学校选址应进行一体化设计，避免“打补丁”式的规划与建设，依据各个功能分区的性能和要求，总体考虑地域、区域、建设地点的地质、自然、经济和政策等方面的因素。

3.学校设施系统

学校的建筑物除了应满足基本的防火耐火等级和结构抗震等硬性要求外，还应综合考虑人员疏散、各建筑空间内设置、装饰材料的燃烧爆炸对建筑物的影响以及材料自然释放物是否满足国家安全标准和规格要求。在建筑物的关键部位、人员密集部位设置安全区；对高大建筑设置安全层，通道和关键部位设置整体自动水喷淋灭火系统、通风系统、消防水炮系统、水幕等措施，确保事故发生时所有师生的安全。

4.交通系统

建议在整体规划时考虑校外人员车辆进入与师生员工的活动区域分流；在学校整体建筑设计时，考虑在人流和车流集中区域设置楼与楼的天桥，甚至是横跨车流的天桥；规划停车场与休闲区域，减少人流和车流的接触、交叉，在减少人与车接触的次数上降低交通意外带给师生的危害。

5.学校教学辅助设施

应结合学校教学设施考虑教学辅助设施（消防系统、通风、给排水、电气系统）的设置要求。在校园内应将电缆电线暗铺，设置安全用电区域，防止电源线外露时导致触电事故；实验室、厕所、宿舍电热水装置区以及其他潮湿区域照明应采用安全电压供电，避免漏电导致师生伤亡事故。

五、学校安全文化建设

（一）学校安全文化建设原则

1.以人为本原则

学校安全文化建设要以全体师生员工为中心，以提升全体师生员工安全素质为主线，应该在学校安全文化建设的过程中不断对师生员工进行教育、培训、演练等，确保事故发生前能提前预防、发现、控制并消除事故隐患；在事故发生时能有效控制事故影响范围和发生程度并确保事后学校全体师生员工都能得到教育启示。

2.形成统一价值观

学校安全文化建设应采用校长负责制，由学校制定安全方针并在校园方方面面进行贯彻实施，确保学校安全文化发展有明确导向，确保全体师生员工的人身和财产安全，使全体师生员工逐步形成较好的安全归属感并以此为基础逐步形成统一的安全价值观。

3.提升安全意识

学校文化建设是要确保学校内所有人员都知道何为危险，知道在危险状态下自身处境及其岗位职责。因此，学校应当通过宣传教育、普及培训以及定期举办校园安全文化活动和安全技能竞赛，以奖励的方式鼓励师生员工积极掌握校园安全知识，在工作、学习和生活中提升师生员工安全意识，在校园安全事故救援中能有效采取急救措施。

4.注重物态安全文化沉淀

学校安全文化建设应注重物态的安全文化沉淀，其主要是指在学校安全文化建设过程中应注重学校安全设施设备的设置和使用，确保所有设施设备处于安全可靠的正常状态。

（二）学校安全文化建设内容

学校安全文化建设应当以树立师生员工“生命至上、安全第一”的理念为先，包括学校管理人员、基层师生员工和完备的安全制度（见下图）。学校安全文化建设总体上应以学校全体师生员工安全意识和态度的提升、安全常识和法律常识普及以及安全文化的宣扬和教育为主；校内不同人员应当熟悉各自的安全职责并掌握相应的安全技能。

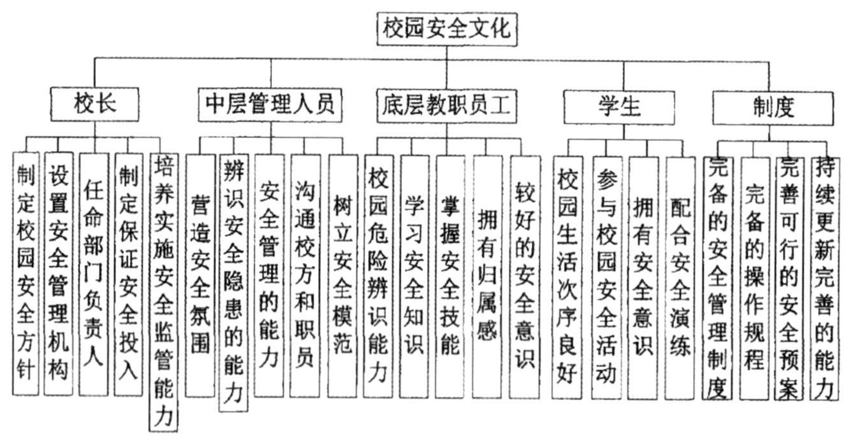

学校安全文化建设图

第二篇

学校安全教育实践篇

第一章　预防和应对灾难事故

第一节　预防交通事故

一、交通安全概述

（一）交通事故概念

交通事故又称道路交通伤害事故，是指车辆在道路上因过错或者意外而造成人员伤亡或者财产损失的事件。

（二）交通事故特点

1.周末和假期事故多

公安部统计数据显示：未成年人在周末两天发生的交通事故数量占全年30%；暑期发生的事故数量占全年20%；放学时段发生的交通事故相对集中，接近全天平均水平的2倍。周末、假期和放学以后未成年人监护需加以重视。

2.机动车事故多

在未成年人出现伤亡的交通事故中，骑乘电动自行车、摩托车、自行车发生的交通事故分别占31%、30%和9%，乘坐汽车和步行发生的交通事故分别占12%和18%。

3.漠视“一盔一带”

骑乘电动自行车和摩托车发生死亡事故中80%未佩戴安全头盔；乘坐汽车发生死亡事故中50%以上未使用安全带。从死因来看，颅脑损伤导致的死亡事故占73%，胸腹损伤导致的死亡事故占11%。因此，家长应当重视“一盔一带”的作用，不仅自己要佩戴安全头盔和使用安全带，还要让未成年人佩戴安全头盔和使用安全带。若未成年人年龄较小还应安装安全座椅，降低事故发生后的安全风险。

（三）交通事故危害

1.对肇事者自身危害

违反道路交通安全法律法规造成交通事故将面临三大法律责任：

（1）行政责任：驾驶人违反道路交通安全规定将要面临警告、罚款、暂扣、拘留等行政处罚。

（2）民事责任：驾驶人造成交通事故，其违法行为与事故发生构成因果关系的，对于损害后果需承担相应民事赔偿责任。

（3）刑事责任：驾驶人违反交通管理法规，因而发生重大事故，致人重伤、死亡或者使公私财产遭受重大损失，即构成交通肇事罪，要负刑事责任。

2.对受害人家庭危害

（1）对致伤人员家庭危害：交通事故致人损伤后，伤者在医治过程中丧失了工作、学习的机会，打乱了正常的生活秩序，分散了家人的精力和时间，甚至会延误其升学、升职、就业等机会。最终赔偿也只是对伤者直接损失的补偿，无法弥补其他方面的间接损失。

（2）对致残人员家庭危害：交通事故致人残疾后，随着危害程度的加重，受害人变残，个人美好前景丧失，直至丧失工作能力和生活能力，严重者导致死亡。

（3）对死亡人员家庭危害：交通事故致人死亡后，使得原本完整的家庭瞬间残缺，失去父母的未成年人得不到应有的爱护，失去亲人的痛苦和阴影将伴随着他们一辈子，难以愈合的创伤有可能影响或改变他们的未来。

3.对社会危害

交通事故无论是致人伤亡，还是财物损坏都会对社会资源造成浪费。对于在交通事故中受伤或死亡人员以及受损财产而言，如果不发生交通事故就不会引起人员伤亡和财产损失，这些人员和财产便能继续为社会发挥效益。同时，交警赶赴现场处理事故，医院组织医务力量抢救，消防人员参与救援等付出都增加了社会运行成本，而事故导致现场交通受阻或中断也会对群众生产生活造成不利影响。

（四）交通事故成因

（1）未成年人活泼好动，在过马路时嬉戏打闹，行走路线变化无常；有时骑车会勾肩搭背，甚至骑车时撒开车把手来比试骑车技术，不注意避让行人车辆极易造成交通事故。

（2）当前许多未成年人对《中华人民共和国道路交通安全法》等法律法规知之甚少，还有不少人甚至不知道何为交通违法，对交通违法行为导致的后果认识不足。

（3）一些学校和家长对未成年人交通安全教育不重视；有些家长还在未成年人面前不遵守交通法规，这些无形中对他们的交通安全行为产生不良影响。

二、交通事故预防

（一）培养正确的交通安全意识

学校、家长和相关机构应定期对未成年人进行交通安全知识普及，培养其规则意识与安全意识。作为监护人应当给未成年人树立良好的榜样，自觉遵守交通法规，抵制违反交通规则的行为，勿将共享单车、电动车、摩托车等交通工具交由不够法定年龄的未成年人使用；滑板车、平衡车、旱冰鞋等滑行工具不得上路使用。

（二）养成遵守交通规则的习惯

未成年人行路应在人行道内走，没有人行道的须靠边行走；不穿越、攀爬、倚坐道口护栏；不在路上扒车、追车、强行拦车或抛物击车；不在马路上踢球打球、追逐玩耍。上下学途经山间小路时应尽量结伴而行。横过马路时要走交通部门设置的专门穿越道，如：斑马线、人行过街天桥和地下通道，注意红绿灯信号标志。乘坐汽车、火车时要坐好扶好，身体任何部位不要伸向车外，不高声喧哗，不向外抛投物体，不搭乘货车、拖拉机等非载人营运车辆等。

三、交通事故应对

（一）家长履行教育监护责任

家长要对子女进行交通安全知识教育，培养子女良好的交通行为习惯，不要给未成年人购买和提供电动车、摩托车；坚持从自身做起，严格遵守《道路交通安全法》等相关法律法规，做文明出行的模范。

（二）未成年人安全文明出行

未成年人要检视自身行为，严禁驾驶电动车、摩托车上下学和外出，严禁参与飙车、竞速驾驶等交通违法行为。

（三）社会积极劝导指正

学校要做好未成年人交通安全教育工作，对违反交通法规的未成年人应及时教育，促进其提高认识、改正错误。交警部门要对违反交通法规的未成年人进行积极劝导和指正。

四、交通安全教育教学

（一）教学目标

（1）认知目标：通过交通安全教育教学使未成年人深入了解和掌握交通安全知识。

（2）技能目标：通过交通安全教育教学使未成年人熟知并掌握应对交通事故的技能。

（3）情感态度目标：通过交通安全教育教学使未成年人有效树立自我保护理念，增强应对交通事故的能力，维护自身健康安全成长。

（二）教学内容

（1）交通安全案例介绍。

（2）交通事故概念、特点、危害及原因。

（3）交通事故预防、应对及教育。

（三）教学方法

（1）讲授教学法。

（2）多媒体教学法。

（3）情境教学法。

（4）应急演练教学法。

（四）教学组织

（1）开展以小组为单位的“交通安全教育”主题交流学习。
（2）开展以班级为单位的“交通安全教育”课程教育教学。
（3）开展以年级为单位的“交通安全教育”实践教学活动。
（4）开展以学校为单位的“交通安全教育”应急处置演练。

（五）课程/活动总结

（1）对“交通安全教育”课程教学过程中未成年人表现的优点和不足进行总结，提出有效完善措施并深化实践教学活动，确保在交通安全知识、技能、情感态度等方面的教学效果。

（2）对“交通安全教育”课程的教学形式、教学手段、教学方法等进行科学合理的创新，开发出适合本校实际条件的校本化课程。

（六）课后作业

（1）查阅交通事故典型案例的相关资料，了解交通事故造成的严重后果。

（2）在日常生活中如何养成遵守交通规则的习惯?

第二节　预防消防事故

一、消防事故概述

（一）消防概念

消防是预防火灾和扑救火灾的简称，是人类在同火灾作斗争过程中逐步形成和发展起来的一项专司防火和灭火、具有社会安全保障性质的工作。

（二）消防事故特点

1.突发性

消防事故往往是在意想不到之时发生，随机性强，尤其是当前我国对消防事故的监测报警手段的可靠性和应用性存在不足；未成年人对消防事故发生的规律和预兆了解不足都给对消防事故的处理和救援造成了不小的困难。

2.复杂性

消防事故的复杂性首先体现在着火源众多、可燃物广泛、灾后事故调查和鉴定环境破坏严重等，加之建筑物内部结构复杂等都给消防工作和事故调查带来不少难题。

3.严重性

消防事故不但会给国家、社会和人民群众造成经济损失或人员伤亡，还会打乱社会正常生产生活秩序，造成严重后果。

（三）消防事故危害

消防事故的发生会危及人民群众的生命财产安全，甚至造成重大人员伤亡和财产损失。消防事故发生后因建筑物修复重建、人员安置、生产经营停止等会造成较大经济损失。若公共场所因消防事故发生群死群伤等重特大事故，或涉及粮食、能源、资源等事关国计民生的重要工业建筑发生消防事故时就会给社会造成严重恐慌。此外，当森林、化工厂等发生消防事故时会使大量动植物死亡，导致生态环境恶化，严重威胁群众生活和社会发展。

（四）消防事故成因

消防事故一般是由于安全管理欠缺，人员安全意识淡薄，专业技术生疏，设备安全性能缺陷，外部环境条件等诸多因素造成的，具体分为以下三个原因：一是物的原因，如：设备处于危险状态；现场装置的设施不良；缺少防火、防爆安全装置和设施；缺少警戒设备；缺少保护性装具；作业危险性大等。二是人的原因，如：操作机械、装置失误；工作态度不端正；误用防护设备和器具；监督检查不够。三是其他原因，如：人为故意纵火等破坏活动、战争；雷击、地震、台风、洪水等天灾。

二、消防事故预防

（一）强化消防安全意识

开展消防安全教育是学校的责任更是义务，而学校只有足够重视消防安全教育，才能有效提升未成年人的消防安全意识。消防安全教育要从未成年人抓起，从生活中学，在实践中行，不能仅停留于科普宣传上。同时，全社会也应合力推进消防安全普及工作，家长也应义不容辞地承担起对未成年人进行消防安全教育的责任。

（二）建立消防安全责任机制

学校应将消防安全纳入学校安全教育计划中，建立消防安全倒逼机制，做到有人查、有人管、出了问题有人负责。在学校内部形成一种合力切实落实消防安全责任。

（三）编制消防安全教育教材

学校可根据未成年人年龄特点来编制消防安全教育教材。教材内容应图文并茂，这样既能引起他们的学习兴趣，又易于理解掌握。教材主题应涵盖如何预防消防事故发生、消防事故中的紧急避险和应急处置方法等。

（四）开展消防安全课程教学

学校可根据未成年人实际需求来设置消防安全教育课程并贯穿于整个学校教育阶段。从消防安全理论知识到消防安全实践技能；从校内课堂教学到校外社会实践；从观看影像视频到现场演练，让他们全方位掌握消防安全本领，强化消防安全教育效果。

三、消防安全技能教育

（一）火灾概述

1.火灾概念

火灾是指在时间和空间上失去控制的燃烧所造成的灾害。在各种灾害中火灾是最常见的威胁公众安全和社会发展的主要灾害之一。

2.火灾分类

A类火灾：指固体物质火灾。这种物质通常具有有机物质性质，一般在燃烧时能产生灼热的余烬。如：木材、干草、煤炭、棉、毛、麻、纸张等火灾。

B类火灾：指液体或可熔化的固体物质火灾。如：煤油、柴油、原油、甲醇、乙醇、沥青、石蜡、塑料等火灾。

C类火灾：指气体火灾。如：煤气、天然气、甲烷、乙烷、氢气等火灾。

D类火灾：指金属火灾。如：钾、钠、镁、钛、锆、锂、铝镁合金等火灾。

E类火灾：指带电火灾。物体带电燃烧的火灾。

F类火灾：指烹饪器具内的烹饪物火灾。如：动植物油脂等火灾。

3.火灾应对原则

（1）发现火情，沉着镇定。发现起火首先要保持沉着冷静，理智分析火情。如果是在火灾的初期阶段，燃烧面积不大，可考虑自行扑灭。如果火情发展较快，要迅速逃离现场，向外界寻求帮助。

（2）扑灭小火，争分夺秒。刚发生火灾时应争分夺秒，奋力将小火控制、扑灭。不要惊慌失措地乱叫乱窜，置小火于不顾而酿成大灾。

（3）大声呼救，及时报警。报警早，损失少，一旦发现火情，既要积极扑救，又要及时报警。拨打火警电话待接通后要说清起火单位、着火物品和火势大小，是否有人被围困。要讲清报警人的姓名、所用电话的号码。

（4）生命至上，救人第一。火场中如有人被火势围困，首要任务是把受困人员从火场中抢救出来，救人与救火可同时进行。

（二）烟道应急逃生

1.火灾烟雾及特点

提及火灾中遇难之人，第一反应是被烧死的，凶手应该是火。但事实却恰相反，火场真正致命元凶是烟雾。那烟雾为何会成为危害生命的元凶呢?这与火灾烟雾的特点有着密切关系。首先，火灾发生时会消耗火场中的氧气，人在低氧环境中短时间内会因为缺氧而出现呼吸障碍、失去知觉、痉挛甚至窒息死亡等。其次，很多情况下火灾会产生大量烟雾和气体，大部分烟雾气体具有强烈刺激性。这些烟气达到一定浓度后会对咽鼻、眼睛黏膜等产生刺激作用，令人产生强烈的不适，甚至有些烟雾气体会迅速使人丧失基本活动能力，导致中毒昏迷。因此，火场中若不断盲目大声呼救反而会使有害烟气进入呼吸道导致吸入性损伤。最后，火灾中的烟雾气体能在短时间内迅速扩散，其水平扩散速度为0.5—0.8米/秒，竖向垂直扩散速度3—4米/秒。因此，缺氧、毒气、迅速是火灾烟雾气体的三大特点。在火灾发生时躲避火场烟雾才是最重要的（见下图）。

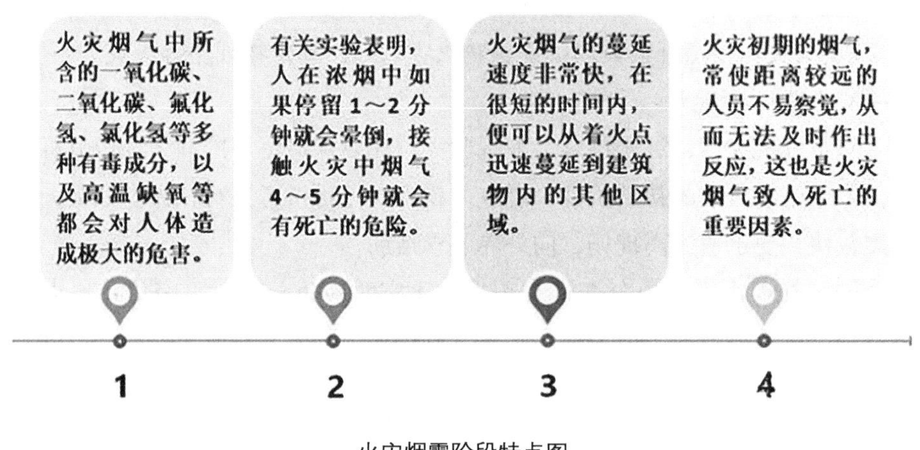

火灾烟雾阶段特点图

2.烟道逃生注意事项

一是发生火灾时烟雾气体聚积在上部空间，逃生者为减少有害烟气吸入宜采用弯腰低姿势，顺着墙壁按照避难方向指示进入安全梯逃生。二是在疏散中应使用浸湿的毛巾、口罩等捂住口鼻以起到降温、过滤作用。三是火灾发生时往往会导致电源中断，逃生者切记不可乘坐电梯。四是提倡家庭配置必备的灭火逃生工具，如：手提式灭火器、灭火毯、防烟面罩、救生缓降器、强光手电筒、医用急救包等。

（三）初期灭火

1.初期火灾

初期火灾是指发生火灾初期15分钟之内的火灾。火灾初期阶段其特征是初起烟雾大，可燃物质燃烧面积小，火焰不高，热辐射不强，火势发展比较缓慢。该阶段是灭火最佳时机，如发现及时用较少的人力和简单的灭火器材就能很快把火扑灭。

2.初期灭火方法

初期灭火基本方法是根据起火物质燃烧的状态和方式，为破坏燃烧必须具备的条件而采取的一些措施，具体有以下方法：

（1）冷却灭火法：是将灭火剂直接喷洒在可燃物上，使可燃物温度降到自燃点以下，从而使燃烧停止。一般物质起火都可以用水来灭火；火场上除用冷却法直接灭火外，还经常用水冷却尚未燃烧的可燃物质，防止其达到燃点着火；还可用水冷却建筑构件、生产装置或容器等以防其受热变形或爆炸。

（2）隔离灭火法：是将燃烧物与附近可燃物隔离或者疏散开从而使燃烧停止。该方法适用于扑救各种固体、液体、气体火灾。采取隔离灭火的措施较多，如：将火源附近的易燃易爆物体转移至安全区；关闭设备或管道阀门阻止可燃气体、液体流入燃烧区；拆除与火源毗连的易燃建筑结构形成阻止火势蔓延空间地带。

（3）窒息灭火法：是采取适当措施阻止空气进入燃烧区或释放惰性气体来稀释空气中的氧含量，使燃烧物质缺乏或断绝氧而熄灭。适用于扑救封闭式空间、生产设备装置及容器内的火灾。

3.常见初期火灾应对

（1）家庭初期火灾可用家用小型灭火器，也可巧用身边灭火器材。水是家中最简单、直接、有效的灭火剂，但电气、油锅着火不能用水扑灭。沙土、淋湿的棉被、毛毯、扫帚、拖把、衣服均可用作扑灭小火的工具。

（2）家中油锅起火不可用水浇灭，因冷水遇到高温油会形成炸锅现象，使油火四处飞溅。扑灭油锅火灾方法较多：一是用锅盖盖住起火油锅，使燃烧油火接触不到空气便会缺氧而熄灭。二是用大块湿抹布覆盖住起火油锅也能起到与锅盖一样的效果，但湿抹布覆盖时不可有缝隙。三是若厨房里有切好的蔬菜或其他生冷食物可沿锅边缘倒入锅内，利用蔬菜、食物与着火油的温差使油温迅速下降而熄灭。

（3）封闭的房间着火时，看到浓烟和火焰应立即用水浇灭，不要打开门窗，否则空气会形成对流助长火势蔓延。

（四）高楼火灾逃生口诀

第一诀：逃生预演，临危不乱；
第二诀：不入险地，不贪财物；
第三诀：简易防护，蒙鼻弯腰；
第四诀：善用通道，莫入电梯；
第五诀：缓降逃生，滑绳自救；
第六诀：避难场所，固守待援；
第七诀：缓晃轻抛，寻求援助；
第八诀：火已及身，切勿惊跑；
第九诀：跳楼有术，虽损求生。

（五）安全绳结

火灾中若逃生通道被封堵，被困人员可利用绳子从窗户逃生也是极为有效的选择。而快速打绳结便是安全逃生的关键环节。

（1）单结：是最简单的结，当绳子穿过滑轮时，单结可发挥绳栓作用；在拉握绳子时，单结可用来防止滑动；当绳端绽线时，单结可用来暂时防止其继续脱线（见下图）。

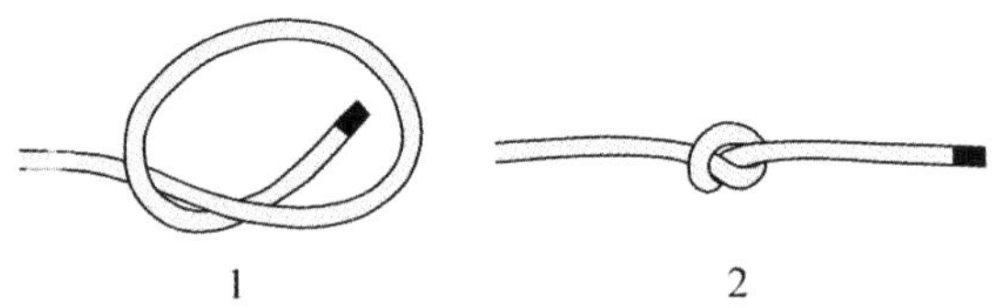

（2）双重单结：是为了避免使用绳子损坏部分的重要绳结。它的结法很简单，只要将绳子对折后打一个单结即可。绳环部分就是绳子的损坏部分，由于其无法产生施力作用，即使拉紧绳子两端，绳环部分也不会受力（见下图）。

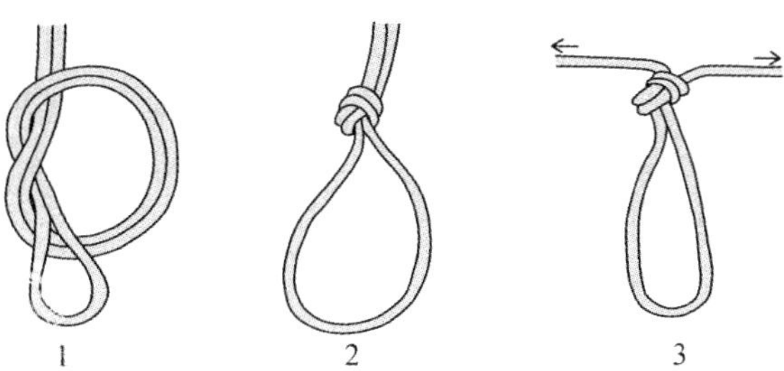

（3）多重单结：增加2—4次缠绕并打成较大的结形，且需要边打结边整理。该绳结多用在绳子手握处或在绳子要抛向远处时加重绳头的重量（见下图）。

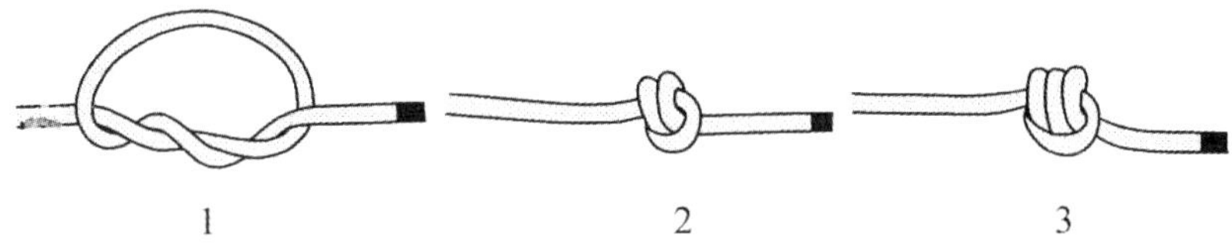

（4）活索：一种简单的圈套结。拉紧绳子的前端即可做成一个圆圈，圆圈中间没有任何东西时一拉绳子即可将结解开（见下图）。

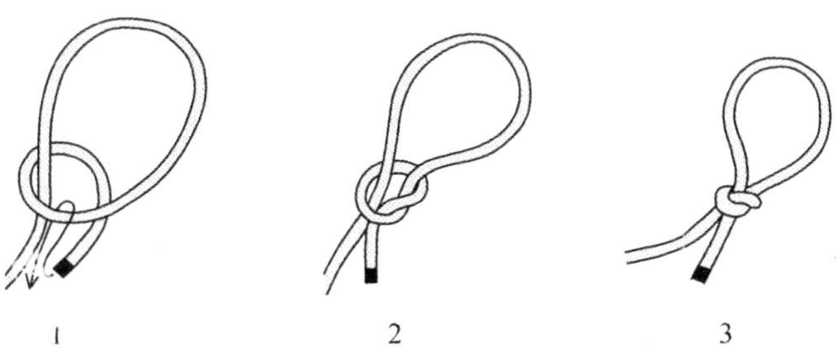

（5）接绳结：是连接两条绳索时所用，打法简单，拆解容易，可适用于质材粗细不同的绳索，安全可靠度高（见下图）。

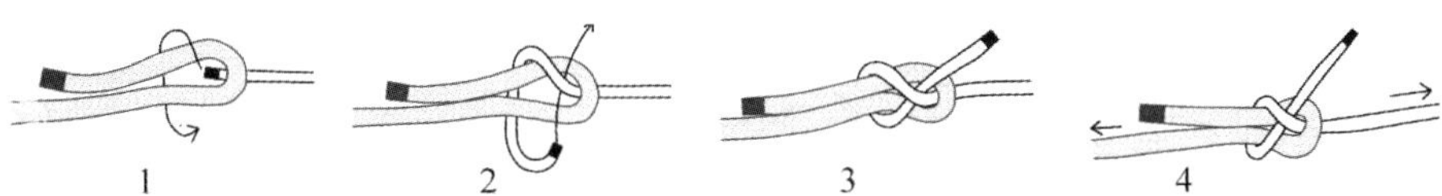

（6）双接绳结：打接绳结时绳索多绕一圈可增强绳索耐力与安全性。如果绳索多绕两圈，双重接绳结便成了三重接绳结，但不可忘记在末端预留缠绕空间（见下图）。

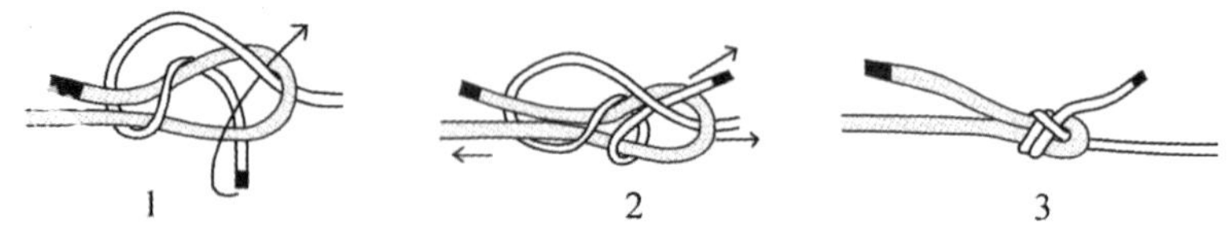

（7）渔人结：用于连接细绳或线的结。在两条绳子上各自打上一个单结，然后将其连接起来，结构简单，但其强度很高，也可以使用在不同粗细的绳子上（见下图）。

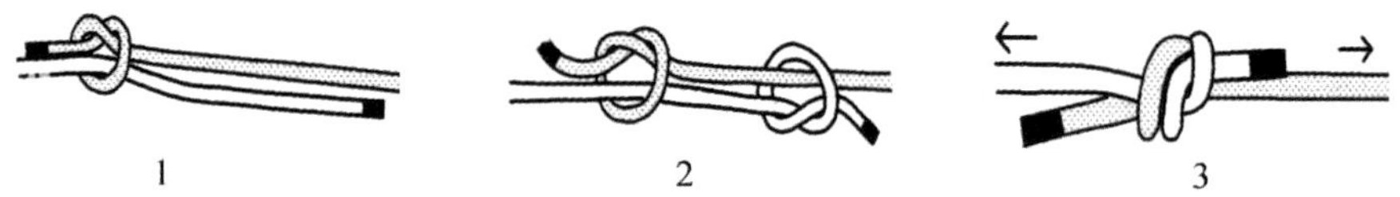

（8）八字结：此结打好后会呈现“8”字形，主要用于防滑。当绳子较粗时，将绳端先行交叉，绳头绕过主绳再穿过绳圈后拉紧完成；当绳子较细时，先将绳端对折，再把对折部分转两圈，最后绳头穿过绳圈拉紧完成。（见下图）。

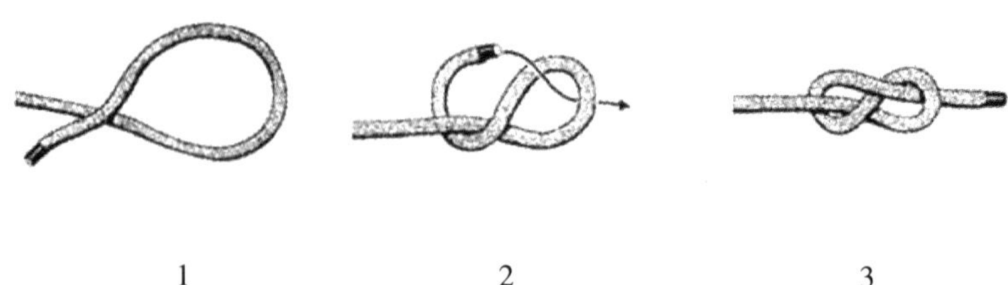

1　　2　　3

四、消防安全技能教学

（一）教学目标

（1）认知目标：通过消防安全技能教学使未成年人深入了解和掌握消防安全知识。

（2）技能目标：通过消防安全技能教学使未成年人进一步熟悉和掌握消防安全技能。

（3）情感态度目标：通过消防安全技能教学使未成年人有效树立自我保护理念，增强消防安全意识，提升消防安全技能，养成安全行为习惯，维护自身健康安全成长。

（二）教学内容

（1）火灾案例介绍。

（2）火灾分类及应对流程。

（3）火灾烟雾特点、烟道应急逃生。

（4）初期灭火方法及应对。

（5）高楼应急逃生口诀、绳结打结方法。

（三）教学方法

（1）讲授教学法。

（2）多媒体教学法。

（3）情境教学法。

（4）应急演练教学法。

（四）教学组织

（1）开展以小组为单位的“消防安全技能”主题交流学习。

（2）开展以班级为单位的“消防安全技能”课程教育教学。

（3）开展以年级为单位的“消防安全技能”实践操作活动。

（4）开展以学校为单位的“消防安全技能”应急处置演练。

（五）课程/活动总结

（1）对“消防安全技能”课程教学过程中未成年人所表现出的优点和不足之处进行深入总结，提出相应的修改完善措施并进行深入的实践操作活动，确保未成年人在消防安全技能知识、技能、情感态度等方面的教学效果。

（2）对“消防安全技能”课程的教学形式、教学手段、教学方法等进行科学合理的创新，开发出适合本校实际条件的校本化课程。

（六）课后作业

（1）查阅消防安全技能应对火灾的典型案例，了解消防安全技能的重要性。

（2）电动车引发的火灾事故时常发生，我们如何有效规避此类事故呢?

第三节　预防电气事故

一、电气事故概述

（一）电气事故概念

电气事故是局外电能作用于人体或电能失去控制所造成的意外事件，即与电能直接关联的意外灾害。电气事故将使人们的正常活动中断并可能造成人身伤亡和设备、设施的毁坏。管理、规划、设计、安装、试验、运行、维修、操作中的失误都可能导致电气事故。

（二）电气事故特点

1.危害大

电气事故的发生不仅会带来经济损失，甚至还能造成人员伤亡。统计数据显示：我国触电死亡人数占全部事故死亡人数的5%左右。

2.难识别

由于电本身不具备为人们直观识别的特征，由电引发的危险不易被人们识别察觉，这也给未成年人电气事故的预防和安全教育带来了较大困难。

3.涉及广

电气事故并不局限于用电领域的触电或设备线路故障等，在一些非用电场所，电能释放也会造成灾害或伤害，如：雷电、静电、电磁场危害等都属于电气事故。此外，由于电能使用极为广泛，只要哪里使用电，哪里就有发生电气事故的可能，哪里就必须考虑电气事故防护。

4.规律强

在电气事故中，许多事故是具有重复性和频发性的，这表明电气事故的发生具有规律性，人们只要掌握该规律并按照该规律使用电能，同时不断完善电气安全技术和管理措施是完全能够避免电气事故发生的。

（三）电气事故类型

（1）按发生灾害形式分为：人身事故、设备事故、电气火灾和爆炸事故。

（2）按发生事故时的电路状况分为：短路事故、断线事故、接地事故、漏电事故。

（3）按事故严重性分为：特大性事故、重大事故、一般事故。

（4）按伤害程度分为：死亡、重伤、轻伤。

（5）按构成事故基本要素分为：触电事故、静电事故、雷电灾害、射频危害、电路故障。

（四）电气事故危害

1.触电事故危害

触电事故是由电流的能量造成的，可分为电击和电伤，绝大部分触电伤亡事故都有电击成分。

2.静电事故危害

静电事故是指生产工艺过程中或工作人员操作过程中，由于某些材料的相对运动，接触与分离等原因积累起来的、相对静止的正电荷和负电荷。静电电压能高达数万乃至数十万伏，也可能在现场产生静电火花。在火灾和爆炸危险场所，静电火花是十分危险的因素。

3.雷电灾害

雷电灾害是大气电，雷电放电具有电流大、电压高等特点，其能量释放可能造成极大破坏力。雷击除了能击毁设施设备外，还能直接伤及人畜，也可能引起火灾爆炸。

4.射频辐射危害

射频辐射危害即电磁场伤害，人体在高频电磁场作用下吸收辐射能量，使人的中枢神经系统、心血管系统等受到不同程度伤害；射频辐射危害还表现为感应放电。

5.电路故障危害

电路故障是由电能传递、分配、转换失去控制造成的。断线、短路、接地、漏电、误合闸、误掉闸、电气设备或电气元件损坏等都属电路故障。电气线路或电气故障能够影响到人身安全，能够造成人员伤亡和财产损失。

（五）电气事故成因

一是操作人员违章操作，缺乏责任心、专业技能和安全防护。二是设备陈旧老化且年久失修，失去保护功能，容量不足以及过高负荷运行。三是电气工作规章制度不科学，管理混乱及人员指挥不当。天气因素，如：雷击、暴雨、冰雪、高温等。

（六）校园电气安全风险

校园属于人员密集场所，若安全风险排查管控不到位，可能导致安全事故发生，造成严重后果。校园电气设备设施引起的电气火灾、触电事故等是常见的校园电气安全事故，应重点关注宿舍、食堂、户外电气设施等。

二、电气事故预防

政府及相关职能部门应制定未成年人预防电气事故的教育政策并加强对学校安全教育的监督管理，推进未成年人用电安全教育。各级各类学校应提供预防电气事故的课程教学，鼓励学校安全教育人员开发或编撰用电安全的校本课程及教材，并提供教学辅导；学校安全教育人员通过预防电气事故课程教学，促进教学内容与教学手段的更新，有效提升教学效果。家长应积极参与未成年人电气安全教育活动，主动向他们传授用电安全知识和技能，为他们提供正确的用电行为规范及良好榜样。电力及消防部门应以专业知识背景为依托，构建系统化、生活化、实践化的用电安全教育体系，创新教学内容，通过多渠道开展未成年人预防电气事故安全教育活动，达到提高未成年人安全用电目的。新闻媒体和社会公益组织应利用各种社会资源，通力合作，向社会大众宣传用电安全知识与技能。

三、电气事故应对

（一）电气事故应对措施

（1）对于年龄较小的未成年人，教师和家长要明确告知乱动电气可能会造成的严重后果，在家长的陪伴下学习正确使用生活中简单的电气，让他们形成安全用电的正确认知。

（2）未成年人应学习电力安全标志的含义，正确了解用电安全标志能够更好避免不必要的用电事故。如：红色标志表示禁止或警示，遇到红色标志应严禁触摸。黄色是用来标注危险信息的，如：小心触电。绿色标志表示指示或运行。

（3）未成年人应掌握正确的导电知识，对于日常生活中的导电物品，使用时应格外小心。如：不用手和导电物去接触或探试电源插座；不用湿毛巾擦电视；不用湿手插拔插头或开关等。这些导电知识能够帮助他们避免生活中用电不规范造成的伤害。

（4）未成年人应掌握触电急救常识以降低电气事故造成的伤害。当未成年人发现有人触电后应立即关闭总电源，不可用手直接救人，应呼喊成年人来救助或使用一些不导电的物体切断触电接触点。

（5）对未成年人进行节约用电的宣传和教育，增强其节约用电和珍惜资源的意识。

（二）预防电气事故应知应会

（1）各种家用电器用途不同，使用方法也各异，未成年人在使用电气时应在家长和教师指导下学习使用，对危险性较大的电气不要独自使用。

（2）使用电气发现冒烟、冒火花或有焦煳味时应立即拔掉电源插头，停止使用。

（3）电吹风、电饭锅、电熨斗、电暖器等电气在使用中会发出高热应注意将其远离纸张、棉布等易燃物品，防止发生火灾，在使用时也要注意避免被烫伤。

（4）要避免在潮湿环境下（浴室、地下室等）使用电气，更不能让电气淋湿或受潮，这样不仅会损坏电气，还会发生触电危险。

（5）电风扇的扇叶、洗衣机的脱水筒等在工作时是高速旋转，不能用手或其他物品去触摸以防止受伤。

（6）电气长期搁置不用，容易受潮腐蚀而损坏，重新使用前需认真检查。

（7）购买家用电器时要选择质量可靠的合格产品。

（8）不要用手、金属物或铅笔芯等去拨弄开关，也不要把它们插到插座孔里。

（9）喝水和饮料时不要在插座附近喝，以免水或饮料洒到插孔里造成电气短路或着火。

（10）在户外玩耍时要远离高压输电设备和配电室，不要在高压线附近放风筝、钓鱼。

（11）不要在房子周围的电线上搭挂、晾晒衣物以免发生危险。

（12）在救助触电者时先要切断电源，若无法切断电源，救助者要穿上绝缘胶鞋或带上绝缘手套或站在干燥的木板上，用干燥木棍、竹竿等去挑开触电者身上的电线。

四、预防电气事故教学

开展未成年人电气事故的预防教育是保障其生命安全的基础教育，也是素质教育中不可缺少的一部分，应始终贯穿于国民素质教育的全过程。开展未成年人预防电气事故教育能有效地避免发生意外触电，对预防电气火灾、保证师生生命安全具有重大意义。未成年人预防电气事故教育的主要目标：一是使未成年人充分了解居家生活中的用电安全，增强安全观念；二是培养未成年人安全用电技能，维护自身健康成长。

（一）教学目标

（1）认知目标：通过预防电气事故教学使未成年人深入了解和掌握预防电气事故的知识。

（2）技能目标：通过预防电气事故教学使未成年人熟知并掌握应对电气事故的技能。

（3）情感态度目标：通过预防电气事故教学使未成年人有效树立自我保护理念，增强应对电气事故的能力，维护自身健康安全成长。

（二）教学内容

（1）电气事故案例介绍。

（2）电气事故概念、类型、特点、危害、原因及校园电气安全风险。

（3）电气事故预防、应对及教育。

（三）教学方法

（1）讲授教学法。

（2）多媒体教学法。

（3）情境教学法。

（4）应急演练教学法。

（四）教学组织

（1）开展以小组为单位的“预防电气事故”主题交流学习。
（2）开展以班级为单位的“预防电气事故”课程教育教学。
（3）开展以年级为单位的“预防电气事故”实践教学活动。
（4）开展以学校为单位的“预防电气事故”应急处置演练。

（五）课程/活动总结

（1）对“预防电气事故”课程教学过程中未成年人表现的优点和不足进行总结，提出有效完善措施并深化实践教学活动，确保在预防电气事故知识、技能、情感态度等方面的教学效果。

（2）对“预防电气事故”课程的教学形式、教学手段、教学方法等进行科学合理的创新，开发出适合本校实际条件的校本化课程。

（六）课后作业

1.查阅电气事故的典型案例，了解预防电气事故的重要性。
2.如何养成安全用电的良好习惯和行为？

第四节　预防燃气事故

一、燃气中毒概述

（一）燃气中毒概念

燃气中毒是指含碳物质燃烧不完全时的产物经呼吸道吸入而引起的中毒。

（二）燃气事故类型

我国常见燃气事故有燃油和燃气暖气；炭火（炭火锅、炭火盆）；燃气灶、液化气灶；内燃机、发电机等引起的。在各类型燃气事故中，天然气及液化石油气事故最常见的原因是软管老化破损、脱落、动物啃咬等；天然气管网事故最常见原因是第三方施工破坏。居民日常生活中常见的燃气事故是燃气中毒，这也是一个极为突出的安全顽疾。

（三）燃气中毒原因

（1）生活用煤器具不装烟筒或是装了烟筒却堵塞、漏气造成室内一氧化碳浓度增高。

（2）室内用炭火锅涮肉、烧烤或使用炉火取暖却门窗紧闭、通风不良，造成一氧化碳停留时间过长。

（3）火灾现场产生大量一氧化碳。

（4）冬天在车窗紧闭的车内持续发动汽车会产生大量含一氧化碳等废气。

（5）燃气热水器安装使用不当导致一氧化碳泄漏。

（6）自制土暖气取暖，虽然人与煤炉分室而居，但发生泄漏、倒风会引起燃气中毒。

（7）居民使用管道燃气时若管道漏气、开关不紧或烧煮时火焰被扑灭造成燃气泄漏中毒。

（四）燃气事故特点

一是由于燃气管道设施分布范围广，任何有燃气管道设施之处都有可能发生燃气事故。二是燃气事故具有突发性，在人们毫无发觉时发生燃气泄漏引起火灾或爆炸。三是燃气事故发生后影响范围较大，如：居民楼发生燃气爆炸会使整栋楼都受到影响。四是燃气事故造成人员伤亡和财产损失的后果会比较严重。五是燃气事故既可形成主灾难，也可成为其他灾难的次生灾难，如：地震、山体滑坡造成燃气管道断裂、泄漏引起火灾或爆炸等。

（五）燃气中毒危害

1.燃气中毒机理

一氧化碳是一种不易被察觉的无色无味气体，人体血液中的血红蛋白与一氧化碳结合力比与氧结合力强200倍以上，而血红蛋白与氧的分离又很慢。因此，人体一旦吸入一氧化碳，氧气便失去与血红蛋白结合的机会，组织细胞无法从血液中获得足够氧气，导致呼吸困难、组织窒息并对全身组织细胞产生毒性作用，特别是对大脑皮质的影响最为严重。

2.燃气中毒症状及危害

燃气中毒者初感头痛头昏、恶心呕吐、浑身无力，当意识到中毒时很少有人能下床开门开窗，多数人会发生抽筋、昏迷，脸颊、前胸皮肤及口唇呈樱桃红色，若救治不及时便会因呼吸抑制死亡。燃气中毒依其吸入一氧化碳浓度和中毒时间长短分为三种类型：

（1）轻度中毒：中毒时间短，血液中碳氧血红蛋白为10%～20%。表现为头痛眩晕、心悸、恶心呕吐、四肢无力，甚至会短暂昏厥；吸入新鲜空气并脱离中毒环境后，症状会迅速消失，一般无后遗症状。

（2）中度中毒：中毒时间稍长，血液中碳氧血红蛋白占30%～40%，在轻型症状的基础上还会出现虚脱或昏迷。皮肤和黏膜呈现特有的樱桃红色。若抢救及时可迅速清醒，数天内完全恢复，一般无后遗症状。

（3）重度中毒：发现时间过晚，吸入毒气过多或在短时间内吸入高浓度一氧化碳，血液中碳氧血红蛋白浓度占50%以上，呈现深度昏迷，各种反射消失，大小便失禁，四肢厥冷，血压下降，呼吸急促并很快死亡。一般昏迷时间越长，愈后越严重，常留有痴呆、记忆力和理解力减退、肢体瘫痪等后遗症。

二、燃气事故预防

政府及相关职能部门应制定未成年人预防燃气事故的教育政策并加强对学校安全教育的监督管理，推进用气安全教育。各级各类学校应提供未成年人预防燃气事故的课程教学，鼓励学校安全教育人员开发或编撰用气安全的校本课程及教材并提供教学辅助；学校安全教育人员通过预防燃气事故课程教学，促进教学内容与教学手段的更新，有效提升教学效果。家长应积极参与未成年人燃气安全教育活动，主动向他们教授用气安全知识和技能，为他们提供正确的用气行为规范及良好榜样。供气及消防部门应以专业知识背景为依托，构建系统化、生活化、实践化用气安全教育体系，创新教学内容，通过多渠道开展未成年人预防燃气事故安全教育活动，达到提高安全用气目的。新闻媒体和社会公益组织应利用各种社会资源，通力合作向社会大众宣传用气安全知识与技能。

三、燃气事故应对

（一）燃气事故应知应会

发现燃气中毒者应尽快让其离开中毒环境，立即打开门窗使空气流通，给予中毒者充分氧气。已神志不清的中毒者必须脱离中毒环境，让其平躺并解开衣扣和裤带。尽速检查伤者呼吸、脉搏、血压并进行紧急处理。若中毒者呼吸心跳停止应立即进行心肺复苏。同时拨打120急救服务，但千万不可不在中毒现场拨打电话。

（二）家中安装和使用燃气设备时的注意事项

1.安装时注意

在安装炉具或土暖气时，要检查炉具是否完好，若发现破损、锈蚀、漏气等问题，要及时更换修理；要检查烟道是否畅通、有无堵塞物；烟囱出风口要安装弯头，出口不能朝北以防因大风造成煤气倒灌；烟囱接口处要接牢，严防漏气；屋内必须安装风斗并经常检查风斗、烟道是否堵塞，做到及时清理；每天晚上睡觉前要检查炉火是否封好、炉盖是否盖严、风门是否打开。

2.使用时注意

（1）检查煤气有无漏泄，安装是否合理，燃气灶具有无故障，使用方法是否正确等。

（2）冬天取暖方法是否正确，煤气管道是否畅通，室内通风是否良好等。

（3）尽量不使用煤炉取暖，若要使用必须遵守煤炉取暖规则，保持门窗适当通风。

（4）燃气热水器应与浴池分室而建并经常检查煤气与热水器连接管线是否完好。

（5）若进入室内后感到有煤气味应迅速打开门窗并检查有无煤气漏泄，若有煤炉在室内切勿点火或打开电源开关以免引发火灾或爆炸。

（6）使用煤气后应及时关闭煤气罐阀门和灶具阀门，在厨房内安装排气扇或排油烟机。

（7）一定要使用煤气专用橡胶软管，每半年检查一次管道通路。

（8）有煤气或液化气的家庭应安装可燃气体泄漏报警器，当周围出现煤气或液化气泄漏时可及早采取避险措施。

四、预防燃气事故教学

学校是传播知识的主阵地，学校教育更是传播知识最有效的途径。将燃气安全知识教育纳入学校安全教育能使未成年人从学校教育中学到更多燃气安全知识，有助于提高未成年人安全防范意识，有助于未成年人养成正确使用燃气的方法，有助于全面提高国民安全素养，为未成年人今后安全健康成长打下坚实基础。

（一）教学目标

（1）认知目标：通过预防燃气事故教学使未成年人深入了解和掌握预防燃气事故的知识。

（2）技能目标：通过预防燃气事故教学使未成年人熟知并掌握应对燃气事故的技能。

（3）情感态度目标：通过预防燃气事故教学使未成年人有效树立自我保护理念，增强应对燃气事故的能力，维护自身健康安全成长。

（二）教学内容

（1）燃气事故案例介绍。

（2）燃气事故概念、类型、特点、危害及原因。

（3）燃气事故预防、应对及教育。

（三）教学方法

（1）讲授教学法。

（2）多媒体教学法。

（3）情境教学法。

（4）应急演练教学法。

（四）教学组织

（1）开展以小组为单位的“预防燃气事故”主题交流学习。
（2）开展以班级为单位的“预防燃气事故”课程教育教学。
（3）开展以年级为单位的“预防燃气事故”实践教学活动。
（4）开展以学校为单位的“预防燃气事故”应急处置演练。

（五）课程/活动总结

（1）对“预防燃气事故”课程教学过程中未成年人表现的优点和不足进行总结，提出有效完善措施并深化实践教学活动，确保在预防燃气事故知识、技能、情感态度等方面的教学效果。

（2）对“预防燃气事故”课程的教学形式、教学手段、教学方法等进行科学合理的创新，开发出适合本校实际条件的校本化课程。

（六）课后作业

（1）查阅燃气事故的典型案例，了解预防燃气事故的重要性。
（2）如何养成安全使用燃气的良好习惯和行为？

第五节　预防踩踏事故

一、踩踏事故概述

（一）踩踏事故概念

一般是指因人群过度拥挤而导致部分行人跌倒并未能及时爬起，被人踩在脚下或压在身下，短时间内无法及时控制、制止的混乱场面。

（二）踩踏事故特点

踩踏事故发生时人群会出现成拱、异向群集、异质群集三种现象。其中，成拱现象是指群集自宽敞的空间涌向较狭窄的出入口形成拱形的人群；异向群集是指恐慌状态下来自不同方向的人群相遇时产生的群集现象；异质群集是指紧急情况下人们都急于超过那些走得慢或阻挡自己行进的人。此外，踩踏事故还具有以下特点。

1.时空不确定性

踩踏事故的发生具有时间和空间的不确定性，这主要是与人群的特性相关。时间不确定性是伴随人员大规模流动中，由于人数众多使得一些不安全的个人行为难以被及时发现。空间不确定性又可细分为发生场所的不确定性和某一场所内部不同部位的不确定性，如：剧院、体育场馆和学校等人员密集的公共场所发生踩踏事故的风险较大，同时这些场所内部的出入口、空间狭窄处是踩踏事故的高发区域。

2.偶然性和突发性

踩踏事故具有很强的偶然性和突发性，这主要与人、物、环境和管理等要素的状况相关。踩踏事故是这些要素在一定条件下产生问题后的结果，这些要素在特殊条件的诱发下出现问题时并无明显征兆，同时，踩踏事故的发生、发展及造成人员伤亡的过程会在很短时间内形成。

3.原因复杂性

人群比其他情形具有更多更复杂的踩踏事故诱发因素，如：现场人员因素、场地设备因素、管理因素、天气因素等都有可能引发人群连锁反应并导致踩踏事故发生。

（三）踩踏事故危害

踩踏事故的危害是多方面的且社会影响巨大。一是踩踏事故会造成人员伤亡，每一起群体性踩踏事故都伴随着一定数量的人员伤亡。二是踩踏事故会造成伤者的精神创伤，每一位伤者亲属在面对亲人伤残甚至死亡时，内心无不承受着沉痛打击，留下永久创伤。三是踩踏事故会造成财产损失，踩踏事故无论发生在何处，财产损失是不可避免的，只不过因为踩踏事故的大小而有所不同。

（四）踩踏事故成因

首先是人群密集，由于人群较为集中，使得前面有人摔倒后，后面来人没有留意，未能及时止步造成踩踏后果。其次是心理恐慌，由于人群受到惊吓产生恐慌，如：听到爆炸声、枪声、火灾等突发事件而出现惊慌失措的混乱局面，在无组织无目的的逃生中相互拥挤踩踏。再次是情绪激动，由于人群过于激动、兴奋、愤怒等而引发骚乱极易发生踩踏。然后是好奇心驱使，由于个人的好奇心驱使前往人多拥挤处查看究竟，造成不必要的人员集中而发生踩踏事故。最后是安全意识淡薄，在人流密集或上下楼梯时，个别人员故意拥挤起哄、打闹推搡、突然停留等不安全行为极易引发踩踏事故。

二、踩踏事故预防

踩踏事故预防“黄金三步”法则：一是后面的人一旦发现紧急状况应当第一时间大声呼喊，尽快让后面人群知道前面发生了什么事，若此时带有儿童应尽快把儿童抱起来。二是发觉拥挤人群向着自己行进方向拥来时应马上避到一旁，但不要奔跑以免摔倒。三是若路边有商店、咖啡馆等可躲避的场所应迅速进入以避开人流，但千万不要逆着人流行进。

此外，个人安全警觉意识和公共场所防控预警也至关重要。一是个人要有防控自觉性，对一些热闹欢庆类活动要抑制参与冲动，尽量不凑热闹；若参与了这种活动也要有秩序意识，不起哄、不吵闹、不盲目跟风；若发生意外险情要积极参与救援，不当看客或只顾拍照；若没有专业救援知识应选择离开，腾出空间让救援通道通畅。二是公共场所防控重在预警。凭借现代科技手段完全能够实现对人员密集场所进行即时跟踪。当公共场所容纳的人数超过警戒线时可通过各种渠道（广播、电视、显示屏、短信、微信等）即时通知在场人员疏散或阻拦准备前来聚集人员，减少因人员不断加入而形成的拱形效应。

三、踩踏事故应对

在人员密集场所要时刻保持警惕，发现有人情绪不正常或人群开始骚动时要保持情绪稳定，做好自我防护准备。切记要和人群行进方向一致，不要试图超过别人，更不能逆行。若已陷入人群之中要稳住双脚，双臂交叉，双手卡在对侧腋窝处以保护胸腹能正常呼吸。同时尽可能抓住一切坚固牢靠物体，甚至可爬到高处（树、电线杆、排水管、围墙上）以避开拥挤人流。若被推倒应尽快采取蜷缩成团并用双手护住头部和腰腹部的“蜷姿”或双膝跪地使胸部尽量靠近大腿，双手护住后脑的“跪姿”，随后尽量爬起站住。若被人流挤向墙角时应面向墙壁站立，手臂弯曲并拢抵住墙壁以保护胸腹部能正常呼吸。

踩踏事故发生后应尽快报警，等待救援；在急救人员到达现场前应快速开展自救互救。在火灾、地震等危急情况下，现场人员要按照应急疏散指示、标志和图示合理正确疏散撤离；要听从指挥人员口令，因为组织纪律性在灾难面前非常重要，心理镇静是个人逃生的前提，服从大局是集体逃生的关键。

四、预防踩踏事故教学

（一）教学目标

（1）认知目标：通过预防踩踏事故教学使未成年人深入了解和掌握预防踩踏事故的知识。

（2）技能目标：通过预防踩踏事故教学使未成年人熟知并掌握应对踩踏事故的技能。

（3）情感态度目标：通过预防踩踏事故教学使未成年人有效树立自我保护理念，增强应对踩踏事故的能力，维护自身健康安全成长。

（二）教学内容

（1）踩踏事故案例介绍。

（2）踩踏事故概念、类型、特点、危害及原因。

（3）踩踏事故预防、应对及教育。

（三）教学方法

（1）讲授教学法。

（2）多媒体教学法。

（3）情境教学法。
（4）应急演练教学法。

（四）教学组织

（1）开展以小组为单位的“预防踩踏”主题交流学习。
（2）开展以班级为单位的“预防踩踏”课程教育教学。
（3）开展以年级为单位的“预防踩踏”实践教学活动。
（4）开展以学校为单位的“预防踩踏”应急处置演练。

（五）课程/活动总结

（1）对“预防踩踏”课程教学过程中未成年人所表现出的优点和不足之处进行深入总结，提出相应的修改措施并再次进行教学实践，确保在预防踩踏知识和技能方面的教学效果。

（2）对“预防踩踏”课程的教学形式、教学手段、教学方法等方面进行创新，开发合适的校本化课程。

（六）课后作业

（1）查阅国内外重大踩踏事故的相关资料，了解踩踏事故的严重后果。
（2）当踩踏事故发生时，作为当事人的你应该采取哪些措施？

第二章　预防和应对公共卫生事故

第一节　禁毒教育

一、毒品概述

（一）毒品概念

毒品是指鸦片、海洛因、甲基苯丙胺（冰毒）、吗啡、大麻、可卡因以及国家规定管制的其他能够使人形成瘾癖的麻醉药品和精神药品。

（二）吸毒者特征

吸毒者一般气色不好，形体消瘦，面色灰暗；行为鬼祟，外出行动神神秘秘，对周围过于警觉；情绪不稳，躁动不安，会异常发怒；动作异常，牙齿磨损严重，无皮肤病却爱抓挠身体。

（三）毒品危害

毒品的危害可概括为毁灭自己、祸及家庭和危害社会。首先，吸食毒品会危害人体生理机能并出现一系列不良症状，尤其会对中枢神经产生较大危害，使人出现精神异常。毒品对吸食者的精神摧残较大，甚至能驱使其走上毁灭自我的犯罪道路。吸食毒品还会带来传染病，如：性病、肝炎、梅毒、艾滋病等。其次，毒品对家庭的危害体现在：家中一旦出现吸毒者则祸及家庭，使家庭陷入经济破产、亲属离散甚至家破人亡的境地。最后，吸食毒品和贩卖毒品都是违法犯罪行为，毒品问题还会诱发其他违法犯罪，破坏正常的社会和经济秩序。

（四）吸毒原因

1.个人原因

未成年人吸食毒品的个人层面原因有：好奇心驱使或同伴驱使；追求刺激时尚或逆反心理作祟；学习压力过重或心理问题；药物依赖成瘾；对毒品危害认知不清等。

2.家庭原因

未成年人吸食毒品的家庭层面原因有：家庭关系紧张或家长对未成年人关心支持不够；家庭成员中的吸毒人员影响未成年子女；留守子女和隔代教育也容易引发未成年人不良行为致使其行为不端而沾染毒品。

二、如何拒绝毒品

（一）个人拒毒

未成年人要拒绝和远离毒品，需树立独立的人格和正确价值观、世界观和人生观，磨炼顽强的意志，培养有益的兴趣爱好和良好的生活习惯，从远离烟酒做起，谨慎交友，避免涉足复杂场所，克服过分的好奇心和逆反心理。

未成年不要因为遇到不顺心的事以吸毒来消愁解闷或寻求刺激；不要放任好奇心，若因好奇以身试毒，势必将付出惨痛代价；不要抱有侥幸心理，吸毒极易成瘾；不要结交有吸毒贩毒行为的人，遇到亲友吸毒，一要劝阻、二要回避、三要举报；不要在吸毒场所多停留；不要听信吸毒是高级享受的鬼话，吸毒一口痛苦一世；不要接受有吸毒劣迹者递来的香烟饮料，有可能是诱骗你吸毒；不要听信毒品能治愈痛苦，吸毒只会摧残身体添百病；不要有炫耀心理，以为有钱人才吸得起毒，吸毒是愚昧的可耻行为；不要盲目仿效吸毒者，也不要崇拜吸毒偶像。

（二）家庭拒毒

父母应担负起对未成年人的教育责任，帮助他们了解毒品特性及危害，这样才不会让子女在好奇心的驱使下吸毒。父母应该给未成年人足够的关爱和支持，改善教育方式，让他们能够在家庭中获得有效的防毒拒毒知识和积极向上的生活态度。

（三）学校拒毒

学校在向未成年人宣传禁毒知识中承担着极其重要的角色，学校要加强未成年人思想教育，提高他们明辨是非的能力，让他们能够了解什么事可以做，什么事不能做。同时要加强禁毒知识宣传，使未成年人牢固树立远离毒品、珍爱生命的理念。若在学校发现有不良未成年人吸毒行为时要积极介入并建立辅导机制，教育和引导他们远离毒品、拒绝毒品。

（四）社会拒毒

社会及政府相关职能部门应积极承担起对社会宣传禁毒的责任，将禁毒教育作为一项长期活动持续开展下去。通过举办禁毒宣传活动或展示毒品危害等方式对家长和未成年人进行禁毒宣传教育，并联合警务部门对辖区内的吸毒贩毒人员进行严厉打击，这样才能在全社会形成全员禁毒拒毒的良好风气，为未成年人健康成长创造无毒环境。

三、禁毒教学

（一）教学目标

（1）认知目标：通过禁毒教学使未成年人深入了解毒品对人体、社会发展以及对我国历史发展的危害。

（2）技能目标：通过禁毒教学使未成年人掌握预防和拒绝毒品的方法，有效建立对吸食毒品等恶习的防线。

（3）情感态度目标：通过禁毒教学使未成年人珍惜生命，远离毒品；完善人格，促进自我健康成长。

（二）教学内容

（1）吸毒案例介绍，回顾毒品对我国历史发展的影响。

（2）毒品概念、吸毒者特征、毒品危害及吸食毒品原因。

（3）拒绝毒品方法、手段及教育。

（三）教学方法

（1）讲授教学法。

（2）多媒体教学法。

（3）情境教学法。

（4）应急演练教学法。

（四）教学组织

（1）开展以小组为单位的“禁毒教育”主题交流学习。

（2）开展以班级为单位的“禁毒教育”课程教育教学。

（3）开展以年级为单位的“禁毒教育”实践教学活动。

（4）开展以学校为单位的“禁毒教育”应急处置演练。

（五）课程/活动总结

（1）对“禁毒教育”课程教学过程中未成年人所表现出的优点和不足之处进行深入总结，提出相应的修改措施并再次进行教学实践，确保预防毒品知识和技能方面的教学效果。

（2）对“禁毒教育”课程的教学形式、教学手段、教学方法等方面进行创新，开发合适的校本化课程。

（六）课后作业

（1）查阅国内外毒品案件的相关资料，了解毒品的危害。

（2）当吸食毒品的事件发生在身边时，未成年人应当采取哪些措施？

第二节 艾滋病教育

一、艾滋病概述

（一）艾滋病概念

艾滋病是一种危害极大的传染病，由感染艾滋病病毒（HIV）引起，HIV是一种能攻击人体免疫系统的病毒。它将人体免疫系统中最重要的淋巴细胞作为主要攻击目标，进而使人体丧失免疫功能，最终使人体易于感染各种疾病并发生恶性肿瘤。

（二）艾滋病分期及症状

从开始感染HIV到终末期是一个漫长且复杂的过程，不同阶段的HIV相关感染表现也多种多样。根据患者感染后症状及体征不同，将HIV感染全过程分为急性期、无症状期和艾滋病期。

1.早期症状

艾滋病比较有代表性的早期症状，可理解为急性期表现症状。急性期通常发生在初次感染HIV后2～4周，部分感染者出现HIV病毒血症和免疫系统急性损伤所产生的症状，大多数患者临床症状轻微，持续1～3周后缓解。此时症状以发热最为常见，可同时伴有咽痛、盗汗、恶心、呕吐、腹泻、皮疹、关节疼痛、淋巴结肿大及神经系统症状等。快速进展者在此期可能出现严重感染或中枢神经系统症状体征及相关疾病。

2.无症状期症状

患者可从急性期进入无症状期或无明显急性期症状而直接进入无症状期，持续时间一般为6～8年。其时间长短与感染病毒的数量和类型、感染途径、个体机体免疫状况、营养条件及生活习惯等有关。此期间可出现淋巴结肿大等症状或体征。

3.艾滋病期症状

艾滋病期是感染HIV后的最终阶段，主要表现为HIV相关症状、体征及各种机会性感染和肿瘤，如：持续性发热、盗汗、腹泻、体重下降；神经精神症状，如：记忆力减退、精神淡漠、性格改变、头痛、癫痫及痴呆等；持续性全身淋巴结肿大；各种感染和肿瘤，可累及呼吸系统、中枢神经系统、消化系统、皮肤、眼部等并导致多种多样的并发症状。

（三）艾滋病危害

首先，艾滋病严重影响人体健康，虽然抗病毒治疗的出现使艾滋病得到了控制，但艾滋病是终身感染，必须终身吃药才能控制病毒。其次，艾滋病是可以传染给他人的，尤其是由性接触的伴侣，会威胁亲人的安全。再次，艾滋病患者会受到他人歧视或排挤，这会给艾滋病感染者造成较大心理压力。最后，艾滋病主要感染者是18～48岁的青壮年，这些人是社会生产力的重要劳动力，生病或死亡都会给社会带来很大损失。此外，艾滋病也被全世界列为极其重要的公共卫生问题。

（四）艾滋病传播途径

1.性接触传播

包括同性和异性间的性接触。

2.血液传播

（1）输入被HIV污染的血液或血液制品。

（2）静脉吸毒者共同使用被HIV污染、未消毒的针头和注射器。

（3）使用被污染的医疗器械或生活用具，如：口腔器械、外科手术器械、治疗用针或美容、理发、文身的刀具、针具、修脚刀等。

3.母婴传播

母婴传播又称围生期传播，即感染HIV的母亲可通过胎盘或分娩时通过产道或哺乳行为传染给胎儿或婴儿。

二、艾滋病预防与应对

一要切断艾滋病病毒的性接触传播，洁身自好、不滥交、拒绝一夜情、保持唯一性伴侣、正确使用安全套进行安全性行为，一旦发生高危性行为后应尽早使用艾滋病阻断药物。二要拒绝毒品，不共用针具。三要避免医源性艾滋病传播，在医疗操作中避免不必要的注射与输血，若有必要应要求使用经检验合格的血液和血制品。四是在发现艾滋病病毒感染后应尽早开始高效抗逆转录病毒治疗。

三、预防艾滋病教学

（一）教学目标

（1）认知目标：通过预防艾滋病教学使未成年人深入了解和掌握艾滋病知识。

（2）技能目标：通过预防艾滋病教学使未成年人熟知并掌握预防艾滋病方法。

（3）情感态度目标：通过预防艾滋病教学使未成年人有效树立自我保护理念，增强预防艾滋病的能力，维护自身健康安全成长。

（二）教学内容

（1）艾滋病案例介绍。

（2）艾滋病概念、分期及症状、危害及传播途径。

（3）艾滋病预防、应对及教育。

（三）教学方法

（1）讲授教学法。
（2）多媒体教学法。
（3）情境教学法。
（4）应急演练教学法。

（四）教学组织

（1）开展以小组为单位的“预防艾滋病”主题交流学习。
（2）开展以班级为单位的“预防艾滋病”课程教育教学。
（3）开展以年级为单位的“预防艾滋病”实践教学活动。
（4）开展以学校为单位的“预防艾滋病”应急处置演练。

（五）课程/活动总结

（1）对“预防艾滋病”课程教学过程中未成年人表现的优点和不足进行总结，提出有效完善措施并深化实践教学活动，确保预防艾滋病知识、技能、情感态度等方面的教学效果。

（2）对“预防艾滋病”课程的教学形式、教学手段、教学方法等进行科学合理的创新，开发出适合本校实际的校本化课程。

（六）课后作业

（1）查阅国内外艾滋病发展的现状资料，了解艾滋病的危害。
（2）作为未成年人的你应该如何有效预防艾滋病的传播？

第三节　常见传染病教育

一、传染病概述

（一）传染病概念

传染病是由各种病原体引起，能在人与人、动物与动物、人与动物之间相互传播的一类疾病。

（二）传染病类型

传染病一般分为甲、乙、丙三类。其中，甲类传染病是指鼠疫、霍乱。乙类传染病包括传染性非典型性肺炎、艾滋病、病毒性肝炎、脊髓灰质炎、人感染高致病性禽流感、麻疹、流行性出血热、狂犬病、流行性乙脑、登革热、炭疽、细菌性和阿米巴性痢疾、肺结核、伤寒和副伤寒、流行性脑脊髓膜炎、百日咳、白喉、新生儿破伤风、猩红热、布鲁氏菌病、淋病、梅毒、钩端螺旋体病等。丙类传染病包括流行性感冒、流行性腮腺炎、风疹、麻风病、黑热病、霍乱、包虫病、丝虫病等。

常见传染病包括流行性感冒、流行性脑脊髓膜炎、麻疹、水痘等。

（三）传染病危害

传染病一般多与细菌、病毒感染有关，且起病急骤，可在短时间内导致人体出现不同程度的病症，甚至引起死亡，严重威胁人类健康。传染病的主要特点就是具有传染性，能够引起大范围感染，导致人群心理恐慌，影响正常生产生活和扰乱社会秩序。严重的爆发性传染病可以导致人口死亡率增长，造成人口骤减。

（四）传染病传播途径

1.呼吸道传播

呼吸道传播是指病原体存在于空气飞沫或气溶胶中，易感者吸入被感染，如：麻疹、白喉、结核病、禽流感等。

2.消化道传染

消化道传染是指病原体污染食物、水源、食具，易感者进食时被感染，如：伤寒、细菌性痢疾、霍乱等。

3.接触传播

接触传播是指易感者与被病原体污染的水、土壤接触时被感染，如：钩端螺旋体病、血吸虫病和钩虫病等。日常生活中的密切接触也有可能被感染，如：麻疹、白喉、流行性感冒等。不安全的性接触可传播艾滋病、乙型肝炎、丙型肝炎、梅毒、淋病等。

4.虫媒传播

虫媒传播是指被病原体感染的吸血节肢动物（蚊、虱、蚤等）叮咬人时可传染病原体。

5.血液体液传播

血液体液传播是指病原体存在于携带者或患者血液体液中，通过应用血制品或性接触传播。

6.垂直传播

垂直传播又称为母婴传播，指病原体通过母体传给子代。

二、传染病预防及应对

传染病流行的基本环节是传染源、传播途径、易感人群，切断三个基本环节中的任一环节即可有效控制传染病的流行。

1.控制传染源

对传染病患者要尽可能早发现、早诊断、早报告、早治疗、早隔离，防止传染病蔓延；患传染病的动物也要及时处理。

2.切断传播途径

切断传播途径的方法是讲究个人卫生和环境卫生，消灭传播疾病的媒介生物，进行必要的消毒可以使病原体丧失感染健康人体的机会。

3.保护易感者

（1）接种疫苗是阻击传染病发生的积极手段。

（2）养成良好的卫生习惯，避免去公共场所或人多密集的地方。

（3）合理安排好作息时间，保证睡眠充足，劳逸结合。

（4）增强体育锻炼。

（5）身体有不适时应及时就医。

三、预防常见传染病教学

（一）教学目标

（1）认知目标：通过预防常见传染病教学使未成年人了解传染病的知识；掌握传染病的危害和传播途径。

（2）技能目标：通过预防常见传染病教学使未成年人掌握常见预防传染病的预防措施和具体应对方法。

（3）情感态度目标：通过预防常见传染病教学使未成年人重视健康教育，远离传染病，维护个体健康成长。

（二）教学内容

（1）传染病案例介绍。

（2）传染病概念、类型、危害及传播途径。

（3）传染病预防、应对及教育。

（三）教学方法

（1）讲授教学法。

（2）多媒体教学法。

（3）情境教学法。

（4）应急演练教学法。

（四）教学组织

（1）开展以小组为单位的“预防常见传染病”主题交流学习。

（2）开展以班级为单位的“预防常见传染病”课程教育教学。

（3）开展以年级为单位的“预防常见传染病”实践教学活动。

（4）开展以学校为单位的“预防常见传染病”应急处置演练。

（五）课程/活动总结

（1）对“预防常见传染病”课程教学过程中未成年人所表现出的优点和不足之处进行深入总结，提出相应的修改措施并再次进行教学实践，确保预防传染病知识及技能方面的教学效果。

（2）对“预防常见传染病”课程的教学形式、教学手段、教学方法等方面进行创新，开发合适的校本化课程。

（六）课后作业

（1）查阅国内外典型传染病事件的相关资料，了解传染病的严重社会危害。

（2）当传染病事件发生在身边时，未成年人应当采取哪些防护措施？

第四节　药品安全教育

一、药品安全概述

（一）安全用药概念

安全用药就是根据患者个人基因、病情、体质、家族遗传病史和药物成分等做全面情况检测，准确选择药物、真正做到“对症下药”，同时以适当方法、适当剂量、适当时间准确用药。

（二）药品安全重要性

药品能解除患者病痛、挽救生命。当个体发生疾病时需要通过药物来改善症状和治疗，会出现一些药物使用不当以及药物滥用现象。由于用药不当不仅会造成医疗资源浪费，还会对人们造成不小的经济负担，更甚者用药不当还会带来新的疾病，导致生命安全受到危害。

（三）用药不当

1.医生处方不当

国家药物监督管理局对部分医院药物可获取性、药品质量、使用方式等方面的调研结果显示，个别医生对于抗生素的不良反应与作用机制不甚清楚，在使用药物时没有规范使用方法，造成患者用药后出现不良反应，甚至威胁生命。

2.患者药物常识匮乏

大部分患者对于药物疗效了解程度较低，服药后的作用、副作用以及服药禁忌等信息的知晓度较差。不少患者过分相信抗生素的疗效，盲目使用抗生素，造成药物依赖和药物不良反应，进而威胁生命健康。

二、用药不当预防

（一）说清楚，讲明白

患者就诊时应向医生说清楚自己的症状、正在服用的药品、曾对哪些食物、药品、物质（花、草、精油、动物皮毛等）过敏；说明是否怀孕或正在哺乳；说明是否正打算怀孕等。就诊时还要向医生讲明白既往病史以便医生有针对性地选择用药。

（二）看清楚，问明白

到药房取药时要看清楚药袋上姓名、就诊卡号是不是自己的；要看清药品名称、用法、用量是否清楚。问清楚服药的同时禁食哪些食物或药品，药品开瓶后怎么保存也要问。

（三）事先清楚，遵照医嘱

在家吃药时要在光线充足的情况下，仔细看清楚药品的提示。一定要遵从医师和药师的医嘱，将药品依规定的服法服用，不可随便停药或更改用法。

（四）标示清楚，储放正确

常备药品或外用药要看清标示的用途用法，最好以荧光笔标画有效日期。内服药和外用药应分开存放，尽可能保持原有包装和说明书。有标示药名、用法的药袋，每次使用时再细读一次，确保无误。通常以避光、干燥、阴凉为药品保存原则。阳台、厨房、浴室、车上、暖气上都不适宜储放药物；散装药品最好以不透明容器储放；家中有孩童时应将药品置于高处；需要冷藏的药品应特别注意冷藏温度，放置于冰箱冷藏室储存。

（五）有病看医师，问药找药师

同样一种病，每个人的症状有时却不同，药品和剂量会因个人生理变化而存在不同的服用方法。有病应就医，不要自作主张服用药品。服药前有任何有关药物的疑问、服药后有任何不适症状应该与药师取得联络。

三、用药不当应对

（一）家庭安全用药

1.禁止滥用药物

生病后应及时就医，遵照医生医嘱或处方上的用量和用法服用，切不可自作主张随意加减用药量或滥用药物。这种做法轻则无效，重则延误治疗时机加重病情，给患者自身带来痛苦，甚至导致死亡。

2.减少联合用药

病患在家用药时最好使用单一药物，即使需要使用两种联合药物时也应注意药物使用顺序、时间等。

3.按照说明书用药

患者用药前必须认真仔细阅读药品说明书及注意事项，对于非医学专业的家庭成员而言，用药注意事项极为重要，它是保证安全有效用药的前提。

4.防止药物过敏

过敏体质患者或曾有药物过敏史患者应在医生开具处方药物时主动告知；自己在家服药时应重点关注药物成分，避免因错服药物而造成伤害。此外，有些药物的毒副作用会出现皮疹、腹泻、食欲不振等不良反应，患者不必过分紧张。但若出现呼吸困难、神志不清等严重副作用时应立即前往医院诊治。

5.注意药物保存

对于家中常备的日常药物要注意保存方式和方法，使用时注意药物使用有效期，不可使用过期药物以免造成疗效降低和威胁健康。

（二）未成年人安全用药

1.精准用药

由于未成年人肝肾发育未完全，一次给药剂量错误就可能产生毒性或治疗失效，因此，对未成年人每次服用药量应力求精确。医生或配药医生应仔细确认未成年人年龄、体重、身高，明确告知其用药量。同时，家长给未成年人用药时要使用精确方便的量具、喂药器并正确量取。

2.核对药物

领药时核对药单、药袋等是否正确无误。要把未成年人用药情形仔细记录下来，把药品存放在安全地方以免他人误食。

3.科学用药

为了避免孩子哭闹呛吐，家长应选择适合未成年人的药剂，主动向医生说明未成年人吃药的需求，优先选用液剂、糖浆、悬浮剂等可以饮用的药品。

四、药品安全教学

（一）教学目标

（1）认知目标：通过药品安全教学使学生深入了解和掌握药品安全知识。

（2）技能目标：通过药品安全教学使学生熟知并掌握安全用药的技能。

（3）情感态度目标：通过药品安全教学使学生有效树立自我保护理念，增强安全用药的能力，维护自身健康安全成长。

（二）教学内容

（1）药品安全案例介绍。
（2）药品安全概念及重要性，用药不当。
（3）药品安全预防、应对及教育。

（三）教学方法

（1）讲授教学法。
（2）多媒体教学法。
（3）情境教学法。
（4）应急演练教学法。

（四）教学组织

（1）开展以小组为单位的“药品安全教育”主题交流学习。
（2）开展以班级为单位的“药品安全教育”课程教育教学。
（2）开展以年级为单位的“药品安全教育”实践教学活动。
（4）开展以学校为单位的“药品安全教育”应急处置演练。

（五）课程/活动总结

（1）对“药品安全教育”课程教学过程中学生表现的优点和不足进行总结，提出有效完善措施并深化实践教学活动，确保药品安全教育知识、技能、情感态度等方面的教学效果。

（2）对“药品安全教育”课程的教学形式、教学手段、教学方法等进行科学合理的创新，开发出适合本校实际条件的校本化课程。

（六）课后作业

（1）查阅国内外用药不当等事件的相关资料，了解用药不当的危害。
（2）当药物使用不当的问题发生在身边时，学生应当采取哪些措施？

第五节　应急救护教育

一、应急救护概述

（一）应急救护概念

在突发伤害或灾害现场，在专业医护人员抵达现场之前为伤病员提供初步、及时、有效的救护措施。急救措施不仅是对伤病员受伤身体的初步救护，还包括对因为经历或目睹灾难而情绪不稳的人提供心理支持。应急救护是所有突发安全事件的第一道防线。

（二）应急救护目的

一是挽救生命，在现场采取任何急救措施的首要目的是挽救伤病员的生命。二是防止恶化，尽可能防止伤病继续发展和产生继发损伤以减轻伤残和死亡。三是促进恢复，救护要有利于伤病后期治疗以及伤病员身体和心理的康复。

（三）应急救护原则

1.保证安全

一是要观察现场环境是否安全，做好自我防护。二是进行急救时，救援人员需要进行适当防护，特别是要把伤病员从严重污染的场所救出时，救援人员必须加以预防，避免成为新的受害者。三是将受伤人员小心地从危险环境转移到安全地点。

2.防止感染

一是要佩戴口罩、手套等防护装备。二要避免被现场尖锐物品刺伤。三是在进行人工呼吸时使用呼吸面膜或面罩。四是处理严重出血时应戴防护眼镜或防护罩。五是要保持现场通风。

3.及时与合理救护

若现场伤病员较多则应根据伤情的轻重缓急进行合理救治，原则是先救命，后治伤。在现场安全的情况下，不宜移动受伤较为严重的伤病员。伤势较重的伤病员应避免进食进水，以免在后续急诊手术麻醉中引起呕吐，造成窒息。

4.心理支持

伤病员由于受到意外伤害常会出现情绪紊乱，如：烦躁不安、激动、冷漠等表现。救护员要关心和理解伤病员的情感，认真倾听，不随意打断，可做简单应答表示在听；不追问意外事故发生时的情景；伤病员由于受到惊吓可能拒绝他人靠近，救护员可先和伤病员保持一定距离，得到允许后再靠近；询问有何可帮助，如：给亲人朋友打电话等；看管好伤病员的财物并放在其身边。

5.救护现场协作

在救护现场对伤病员抢救是个复杂的过程，经常需要多人协作，救护员应争取周围人的帮助，如：拨打电话、去取AED（自动体外除颤器）、维持现场安全、疏散旁观者、保管伤病员财物等。在请求他人帮助时，语气要稳重以使他们镇静并准确地执行指令。

（四）应急救护程序

应急救护时要在环境安全的条件下，迅速有序地对伤病员进行检查并采取安全有序的救护措施：一是评估环境（D）；二是检查反应（R）；三是检查气道（A）；四是检查呼吸（B）；五是检查循环（C）；六是检查清醒度（D）；七是检查伤情（E）。

（五）大批伤病员分级救护

简明验伤分类表

类别	程度	标志	伤情
第一优先	危重	红色	呼吸频率>30次/分或<6次/分；有脉搏搏动；毛细血管复充盈时间>2秒；有意识或无意识
第二优先	重	黄色	呼吸频率6～30次/分；有脉搏搏动；毛细血管复充盈时间<2秒；能正确回答问题，按指令动作
第三优先	轻	绿色	可自行走动
死亡	致命	黑色	无意识、无呼吸、无脉搏搏动

（六）重伤病员复原体位

为了维护伤病员生命和有利于伤病恢复，在救护车到来前应将伤病员放置于适当体位并随时检查、记录伤病员的清醒程度、呼吸和脉搏。

1.仰卧位（心肺复苏体位）

施救者位于伤病员一侧，先将其双上肢向上伸直（一手保护肩部，另一手握住腕部）；再将远离施救者的小腿搭在近侧腿上，一只手保护伤病员头颈部，另一只手插入其腋下至前胸，用前臂夹住伤病员的躯干将其身体向施救者方向翻转，使伤病员成仰卧位；最后将伤病员双上肢置于身体的两侧。

2.复原体位

复原体位适合意识不清但有正常呼吸，且不怀疑有脊柱损伤的伤病员。该体位可以防止意识不清的伤病员因舌根后坠或呕吐等引起窒息。如果心肺复苏后伤病员恢复自主循环，应将其置于复原体位以保持呼吸道通畅。此外，如果伤病员呕吐或施救者需要暂时离开伤病员时，也应该将其置于复原体位。仰卧位翻转为复原体位的操作方法如下：先将伤病员靠近施救者一侧的上肢肘关节屈曲并置于头的外侧，另一上肢屈曲置于对侧胸前，手置于肩部；再将伤病员远离施救者一侧腿的膝关节屈曲，脚掌平放于地面，扶住伤者膝部，用另一只手扶住伤病员对侧肩部，轻轻将其翻转向施救者一侧；然后把伤病员头部轻轻抬起，将放在肩部的手掌心朝下垫在头部下面并开放气道，保持呼吸道畅通；最后再把伤病员弯曲的腿放于伸直腿的前方，膝关节内侧着地。

3.其他体位

（1）孕妇体位：伤病员若是孕妇应首选左侧卧的复原体位。

（2）头低脚高位：适用于失血性休克的伤病员。伤病员仰卧，救护员将其头部放低并偏向一侧，下肢抬高。

（3）半卧位：适用于呼吸困难的伤病员。

（4）中凹卧位：适用于休克的伤病员。救护员将其头及下肢抬高，有利于气道通畅和下肢静脉回流，增加回心血量。

（七）“好人法”

《民法典》第184条规定：因自愿实施紧急救助行为造成受助人损害的，救助人不承担民事责任。这是被誉为紧急救助人不承担民事责任的最权威规定。

二、心肺复苏救护概述

（一）心肺复苏概念

心肺复苏通常指联合运用人工呼吸和人工胸外按压两种方法挽救心跳、呼吸骤停的伤病员的急救方法。引起心跳呼吸骤停的原因有急性心肌梗死、创伤、车祸、电击伤、溺水、挤压伤、踩踏伤、中毒、过敏等。

（二）心肺复苏黄金十分钟

研究表明：心搏骤停的严重后果以秒计算，通常3至5秒内患者会出现黑蒙症状；240秒后出现不可逆脑损伤；600秒后脑死亡、呈植物状态。同时，心搏骤停1分钟内进行复苏，成功率大于90%；4分钟内有50%存活率；4至6分钟仅有10%存活率；超过6分钟，仅有4%存活率；10分钟以上几乎无存活可能。可见，心搏骤停抢救时间越早，对患者伤害越小，抢救成功率越高（见下图）。

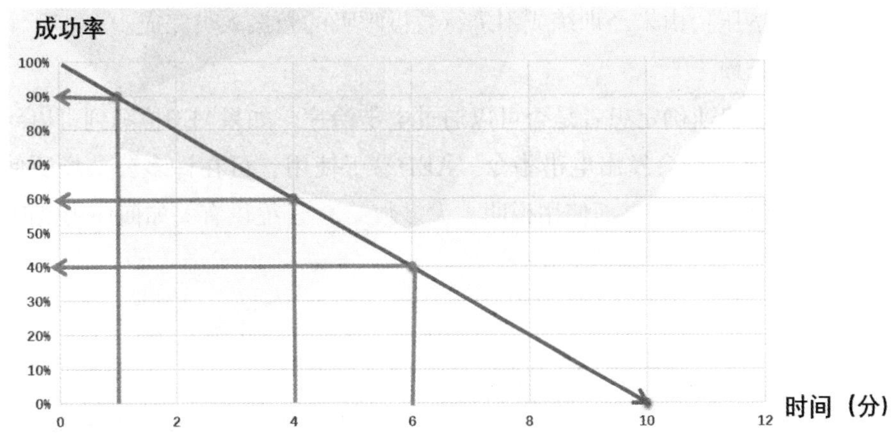

心肺复苏时间/成功率图

（三）心搏骤停生存链

为了最大限度提高心搏骤停患者生存机会，应该采取的关键步骤被称为心搏骤停生存链。生存链从旁观者对心搏骤停者的识别开始，然后通过呼叫紧急服务，在可用时提供心肺复苏（CPR）和除颤（AED机），基础及高级急救医疗服务以及在医院提供高质量护理共五个步骤。其中，第一步识别和启动应急反应系统、第二步即刻心肺复苏、第三步快速除颤的三个步骤可由非专业施救者或旁观者实施，具体操作流程如下。

1.识别和启动应急反应系统

理想情况下，心搏骤停的识别和治疗应同时进行。发现某人失去知觉的救援人员应首先通过摇晃该人并大声询问“你还好吗？”来确定该人是否无反应。若无反应，施救者应将患者面朝上并观察呼吸是否停止或不正常。

2.即刻心肺复苏

若患者对刺激无反应且没有呼吸或呼吸异常则开始心肺复苏术紧急复苏，并呼叫当地紧急医疗服务。救援人员应尽快开始心肺复苏术，因为只要进行心脏按压，患者的生存率就会变大。施救者有两种心肺复苏方法：

（1）标准心肺复苏术：由训练有素的救援人员进行以提供胸部按压和救援呼吸。

（2）仅按压：由未经训练或不进行救援呼吸的救援人员完成。

3.快速除颤

AED可以快速确定患者是否可以通过电击治疗。如果AED检测到可以纠正的异常节律，它会发出电击指令。AED易于使用，可在许多公共场所使用。每个 AED 上都有书面使用说明，大多数AED 还提供有关如何使用 AED 的语音提示。

三、气道异物梗阻救护概述

（一）气道异物梗阻概念

气道异物梗阻一般是指喉、气管及支气管外入性异物。清醒患者突然不能讲话、咳嗽并有窘迫窒息症状，在头后仰或三步法开放气道（仰头、开口、托下颌）后，仍不能进行有效正压通气，吹气有阻力或胸廓不能抬起，应考虑气道异物梗阻。

（二）气道异物梗阻症状

依据气道异物梗阻程度，可以是隐匿的，也可以是急剧的。若接近完全梗阻时，常常会表现为呼吸短促、费力、喘鸣，病人常显焦虑，面色苍白、多汗、身向前倾斜，头颈前伸，试图减轻症状，可能还伴有发音困难、吞咽困难、阵发性剧烈咳嗽等症状。

（三）气道异物梗阻急救方法

气道梗阻是一种致命性临床急症，对于轻度气道梗阻，若患者意识清楚可由他人配合采取背部叩击法。对于重度气道梗阻，若患者意识模糊应及时拨打急救电话，在等待救护车到来期间，除孕妇等特殊人群不可用力按压腹部外，其家属可通过快速冲击腹部的方法，使患者体内异物排出。气道梗阻急救关键在于解除梗阻，恢复通气。具体操作方法如下。

1.轻度气道梗阻

轻度气道梗阻时患者意识清楚，能配合施救者，一般需要采取背部叩击，在患者背部两肩胛骨之间用掌根进行叩击，帮助患者将异物从气道排出。

2.重度气道梗阻

（1）多由于食物、异物意外卡喉造成气道梗阻，患者可以采取自救法。首先背靠墙，用一只手握成拳头，拳眼放在肚脐以上两横指位置，另一只手拖握拳头，由下向上冲击腹部，尝试将异物排出。

（2）若自己无法将异物排出则应及时寻求他人帮助。施救者在背后用双臂环绕患者腰部，一手握拳，拇指一侧放在胸廓以下，肚脐以上位置，另一只手抓住拳头，快速向上冲击压迫腹部，重复操作直到异物排出为止。若患者已经失去意识则采取仰卧位，施救者骑跨在髋部，双手交叠，将处在下面的手掌根放在胸廓以下，肚脐上的位置，快速冲击压迫腹部，反复操作直到异物排出为止。若是孕妇或肥胖人员，可以按压胸骨下半部分使胸腔压力突然增加，达到异物排出的效果。

（3）对婴幼儿来说，可先让幼儿背靠坐在施救者腿上，再用双手食指和中指用力向后上方挤压患儿上腹部，按压后随即放松；也可将幼儿平放仰卧，施救者用以上方法冲压。

四、创伤救护概述

（一）创伤概念

创伤是由外部因素导致人体组织或器官损害。常见诱因有暴力、高温、寒冷、酸碱等。

（二）创伤症状

1.典型症状

由于创伤发生率极高，患者病情程度差别大，伤情严重而复杂，甚至危及伤病员生命。患者主要表现为局部创伤区疼痛、肿胀、压痛。严重患者还可能有致命的大出血、休克、窒息及意识障碍等症状；骨折脱位时患者有畸形及功能障碍。

2.伴随症状

一是急性呼吸窘迫综合征，部分创伤患者虽无胸部创伤，但有急性呼吸困难，呼吸增快，每分钟超过40次，一般的鼻导管吸氧不能使之缓解。动脉血氧分压降低，最终可致昏迷甚至死亡。二是肾衰竭，肾脏受到挤压伤导致肾功能衰竭；挤压伤导致肌肉溶解，堵塞肾小管也会导致肾损伤。

（三）创伤救护

我国每年遭遇意外伤害约6000万人次，其中，跌倒或坠落是最常见致伤原因，约占四成，而未成年人最常见致伤因素是道路交通事故。预防意外伤害、增强安全意识是最重要的防范。由于意外伤害常见于交通伤、暴力伤、坠落伤等高能量伤，其病情重，病死率高。这类伤害的救治需要特别快，现场性损伤后的“白金十分钟”以及从呼救到医护人员到达现场采取措施再到转运至医院得到及时救治的“黄金1小时”都极为重要。研究表明，创伤发生后1小时内，由于气胸、肝脾破裂、骨折等多发伤容易造成伤者大出血和死亡，若抢救及时得当，大部分伤者能避免残疾或严重并发症，甚至死亡。

1.失血救护

（1）血液概述

血液是流动在人体血管和心脏中的一种红色不透明的黏稠液体，由血浆和血细胞组成。血液的功能包含血细胞功能和血浆功能两部分，有运输、调节人体温度、防御、调节人体渗透压和酸碱平衡的功能。

（2）失血性休克

出血是创伤常见现象，过多出血可引起患者休克，威胁生命。按照失血量多少可分为轻度、中度、重度以及极重度者四种类型：①轻度失血性休克：患者出血量在800～1200mL，表现为尿量减少、面色苍白、烦躁、出冷汗等。②中度失血性休克：患者出血量为1200～1700mL，出现严重口干、四肢发绀、表情淡漠等。③重度失血性休克：患者出血量在1700～2100mL，出现无尿、呼吸急促，甚至出现血压下降、脉搏微弱。④极重度失血性休克：出血量>2100mL，出现严重意识障碍，甚至昏迷。

（3）出血类型

依据出血部位不同，可分为外出血、内出血、皮下出血三种。依据损伤血管不同，可分为动脉出血、静脉出血、毛细血管出血三种。①动脉出血：

动脉血液血色鲜红，出血呈喷射状，时间稍有延误就可造成伤者死亡，因此，动脉出血危险性最高。②静脉出血：静脉血液二氧化碳含量较高，颜色暗红，静脉血管内压力比较低，血液从伤口涌出，但较大的静脉出血也相当危险。③毛细血管出血：多数损伤都有毛细血管出血，颜色较鲜红，从伤口渗出。

（4）出血处理方法

处理少量出血：冲、包。救护员洗净双手，最好戴上防护手套，用干净的流水冲洗表面伤口，用创可贴或干净纱布、手绢包扎伤口。不要用药棉或有绒毛的布直接覆盖伤口。

严重外出血止血：压、包。加压包扎止血是最常用、收效最快的止血方法。直接加压止血法，即直接对出血的伤口加压，先用数块大于伤口的灭菌纱布覆盖在伤口上，然后手指或手掌用力加压。若出血不多，直接加压止血多能奏效，加压10～30分钟后一般都能止血。出血停止后不必更换原来的纱布，让血染纱布留在原处不动。更换血染纱布常会引起再出血。怀疑尚有少量渗血，可在原来的纱布上再重叠放置纱布数块，略加压力包扎，立即送医处理。现场无消毒纱布可用清洁的手帕或清洁的布片代替。若出血量很多，上述方法不能有效止血则不要耽误时间，可试用清洁手指外裹消毒纱布，直接插入伤口内，直接压迫出血血管的近心端，手指要向出血处深部的骨骼施加压力，并即刻转送医院紧急止血。

可疑内出血救护：施救者拨打急救电话并尽快送医，出现休克症状立即采取急救措施，伤者制动，密切观察呼吸、脉搏，保持气道通畅。切记不可饮食、不要离开、不要热敷。

2.骨折救护

（1）骨折急救原则：一抢救生命；二包扎伤口；三妥善固定；四迅速送医处理。

（2）骨折固定目的：制动减轻疼痛；减少出血、减轻肿胀；避免二次损伤；便于搬运。

（3）骨折固定注意事项：检查意识、呼吸、脉搏、处理严重出血；先固定骨折上端，再固定骨折下端；上肢屈肘位，下肢伸直位；加衬垫，夹板超关节固定；不冲洗、不复位、不涂药、不还纳、不拔除；暴露末端、检查末梢循环；抬高伤肢、减轻水肿。

3.关节脱位与扭伤救护

若发生急性的撞伤、关节韧带扭伤或肌肉肌腱的拉伤，应该立刻停止行动，同时对受伤的部位进行冰敷，使用弹性绷带施行压迫性包扎并设法抬高患部。休息（Rest）、冰敷（Ice）、压迫（Compression）、抬高（Elevation）是处理急性运动伤害的RICE原则。停止运动的目的是减少由于继续活动所引起的疼痛、出血或肿胀现象，并预防伤势恶化；压迫和抬高患部的目的也是止血和消肿；而冰敷除了上述预防伤势恶化、止血、止肿的作用外，还有止痛和放松肌肉的效果。

（1）Rest：休息。停止走动，让受伤部位静止休息，减少进一步损伤。

（2）Ice：冰敷。让受伤部位温度降低，减轻炎症反应和肌肉痉挛，缓解疼痛、抑制肿胀。每次10～20分钟，每天3次以上，注意不要直接将冰块敷在患处，可用湿毛巾包裹冰块以免冻伤。冰敷仅限伤后48小时内。

（3）Compression：压迫。使用弹性绷带包裹受伤的踝关节，适当加压以减轻肿胀。注意不要过度加压，否则会加重包裹处以及远端肢体的肿胀、缺血。

（4）Elevation：抬高。将肢抬高，高于心脏位置，增加静脉和淋巴回流，减轻肿胀，促进恢复。

4.搬运与护送

意外事故现场由于碰撞、建筑物倒塌等因素可能造成人员骨折和创伤，对伤病员进行有效固定后要及时搬运离开事故现场。现场搬运要依据伤病员不同伤情，灵活选用搬运方法，否则会引起伤病员不适或造成二次伤害。

（1）搬运要求：搬运前应先进行初步急救处理；搬运时要根据伤情灵活地选用不同的搬运工具和搬运方法。按伤情不同，注意搬运体位和方法，动作要轻而迅速，避免震动，尽量减少伤病员痛苦并争取在短时间内将伤病员送医治疗。

（2）搬运注意事项：止血、包扎、固定后，做有目的地搬运，尽可能使用硬质或硬板担架，避免帆布等软式担架，不要生拉硬拽，保持缓慢移动，动作平稳，避免震动造成二次伤害，怀疑脊柱损伤者，在环境安全的情况下呼救，不移动伤者。

（3）就地取材：在没有担架的情况下，可采用简易的工具代替担架，如：椅子、门板、毯子、衣服、大衣、绳子、竹竿或梯子等。

（4）常用方法：单人搬运方法有扶行法、抱持法、背负法。多人搬运方法有双人抬轿法、两人拉车法、三人同侧法、抬担架法。

五、应急救护教育

（一）开展应急救护教育意义

1.践行全面发展理念

应急救护是一项重要健康知识和急救知识，也是一项提升实践技能的课程。将应急救护纳入学校课程教学有利于提高未成年人素质教育知识体系的完整性，体现了注重学生身心健康和关爱生命的理念，真正实现德智体美劳全面发展的素质教育。

2.培养珍惜生命理念

对学生开展应急救护教育，使其在真实情境下体会生命的脆弱，感受生命的可贵，加倍爱惜自己的生命。当学生遇到人生压力或挫折困难时，这样的体验可能会帮助学生度过人生低谷期，不轻易放弃生命。

3.培养社会责任感

应急救护技能能够帮助学生树立助人救人的社会责任感，学生一旦遇到紧急情况，可以施展应急救护技能帮助他人。

（二）应急救护教育目标与内容

应急救护教育应将心肺复苏、创伤救护等院前应急救护知识和技能作为学生健康教育的重要内容融入教学活动中，使其树立安全避险的意识，掌握常见突发意外事故的应急处置方法，提高其自救与互救能力。

（三）应急救护教育措施

1.多方推进应急救护教育，促进学生全面发展

首先，学校要扎实推进学生应急救护知识与技能普及行动，将应急救护知识纳入学校安全教育内容。其次，要加大教职员工救护培训力度，在体育与健康骨干教师、骨干班主任、少先队辅导员等培训项目中，将急救知识和急救技能纳入培训内容，帮助教师掌握应急救护技能，提升专业素质。最后，学校要积极推广配备急救箱、AED、应急救护一体机等急救设备，完善急救培训和设备设施标准，加强应急救护培训与演练，有效增强校园急救服务能力。

2.加强突发事件应急科普宣教，普及应急安全知识

国家应积极推动安全宣传进企业、进农村、进社区、进学校、进家庭的“五进”活动。重点围绕应急救护宣传进学校，以提升学生和教职员工自救互救能力为目标，积极推进应急救护教育纳入国民教育体系，推动应急救护教育落实在课堂教学、社会实践、班级活动中。教育行政部门要利用学校安全公开课、安全体验场馆开展应急救护专题活动，邀请知名专家、行业代表、人气主播等线上交流互动、答疑解惑，吸引学生广泛参与，通过寓教于乐的形式提升其应急救护知识和能力。社会力量要充分发挥媒体的宣传作用，广泛开展与学生密切相关的应急救护科普宣传；有序加大各类安全体验馆、应急救护教育基地等公益性开放力度，推动设立应急科普专区，面向学生开展线上线下体验活动。

（四）应急救护应知应会

（1）浅表性伤口应该用干净的水或生理盐水冲洗，用碘酊或酒精消毒，用创可贴或干净的纱布包扎。出血较多时可将伤肢抬高，采用压迫止血，用绷带或三角带加压包扎，包扎前应先垫上毛巾或纱布。

（2）四肢出血严重时可用止血带扎在伤口近心端，包扎伤口后每隔半小时必须松开止血带一次，以免肢体缺血坏死。

（3）脚踝扭伤应尽快冷敷患处，24小时以后改用热敷；用绷带缠住脚踝，

把脚垫高以减轻淤血症状。

（4）脱臼、骨折时要尽量减少对伤者的移动，就地取材，用模板片、杂志、衣服等把骨折两端固定好。腰部、脊柱、颈椎损伤时应尽量让伤者仰卧平躺，切记不可轻易搬动伤者以免造成二次损伤。

（5）气道梗阻时应及时采用海姆立克法实施急救；心搏骤停时应及时采用心肺复苏和AED等。

六、应急救护教学

（一）教学目标

（1）认知目标：通过应急救护教学使学生深入了解和掌握应急救护知识。

（2）技能目标：通过应急救护教学使学生进一步熟悉并掌握应急救护基本技能。

（3）情感态度目标：通过应急救护教学使学生有效树立自我保护理念，增强应急救护意识，提升应急救护技能，维护自身健康安全成长。

（二）教学内容

（1）应急救护概念、目的、原则、程序、救护及复原体位等。

（2）心搏骤停案例、心肺复苏概念、心肺复苏黄金十分钟、心搏骤停生存链等；

（3）气道异物梗阻概念、症状、救护方法等。

（4）创伤概念、症状、失血救护、骨折救护、关节脱位与扭伤救护、搬运与护送等。

（5）开展应急救护教育意义、目标、内容、措施、常识等。

（6）应急救护教学。

（三）教学方法

（1）讲授教学法。

（2）多媒体教学法。

（3）情境教学法。

（4）应急演练教学法。

（四）教学组织

（1）开展以小组为单位的“应急救护教育”主题交流学习。

（2）开展以班级为单位的“应急救护教育”课程教育教学。

（3）开展以年级为单位的“应急救护教育”实践操作活动。

（4）开展以学校为单位的“应急救护教育”应急处置演练。

（五）课程/活动总结

（1）对“应急救护教育”课程教学过程中学生所表现出的优点和不足之处进行深入总结，提出相应的修改完善措施并进行深入的实践操作活动，确保应急救护教育知识、技能、情感态度等方面的教学效果。

（2）对“应急救护教育”课程的教学形式、教学手段、教学方法等进行科学合理的创新，开发出适合本校实际条件的校本化课程。

（六）课后作业

（1）查阅意外伤害的典型案例，了解应急救护教育的重要性。

（2）如何有效掌握应急救护的知识和技能？

第三章　预防和应对社会安全事故

第一节　预防诱拐

一、拐卖儿童概述

（一）拐卖儿童概念

拐卖儿童是一种非法行为，是指犯罪分子通过非法手段拐卖拥有合法抚养权的父母或监护人的被监护人。

（二）拐卖儿童手段

1.团伙作案

团伙作案是犯罪分子通过哄、骗等手段抢走儿童，并以出卖为目的，组织完整的收买链条，包含抢夺儿童、运输中转、寻找当地中介、中介寻找买家谈价、验货与交易等环节（见下图）。团伙作案拐卖儿童数量较多，情节严重，影响极为恶劣。

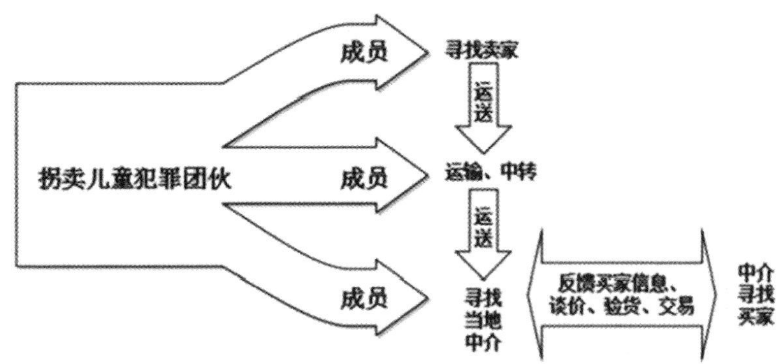

（图片来源https://zhuanlan.zhihu.com/p/466178222）

2.利用特殊身份私卖儿童

此类案例往往是拐卖犯罪分子有着自身职业的特殊性，如：妇产科医生或医疗机构、社会福利机构等单位工作人员。他们利用从事诊疗、福利救助等工作便利或了解被拐卖方情况，将所诊疗、护理、抚养的儿童贩卖给他人（见下图）。

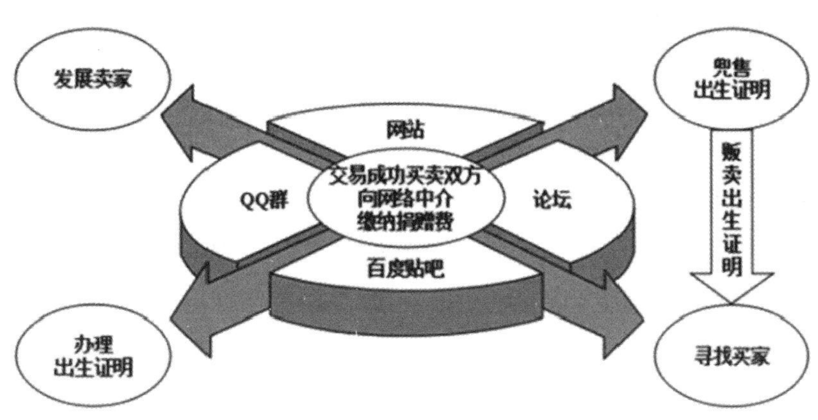

（图片来源：邢红枚.出卖亲生子女犯罪研究，中国人民公安大学学报）

3.通过互联网组织孕妇长途至买方地待产

犯罪分子利用互联网联系好买主，物色、组织孕妇到买主所在地，待孕妇临产后即将其所生婴儿卖出获利，以此来逃避长途贩卖、运输婴儿过程中被警方缉查的风险。

（三）拐卖儿童套路

1.冒名拐骗

拐骗者偷听家长与孩子之间的谈话，了解孩子或家长姓名等信息，待孩子无家长看管时以父母朋友的名义拐骗孩子离开。

2.物品诱骗

拐骗者采用玩具、零食、游戏等手段，诱发孩子好奇心而达到将孩子拐走的目的。

3.带路骗离

拐骗者利用孩子善良、乐于助人的品格，有意向孩子询问路线并请孩子帮忙带路而趁机将孩子拐骗。

4.托管带离

拐骗者在售票处、卫生间等地方趁家长上厕所、排队购票不方便带着小孩，托其看管之机将孩子骗走。

5.利用孩子做诱饵

拐骗者利用小孩之间建立信任比较快的特点，让自己的孩子与其他小孩一起玩耍，然后借机将孩子拐骗走。

6.冒称职业人员

拐骗者利用假证件冒充电视台、杂志社的星探或警察等职业人员，要求小孩配合而诱骗小孩上当并拐走。

7.强行抢走

拐骗者盯准小孩独自一人或身旁亲人为女性老人时直接强行夺走孩子。

8.贼喊捉贼

拐骗团伙作案时将犯罪过程伪装成家庭矛盾或路见不平等情况，让不明真相的围观群众无法判断，最后达到将孩子抢走的目的。

（四）拐卖儿童危害

拐卖儿童作为一种侵犯儿童人身自由权利与人格尊严的犯罪，是我国各地公安机关严厉打击的犯罪之一。拐卖儿童不仅对被拐儿童本人及亲生家庭，还对收买被拐儿童家庭以及社会都可产生严重危害。

1.对被拐儿童的危害

首先，拐卖儿童行为是对被拐儿童人身自由权与人格尊严的严重侵犯。再者，拐卖儿童对被拐儿童的身心健康及其成长与发展具有严重的潜在危害。根据社会现实的反馈，被拐儿童由于落户难而引起诸如教育、医疗、就业等问题，这对儿童自身发展产生了不利影响。

2.对家庭和社会的危害

中华文明格外强调孝道，这凸显了孩子对于父母的重要性。同样，中华文明也分外重视团圆，从古至今，家家户户都以“家和万事兴”作为对家庭幸福的美好祝愿。要达到“家和”需要的是“人和”,“人和”便是家庭圆满。失去孩子的家庭注定不会实现“家和”愿景，失子之痛终生挥之不去，被拐儿童家庭之痛便是社会之痛。

3.对收买被拐儿童家庭的危害

收买被拐儿童的家庭多是为了其所在家庭“幸福美满”而不惜重金，冒着违法犯罪风险。随着被拐儿童长大，其身份很难再被隐瞒。原本多年处心积虑隐瞒积聚了巨大压力，而一旦真相被识破，对整个家庭打击极大。

二、拐卖儿童预防

（一）加强儿童监护与教育

残酷的儿童拐卖案深深刺激着父母，年幼孩童不能脱离家长监管独自去玩耍，必须在大人监护下活动。同时，家长还要经常对孩子进行常识教育，教会孩子不要和陌生人接触。政府相关部门应加强城郊接合部或城中村的社会治理，为流动人员子女入托入园提供便利，并加强对拐卖儿童犯罪的防范。

（二）提升社会力量参与

政府应当加大与社会力量的通力合作，建立失踪反应机制，利用公共资源和公共信息平台在第一时间发布儿童失踪信息、照片及犯罪嫌疑人相关信息，为寻找失踪儿童投入更为有效的警力资源和社会力量，确保公安机关和社会团体在最短时间内找到失踪儿童，提高儿童拐卖犯罪的破案率。

（三）强化法律打击力度

在法律方面应加大对拐卖儿童犯罪的量刑尺度，强化法律打击力度和广度，完善儿童买卖犯罪过程中对买方的法律规定，铲患于源头。

（四）健全社会保障制度

政府应当进一步健全社会保障制度，加强对养老的投入和社会福利，使天下父母养老不仅仅依靠子女这一种途径。同时，对落后地区进行普法宣传教育，改变重男轻女、养儿防老的传统观念，积极宣传男女平等、买卖人口构成犯罪的法律制度。

三、拐卖儿童应对

家长要培养和教育孩子养成安全警惕意识；在公共场所及日常生活中时刻注意孩子动向，提高安全防范意识，尤其是在人多嘈杂区域，不能让孩子离开自己视线和保护范围内；让孩子熟背父母联系电话、单位、姓名，熟记急救120、求助110、火警119等电话；教会孩子若无法摆脱陌生人纠缠时应大声呼喊救命或及时找值得信任的人求助，如：警察、军人、保安等；孩子若不幸被拐走，寻找机会脱身拨打110；家长应在儿童衣服或裤子口袋里装上写有联系方式的纸条，一旦发生类似情况，让孩子把纸条扔在人多的地方求救。

四、预防拐骗儿童教学

（一）教学目标

（1）认知目标：通过预防拐卖儿童教学使未成年人深入了解和掌握预防拐卖儿童的知识。

（2）技能目标：通过预防拐卖儿童教学使未成年人熟知并掌握应对拐卖儿童的技能。

（3）情感态度目标：通过预防拐卖儿童教学使未成年人有效树立自我保护理念，增强应对拐卖儿童的能力，维护自身健康安全成长。

（二）教学内容

（1）拐卖儿童案例介绍。

（2）拐卖儿童概念、手段、套路、危害及原因。

（3）拐卖儿童预防、应对及教育。

（三）教学方法

（1）讲授教学法。

（2）多媒体教学法。

（3）情境教学法。

（4）应急演练教学法。

（四）教学组织

（1）开展以小组为单位的“预防拐卖儿童”主题交流学习。
（2）开展以班级为单位的“预防拐卖儿童”课程教育教学。
（3）开展以年级为单位的“预防拐卖儿童”实践教学活动。
（4）开展以学校为单位的“预防拐卖儿童”应急处置演练。

（五）课程/活动总结

（1）对“预防拐卖儿童”课程教学过程中未成年人表现出的优点和不足进行总结，提出有效完善措施并深化实践教学活动，确保预防拐卖儿童知识、技能、情感态度等方面的教学效果。

（2）对“预防拐卖儿童”课程的教学形式、教学手段、教学方法等进行科学合理的创新，开发出适合本校实际条件的校本化课程。

（六）课后作业

（1）查阅国内外重大拐卖儿童案件的相关资料，了解拐卖儿童的严重危害。

（2）当拐卖儿童事件发生在自己身上时，你应当采取哪些自救和他救措施？

第二节　预防敲诈勒索

一、校园敲诈勒索概述

（一）校园敲诈勒索概念

校园敲诈勒索一般指以欺骗、武力威胁等手段，以大欺小、以强凌弱，向弱小未成年人索取金钱、物品等获取不正当利益的行为。

（二）校园敲诈勒索危害

实施校园敲诈勒索行为者多为在校未成年人，他们通常被称为校园小霸王或校园地头蛇，大家对这类人往往都是谈之色变。经常受到小霸王侵害的未成年人，有可能经常处于惊吓、恐慌状态，使自己的心灵遭受莫大创伤，影响正常学习生活。大多数未成年人遇到校园小霸王的勒索都是乖乖给钱，不敢把事情告诉家长和老师，更不敢报警，甚至警方破案后也不敢出面作证，只愿意做沉默的羔羊。殊不知，这样只会更加助长这帮校园小霸王为非作歹的嚣张气焰。

（二）校园敲诈勒索行为阶段

校园敲诈勒索行为一般有三个阶段：借未成年人的衣服、文具等物品或数额较小的零花钱，不主动、不及时归还，在被借者多次催要下才不情愿归还，这是向敲诈迈出的第一步。当以“借”的名义向未成年人索要时便进入第二阶段，敲诈者索取钱物数量不多，有的则采取变向敲诈，花少量钱让其他人买比较贵重的东西。第三阶段的突出特征是肆无忌惮地向未成年人强行索要，不从则拳脚相加，而且索要次数频繁、数额较大，更有甚者会逼未成年人写欠条。

（三）校园敲诈勒索成因

第一，少数未成年人受拜金主义、享乐主义思想影响，从敲诈勒索中获得欺负弱者的心理满足，轻易得手的钱财会刺激其反复勒索。而实施敲诈勒索的未成年人对该行为的严重性普遍认识不足，认为只是违反校纪校规，根本意识不到这是违法犯罪行为。第二，被敲诈勒索的未成年人一般家庭经济条件较好，他们也普遍认为受人欺负是懦弱的表现，害怕遭到报复便自认倒霉，不报告学校和家长，这也使敲诈勒索者的行为不能被及时发现。第三，家长对子女学习生活很关心，但对思想状况了解不足，对未成年人思想上的不良苗头不能及时发现；有些家长虽然知道自己的孩子敲诈勒索别人不对，但一般认为自己的孩子只是调皮而认识不到事情的严重性。第四，有敲诈勒索行为的未成年人基本上都是班级中学习困难之人，教师对他们的关心不够。

二、校园敲诈勒索预防

（一）自我约束

不穿奇装异服，不使用高档产品来显示经济实力以免引起坏人注意；不学一些不健康语言、动作，不主动与陌生人搭话等。

（二）家、校、社合力

学校应加强未成年人安全教育，使他们自觉抵制社会上唯利是图的拜金主义思想；坚持依法治校，使未成年人从思想上树立起遵纪守法、依法维护自己合法利益及人身安全的观念；还要与公安局、检察院、法院等部门密切配合，大力净化社会环境，为未成年人成长创造一个健康、文明、和谐的社会氛围。家长注意保持与学校老师的沟通联系，及时了解未成年人心理变化，对其不良思想和行为及时加以纠正，防微杜渐。

三、校园敲诈勒索应对

（一）反抗法

当与敲诈勒索者的身材力量相当时，可以突然用手脚对其进行反击，制服对方或利用身边的反击物（石头、木棒等）震慑对方，因为欺软怕硬是施暴者的共同特点。

（二）感召法

通过讲道理晓以利害，感化对方或义正词严地怒斥敲诈勒索者，气势上压迫对方，使其心理崩溃，不敢实施敲诈勒索行为。因为敲诈勒索者也有初犯、偶犯者，其心理较为脆弱。

（三）周旋法

佯装服从、稳住敲诈勒索者，分散其注意力，松懈对方警惕性，拖延时间，伺机逃跑或者寻机报警。

（四）嚎叫法

突然倒地打滚，喊叫号哭引来旁人围观，令敲诈勒索者惊慌失措后可伺机报警或趁机逃脱。

（五）认亲法

当远处发现有大人时可佯装惊喜万分，跑过去高呼其“表哥”或“二叔”，把敲诈勒索者吓走。

（六）抛物法

把书包或身上值钱的物品向远处抛去并大声喊叫“给你！”，当敲诈勒索者忙于捡钱财物品时快速脱身报警。

四、预防校园敲诈勒索教学

（一）教学目标

（1）认知目标：通过预防校园敲诈勒索教学使未成年人深入了解和掌握预防校园敲诈勒索的知识。

（2）技能目标：通过预防校园敲诈勒索教学使未成年人熟知并掌握应对校园敲诈勒索的技能。

（3）情感态度目标：通过预防校园敲诈勒索教学使未成年人有效树立自我保护理念，增强应对校园敲诈勒索的能力，维护自身健康安全成长。

（二）教学内容

（1）校园敲诈勒索案例介绍。

（2）校园敲诈勒索概念、危害、发展阶段及原因。

（3）校园敲诈勒索预防、应对及教育。

（三）教学方法

（1）讲授教学法。

（2）多媒体教学法。

（3）情境教学法。

（4）应急演练教学法。

（四）教学组织

（1）开展以小组为单位的“预防校园敲诈勒索”主题交流学习。

（2）开展以班级为单位的“预防校园敲诈勒索”课程教育教学。

（3）开展以年级为单位的“预防校园敲诈勒索”实践教学活动。

（4）开展以学校为单位的“预防校园敲诈勒索”应急处置演练。

（五）课程/活动总结

（1）对“预防校园敲诈勒索”课程教学过程中未成年人，表现出的优点和不足进行总结，提出有效完善措施并深化实践教学活动，确保未成年人在预防校园敲诈勒索知识、技能、情感态度等方面的教学效果。

（2）对“预防校园敲诈勒索”课程的教学形式、教学手段、教学方法等进行科学合理的创新，开发出适合本校实际条件的校本化课程。

（六）课后作业

（1）查阅敲诈勒索的相关资料，了解敲诈勒索的刑罚标准。

（2）当发生敲诈勒索时，未成年人应当采取哪些措施?

第三节　预防欺凌

一、校园欺凌概述

（一）校园欺凌概念

校园欺凌是发生在校园内外、以未成年人为参与主体的一种攻击性行为，包括直接欺凌和间接欺凌。校园欺凌不等同于校园暴力，校园暴力包含校园欺凌，而校园欺凌是最常见的一种校园暴力。构成校园欺凌行为的角色包括实施欺凌的主体、接受欺凌的主体、第三方角色的参与（旁观者）。

（二）校园欺凌种类

1.身体欺凌

身体欺凌是指欺凌者运用身体力量，通过身体动作对受欺凌者进行欺凌，常见表现形式有对受欺凌者进行推撞、拳打脚踢、扇耳光、围攻等。肢体欺凌是最容易被人们识别的一种形式，也是在校园欺凌发展早期最常见的一种形式。

2.语言欺凌

语言欺凌是指欺凌者运用语言或通过一些言语活动对受欺凌者实施欺凌，表现为当众辱骂、嘲讽、起外号、散布谣言等形式。言语欺凌具有不易被人察觉的特点。

3.关系欺凌

关系欺凌是指欺凌者运用人际关系或关系网络来实施欺凌行为，主要包括排斥、孤立他人等形式。关系欺凌也具有不易察觉的特点。

4.网络欺凌

网络欺凌是指欺凌者在社交平台上发布一些对受欺凌者不利的网络言

论，曝光其隐私或对受欺凌者的照片进行恶搞的欺凌行为。网络欺凌是近些年来逐步兴起的一种新型校园欺凌类型，欺凌者所使用的网络社交平台作为一种大众媒体，具有影响范围广、传递迅速和时效性强等特点，它打破了时间和空间限制。欺凌者在发布有关受欺凌者各种信息时，对于受欺凌者会造成非常恶劣的影响。

（三）校园欺凌特点

1.高发性

校园欺凌问题不仅在我国存在，在欧美、日韩等国家也频繁发生。可见，校园欺凌是发生在全世界范围内的一种普遍现象。

2.隐秘性

言语欺凌、关系欺凌和网络欺凌等由于具有不易被察觉的特点，近年来的发生率不断增长，已超越原来占据主导地位的身体欺凌。此外，校园欺凌发生的地点、时间以及受欺凌者本身的应对方式也存在隐秘性。

3.力量非对等性

校园欺凌行为的涉事双方在力量上具有非对等性，涉事主体表现为性格、身体状况、相貌、年龄等不同；与涉事主体相关的环境表现为家庭经济地位、学习成绩、教师重视程度等不同；在欺凌行为参与人数上表现为欺凌者与受欺凌者数量不同。

（四）校园欺凌危害

1.加剧了校园不安全风险

校园欺凌对学校声誉与校园安全的危害之大、影响之深远，极为不利，尤其是严重威胁未成年人的生命安全，破坏了良好的校园环境，阻碍了和谐的人际交往。

2.损害未成年人身心健康

校园欺凌本身是一种消极的问题行为，它会一定程度上伤害未成年人人格尊严、身体健康及心理状态，容易导致其产生过度情绪反应，强化其过激行为的表达，扭曲其人格心理，诱发恶性行为。

3.影响未成年人学业适应

受欺凌者本身会在心理上感受到痛苦，甚至是焦虑、恐惧，导致学习注意力不集中，有的未成年人为了躲避欺凌者会出现逃学厌学现象。欺凌者在实施欺凌行为中会获得“愉悦感”“成就感”，这就促使他们实施更多的欺凌行为，从而更加怠慢学业。

（五）校园欺凌成因

1.人格因素

一是一些未成年人情绪不稳定，对外界刺激容易产生强烈反应而造成校园欺凌行为。二是一些未成年人交往常以自我为中心，自我优越感强，对于自己不喜欢或不顺眼的人会采取一定的欺凌行为，甚至拉帮结派进行团伙欺凌。三是一些未成年人需要依靠他人评价来获得对自我的认识，而在他们中间树立一定的权威可以帮助自己获得归属感，一旦出现角色混乱，容易迷失方向，导致人格倾向选择错误，误入歧途。

2.家庭因素

当家庭结构由于各种因素缺损后，父母对未成年人的关注减少或片面满足其物质需求，忽略了精神需求，造成未成年人心理出现问题，导致校园欺凌的发生。此外，由于家长自身文化素质、家庭经济结构、家庭氛围、未成年人个性特点以及其他外界环境等因素影响，也会直接或间接造成校园欺凌的发生。

3.学校因素

由于学校在日常管理中存在重智育轻德育的现象，使得未成年人的欺凌行为未能得到及时发现和有效处理，造成校园欺凌的持续发生及恶化。

4.环境因素

随着暴力元素在网络中的快速传播，帮派文化、个人英雄主义、武力为王等暴力文化的入侵，使得一些未成年人对暴力缺乏理性辨别能力，容易受其影响而出现欺凌行为。同时，未成年人重视朋友对自己的认识与评价，趋从同辈群体的亚文化使得他们容易形成小团体，实施个人不敢进行的欺凌行为。

二、校园欺凌预防

（一）政府层面

政府对校园欺凌的预防应当包括加强各方教育、建章立制、完善体系和及时处置。同时，在立法方面，修改完善未成年人保护相关的法律法规，细化预防惩治校园欺凌行为的法律规定标准，针对未成年人的特点进行特殊保护和教育，通过法律手段对校园欺凌行为进行干预和惩罚。

（二）学校层面

学校应提高全体师生员工对校园欺凌问题的重视，可成立由多方代表参与的校园欺凌干预和预防委员会，特别是鼓励未成年人家长和社区人员参与，制定全校范围内的反欺凌政策。学校要加强对高危地点或时段的检查监控，以降低欺凌发生。同时，要加强对教职员工预防欺凌的培训工作，使教师掌握欺凌的干预措施和方法。学校还应把反欺凌主题及相关教育活动纳入教学中。另外，学校还应寻求社区民警、派出所等公安机关的协助，在未成年人上下学时段出警巡查以防欺凌发生。

（三）家长层面

家长首先要给未成年人创造良好的家庭环境和氛围，对他们多些关心，及时了解其心理情绪，培养他们能坚强勇敢地面对挫折。其次要让未成年人参加体育锻炼，减小其成为受欺负者的可能。三是一旦发生校园欺凌后，父母要保持冷静并把相关情况告知学校，引导他们面对严重欺凌行为时要敢于用法律武器维护自身权益。此外，施暴者家长应明确告知未成年人这样的欺凌行为是不可容忍的，增强对未成年人活动的掌控，并与学校合作矫正其攻击行为。

（四）社会层面

大众传播媒体应加大对反校园欺凌、反校园暴力等问题的宣传，提升社会关注度，提高社会各界对校园欺凌问题危害的重视程度，积极参与并坚决反对任何形式的欺凌行为，坚决反对以暴制暴，全力支持以互爱、尊重、包容去建立和谐的社会文化。

三、校园欺凌应对

上学放学，不要落单；冷静勇敢，巧妙周旋；舍弃钱财，脱离危险；心明眼亮，记牢特点；告知师长，及时报案。

四、预防校园欺凌教学

（一）教学目标

（1）认知目标：通过预防校园欺凌教学使未成年人深入了解和掌握预防校园欺凌的知识。

（2）技能目标：通过预防校园欺凌教学使未成年人进一步熟悉并掌握预防校园欺凌的技能。

（3）情感态度目标：通过预防校园欺凌教学使未成年人有效树立自我保护理念，增强预防校园欺凌意识，培养预防校园欺凌能力，维护自身健康安全成长。

（二）教学内容

（1）校园欺凌案例介绍。
（2）校园欺凌概念、类型、原因、特点、危害等。
（3）校园欺凌预防、应对及教育。

（三）教学方法

（1）讲授教学法。
（2）多媒体教学法。
（3）情境教学法。
（4）应急演练教学法。

（四）教学组织

（1）开展以小组为单位的“预防校园欺凌”主题交流学习。
（2）开展以班级为单位的“预防校园欺凌”课程教育教学。
（3）开展以年级为单位的“预防校园欺凌”实践操作活动。
（4）开展以学校为单位的“预防校园欺凌”应急处置演练。

（五）课程/活动总结

（1）对“预防校园欺凌”课程教学过程中未成年人所表现出的优点和不足之处进行深入总结，提出相应的修改完善措施并进行深入的实践操作活动，确保在预防校园欺凌知识、技能、情感态度等方面的教学效果。

（2）对“预防校园欺凌”课程的教学形式、教学手段、教学方法等进行科学合理的创新，开发出适合本校实际条件的校本化课程。

（六）课后作业

（1）查阅校园欺凌典型案例的相关资料，了解校园欺凌造成的严重后果。

（2）在学校的学习生活中如何与同学和谐相处?

第四节　预防暴力袭击

一、校园暴力袭击概述

（一）校园暴力袭击概念

校园暴力袭击主要指犯罪分子在校园内外通过杀人、爆炸、强奸、抢劫、伤害等暴力手段针对未成年人实施的行为。一般而言，暴力行为以人身、财产为侵害目标，采取暴力手段实施，对被害未成年人身心健康和生命财产安全造成极大的损害。

（二）校园暴力袭击类型

1.常规手段

一是爆炸，采用炸弹、汽车炸弹、自杀性人体炸弹等。二是枪击，采用手枪及各式枪支射击等。三是劫持，采用劫持人质、劫持交通工具等。四是纵火。

2.非常规手段

核辐射恐怖袭击，通过核爆炸或放射性物质的散布造成环境污染或使人员受到辐射照射等。生物恐怖袭击，利用有害或有毒生物对人进行侵害等。

化学恐怖袭击利用有害或有毒化学物质侵害人等。网络恐怖袭击，利用网络散布恐怖袭击、组织恐怖活动、攻击电脑程序和信息系统等。

（三）校园暴力袭击特点

1.目的明确

暴恐分子选择以学校内的师生员工作为其袭击首要目标显然不是为了经济利益或报仇雪恨，而是企图通过制造恶性事件最大限度地引起恐慌效应，扩大社会影响，给当地政府造成重大压力，以此达到其发泄个人心中不满或其他政治诉求的目的。

2.手段残暴

暴恐分子在学校以劫持人质、刀刺枪杀、纵火爆破、汽车冲撞等极其残忍和血腥的手段无差别攻击师生员工，不断制造校园袭击惨案，使得原本欢声笑语的校园顿时成为血雨腥风的炼狱。

3.处置难度大

校园暴力袭击事件的发生对政府应急处置能力会产生极大考验。由于未成年人心智尚未成熟，受到惊吓后情绪不稳、行为难以控制，而学校人员密集、环境相对封闭会导致政府的处置难度增大。

（四）校园暴力袭击危害

校园暴力袭击和恐怖袭击这样的恶劣行径不仅会给学校师生员工身心造成严重影响，还冲击了整个社会的正常秩序，引发社会极度恐慌，甚至是对人类文明共同伦理价值的公然挑衅，也给国际关系和国际秩序带来严重危害。

（五）校园暴力袭击成因

暴恐分子往往因生活压力或性格缺陷等原因产生了报复社会的想法，有甚者抱着同归于尽的想法有备而来，他们通常采用一些极端手段进行无差别式袭击，丧心病狂地发泄心中积聚的愤怒，最大限度地制造恶性事件，达到报复社会的目的。

二、校园暴力袭击预防

（一）增强预防暴力袭击意识

学校应加强预防暴恐教育，提高未成年人安全意识，让未成年人深刻认识校园暴力袭击的严重危害，了解学校安全教育应承担的重要职责，使未成年人时刻保持警觉，杜绝侥幸心理。通过普及预防暴力袭击的常识教育、传授预防暴力袭击的安全技能、学习国外校园预防暴力袭击的组织经验，让未成年人形成强烈的预防暴力袭击意识。

（二）健全暴力袭击应急预案

为了及时有效、稳妥有序地开展校园预防暴力袭击工作，维护校园正常的教学秩序，保证校园安全，学校应当建立和健全预防暴力袭击的应急预案。首先，应急预案要从全局出发提出相应的行动思路、应急方针、规章制度、组织机构及相应职责，构建预防暴力袭击的基础。然后，应急预案应当充分考虑校园暴力袭击的特点，对应急形式、组织机构和应急活动进行针对性布置。最后，详细分析校园内部及周边环境的情况，对可能发生的校园暴力袭击做出具体周密安排。

（三）强化暴力袭击应对技能

学校安全教育对未成年人进行系统的预防暴力袭击技能培训，使他们学会辨识危险的方法、基本的防身技能及与暴恐分子周旋的技巧。对教师进行培训时要教授报警方法、明确报告要素，使其学会如何组织未成年人，选择最佳转移时机和路线。对未成年人培训时要教授识别危险和应急逃生的技能，使其学会配合教师、救援人员及自救互救的方法。

（四）组织暴力袭击疏散演练

学校要定期组织预防暴力袭击演练，使未成年人牢固树立“安全第一”观念，明确各部门分工职责，熟悉防袭方法与步骤，学会如何在暴力袭击中确保自身安全。演练中，教师要做好未成年人的宣传疏导工作，稳定未成年人情绪，组织未成年人有序疏散，确保未成年人生命安全。未成年人要学会自我心理调整、自我保护、协同配合。学校领导要第一时间启动应急响应机制，组织学校安保力量赶赴现场处置突发事件。学校还可邀请专业反恐怖应急处置力量指导演练。

（五）发挥群众群防力量

学校应致力于提高家长和学校周边广大群众的预防暴力袭击意识，充分依靠人民群众的力量，群策群力共同维护校园安全。

三、校园暴力袭击应对

（一）暴恐嫌疑人和可疑爆炸物识别

1.暴恐嫌疑人识别

实施暴力袭击的嫌疑人会有一些不同寻常的行为举止引起人们注意，如：神情恐慌、言行异常；着装、携带物品与其身份明显不符或与季节不协调；冒称熟人、假献殷勤；在检查过程中催促检查、态度蛮横、拒不接受检查；频繁进出大型活动场所或反复在警戒区域附近出现；疑似公安部门通缉的嫌犯。

2.可疑爆炸物识别

在不触动可疑物品的前提下，可由表及里仔细观察、判断可疑物品或可疑部位是否暗藏爆炸装置；在安静环境中仔细倾听可疑物品是否有异常响动；闻一下可疑物品是否有硫黄、臭鸡蛋、氨水等爆炸物气味。

（二）暴力袭击应急疏散

一要保持镇静，判明所处位置，迅速撤离。二要寻找遮掩物进行躲避，待形势安全后再出来。三要做好个人防护，如用物品遮掩身体易受伤害部位，不要靠近玻璃窗户、不要逆着人流前进，保持身体重心避免被推倒。四是未成年人在安全逃离现场后要及时向教师和家长报告个人情况。

四、预防校园暴力袭击教学

（一）教学目标

（1）认知目标：通过预防校园暴力袭击教学使未成年人深入了解和掌握预防校园暴力袭击的知识。

（2）技能目标：通过预防校园暴力袭击教学使未成年人熟知并掌握应对校园暴力袭击的技能。

（3）情感态度目标：通过预防校园暴力袭击教学使未成年人有效树立自我保护理念，增强应对校园暴力袭击的能力，维护自身健康安全成长。

（二）教学内容

（1）校园暴力袭击案例介绍。

（2）校园暴力袭击概念、类型、特点、危害及原因。

（3）校园暴力袭击预防、应对及教育。

（三）教学方法

（1）采用讲授法使未成年人初步了解校园预防暴力袭击的重要性和紧迫性、校园暴力袭击的特点和预防暴力袭击的基本常识，提高未成年人预防暴力袭击的危机意识。

（2）采用多媒体教学法使未成年人直观了解校园暴力袭击的危害以及进行预防暴力袭击安全教育的重要性和紧迫性，提高未成年人的安全防范意识。

（3）采用情境教学法使未成年人形象生动地掌握暴恐嫌疑人和可疑爆炸物的识别常识等，提高未成年人的防爆防恐危机意识和安全防范意识。

（4）采用应急演练教学法使未成年人有效掌握暴力袭击时的应急疏散技能和预防暴力袭击的自我保护技能等，提高未成年人的应急避险能力。

（四）教学组织

（1）开展以小组为单位的“预防校园暴力袭击”主题交流学习。

（2）开展以班级为单位的“预防校园暴力袭击”课程教育教学。

（3）开展以年级为单位的“预防校园暴力袭击”实践教学活动。

（4）开展以学校为单位的“预防校园暴力袭击”应急处置演练。

（五）课程/活动总结

（1）对“预防校园暴力袭击”课程教学过程中未成年人所表现出的优点和不足之处进行深入总结，提出相应的修改措施并再次进行教学实践，确保预防暴力袭击知识和技能方面的教学效果。

（2）对“预防校园暴力袭击”课程的教学形式、教学手段、教学方法等方面进行创新，开发合适的校本化课程。

（六）课后作业

（1）查阅国内外校园暴力袭击事件的相关资料，了解暴力袭击的各种手段。

（2）当暴恐分子准备冲进教室袭击时，未成年人在教室内应当采取哪些措施？

第五节　预防性侵害

一、性侵害概述

（一）性侵害概念

性侵害涉及各种非意愿的性接触和被强迫的性行为，包括强制性交、强迫亲吻、性骚扰、性虐待，露阴、窥阴等在司法判例上也可能被算作性侵害。

（二）性侵害特点

1.熟人作案多

未成年人遭遇性侵害的案件中，熟人作案比例超过70%。一些特殊家庭，如：母亲缺位、再婚家庭、收养家庭、父母有不良行为家庭等较易发生未成年人性侵案件。邻居、亲戚、老师等实施的性侵害案件占比也不小。此外，监护人、亲戚、老师等熟人性侵害平均连续时间为2～5年。

2.被害人年龄小

在未成年人遭遇性侵害的案件中，未满14岁的未成年人占绝大多数。这是因为未成年人体力、智力发育不成熟，认知能力、分辨能力和反抗能力较差。有些年幼的未成年人性知识缺乏，在不了解性行为性质和后果的情况下被诱骗、哄骗与行为人发生性关系。

3.场所安全性

校园内发生老师性侵未成年人的事件不容忽视，老师利用自己的特殊身份实施犯罪，不少未成年人或是由于年幼不知反抗，或是迫于其特殊身份不敢拒绝。此外，外出打工的未成年人在单位宿舍、车间等场所被性侵也是由于这些场所存在不安全因素。

4.案件隐蔽性

性侵案发生时通常无第三人在场，由于未成年人认知及分辨是非能力较差，侵害人易于采取欺骗、诱惑等手段实施性侵害。此外，未成年人遭遇亲属、邻居等熟人侵害时，即使部分未成年人将侵害行为告诉家长，有些家长却采取不相信和轻易否定的态度，这也使案件长时间未被发觉。

（三）性侵害危害

未成年人被性侵受害的痛苦是持久的，许多人长期处于抑郁、内疚、羞愧和自责等复杂情绪中，无法顺利与他人建立亲密的人际关系。曾受过性侵害的未成年人在被触摸时更容易有恶心和内疚感。有些受害者忍耐多年才会吐露一二；有些受害者则选择终身沉默。而每个克服重重障碍站出来报案的受害者都拥有超乎常人的勇气和坚强。有研究总结过关于未成年人可能被性侵的迹象。

1.生理迹象

罹患性传播疾病；身体敏感部位发现来历不明创伤，衣物和床单上发现来历不明血迹。

2.行为信号

体现出与年龄不符的性知识了解度以及性好奇；重新出现尿床行为，常伴随噩梦，夜间惊厥；拒绝独处或拒绝与某些特定成年人在封闭空间中独处，表现出渴望远离后者；对更换衣物或沐浴表现出异乎寻常的反感。

3.心理信号

沮丧，低落与焦虑；对正常两性交往以及相关话题表现出异乎寻常的羞耻与罪恶感。

（四）性侵害成因

1.社会层面

社会上一些低级趣味的淫秽色情信息通过网络等渠道流传，屡禁不绝。有些未成年人受这些不良信息影响而实施性侵犯罪；有些则因交友不慎而受到性侵害；有些甚至自愿、主动成为被侵害对象。

2.家庭层面

家长监护看管不到位、警惕性不强。有些未成年人父母离异或家长外出打工，疏于对子女看护，导致未成年人成为犯罪分子的侵害对象。性侵留守、流动儿童问题比较突出。

3.学校层面

学校或培训机构重视文化学习而轻视安全管理，人防技防不到位，在招录聘用工作人员时，未进行人格和品行的甄别，导致一些工作人员利用职务便利性侵未成年人。

4.个人层面

对未成年人法治教育、性教育和自我保护教育不到位，有些未成年人缺乏自我保护意识，有些年幼者遭性侵害后还不知道怎么回事，有些则是遭性侵害后不知道如何处理。

二、性侵害预防

（一）培养性安全防范意识

以预防性侵害为目标的家庭和学校安全教育应培养未成年人对性侵害的

认识和应对能对，告知未成年人当一些情况出现时需引起高度警惕，如：有人做出具有性暗示的动作；引诱或强迫观看色情物品；故意看或触摸隐私部位；让看或触摸自己的隐私部位等。此外，还应提醒未成年人，性侵害的实施者可能是任何人。施害人可能是大人或是年龄更大的未成年人；可能是看上去普通的叔叔阿姨；可能是男性也可能是女性；可能是陌生人也可能是熟悉的人；可能是异性也可能是同性。

（二）培养拒绝接触技巧

未成年人应了解关于自己身体和界限信息的词语，能够准确、坦诚、顺利地表达对自己身体的认识、感受以及不舒服的身体接触，如：家庭聚会上未成年人不想拥抱某人或被某人拥抱，父母应尊重未成年人的决定并鼓励未成年人礼貌告知对方，自己不希望进行某些身体接触。这种信号不仅能保护未成年人，也让对方尊重未成年人的感受。这样有助于未成年人在遇到让自己不舒服的身体接触时可以勇敢地拒绝。

（三）培养健康人际关系

学校安全教育人员应鼓励未成年人进行社会情绪学习，包括沟通和解决问题的策略、同理心、情绪调节技巧、冲突管理和旁观技能等。这些学习有利于未成年人改变对暴力的感受和思考方式，降低个体对他人施加性暴力与性侵害的可能。

（四）促进预防性侵的社会规范形成

鼓励教会未成年人旁观者策略，教会未成年人在观察到性侵害时应如何行动。未成年人通过学习可以在生活中勇敢站出来反对性别歧视，强化积极的社会规范，为受到语言暴力或肢体暴力的个体提供支持与帮助。此外，要鼓励男性展示自己在预防性侵害方面的作用，培育积极、健康的社会规范。

三、性侵害应对

（一）增强未成年人性防范能力

未成年人外出时，最好与他人结伴同行并尽量避免在偏僻昏暗地带行走；不可避免时则应观察周围环境并迅速经过。独自乘坐交通工具时应观察周围情形并记下车牌号码告知亲属。独自在家时要关好门窗，不随意给陌生人开门。网吧、酒吧等地人员结构复杂，未成年人前往这些地方不仅容易沾染不良习气，还可能成为不怀好意之人的目标，因此，要远离不适合自己出入的场所。要积极参与性教育课程，树立正确的性观念，不断增强自身对于预防性侵害的知识和能力，及时远离潜在的侵害行为。

（二）完善家校教育和监管职能

1.增强家庭性教育的广度和深度

首先，监护人应当从小与未成年人搭建良好的沟通模式，让未成年人觉得家长是安全可信的，愿意将自己的想法告知家长。待未成年人入学后，家长应多关注未成年人的动向和在校社交情况，耐心倾听和了解，发现异常不要冲动呵斥未成年人，而要及时与老师沟通，用更妥善的方式保护未成年人。其次，待未成年人开始对世界产生好奇并出现性别意识后，家长应主动向未成年人传授基础性知识，并告诉未成年人哪些隐私部位绝对禁止他人触摸，对于让自己感觉不舒服的事情可以严词拒绝。最后，家长在日常生活中应时刻告诫未成年人提高自我保护意识，不要占小便宜，不要接受陌生人的东西，不要轻易被小恩小惠收买，这样才能从根源上降低未成年人因受他人诱骗而被侵犯的可能。

2.将预防性侵教育纳入必修课程

学校要按照未成年人不同年龄和身心发育情况编订性教育课本。各级教育行政部门定期抽查各校性教育课程开展情况并将结果纳入学校评级和教师评优中去，倒逼学校对预防性侵教育的重视程度。学校可邀请安全教育专家进校讲课，也可通过家校联动邀请家长与未成年人一起进行性知识课堂展示，在寓教于乐中消除家长对性教育的回避心理，将预防性侵知识、摆脱性侵犯的技巧根植于未成年人心中。

3.塑造稳定和谐的社会环境

（1）加强网络平台监管。国家网信办应加强与各大网络交友平台及短视频平台的合作，在不断完善网络淫秽信息过滤机制的同时，重点监控针对未成年人的色情网络信息传播情况；同时还应协同国家新闻出版广电总局等部门完成国家分级制度建设，在原有审查标准上吸收欧美国家在分级制度上的经验，根据作品内容中涉及的色情、暴力、价值取向等因素对所有公开传播的影视作品和游戏作品进行分类分级，从源头上切断未成年人与不良信息的接触路径，为未成年人创造更为健康纯净的网络环境。

（2）强化社会安全治理。公安机关一方面应加强对校园周边环境的监管和巡逻，重点关注校园周边社会闲散人员是否存在霸凌或其他危及未成年人的行为；另一方面应增强对外来流动人口的管控。政府有关职能部门应加强对网吧、酒吧等娱乐场所的监管与整治，定期抽检此类场所是否存在违规允许未成年人出入的规定。

五、预防性侵害教学

（一）教学目标

（1）认知目标：通过预防性侵害教学使未成年人深入了解和掌握预防性侵害的知识。

（2）技能目标：通过预防性侵害教学使未成年人熟知并掌握应对性侵害的技能。

（3）情感态度目标：通过预防性侵害教学使未成年人有效树立自我保护理念，增强应对性侵害的能力，维护自身健康安全成长。

（二）教学内容

（1）性侵害案例介绍。

（2）性侵害概念、特点、危害及原因。

（3）性侵害预防、应对及教育。

（三）教学方法

（1）采用讲授教学法使未成年人初步了解性侵的危害，掌握预防性侵害的知识，提高未成年人对性侵害的认知水平。

（2）采用多媒体教学法使未成年人直观了解性侵的危害，掌握预防性侵害的知识，有效提高未成年人对性侵害的认知水平，增强未成年人预防性侵害的意识。

（3）采用情境教学法使未成年人形象生动地了解性侵的危害，掌握预防性侵害的知识，进一步提高未成年人对性侵害的认知水平，有效增强未成年人预防性侵害的意识，提升未成年人对性侵害的应对能力。

（4）采用应急演练教学法使未成年人在实践活动中了解性侵的危害、预防性侵害的知识，进一步提高未成年人对性侵害的认知水平，有效增强未成年人预防性侵害的意识，提升未成年人对性侵害的应对能力。

（四）教学组织

（1）开展以小组为单位的“预防性侵害”主题交流学习。

（2）开展以班级为单位的“预防性侵害”课程教育教学。

（3）开展以年级为单位的“预防性侵害”实践教学活动。

（4）开展以学校为单位的“预防性侵害”应急处置演练。

（五）课程/活动总结

（1）对“预防性侵害”课程教学过程中未成年人表现出的优点和不足进

行总结，提出有效完善措施并深化实践教学活动，确保预防性侵害知识、技能、情感态度等方面的教学效果。

（2）对“预防性侵害”课程的教学形式、教学手段、教学方法等进行科学合理的创新，开发出适合本校实际条件的校本化课程。

（六）课后作业

（1）查阅“性侵害”的典型案例的相关资料，了解“性侵害”的严重后果。

（2）当“性侵害”发生在你的眼前时，你应当采取哪些措施?

第六节　预防电信诈骗

一、电信诈骗概述

（一）电信诈骗概念

电信诈骗是指通过电话、网络和短信方式，编造虚假信息，设置骗局，对受害人实施远程、非接触式诈骗，诱使受害人打款或转账的犯罪行为。

（二）电信诈骗类型

1.虚假购物

诈骗手法：网络广告+购物送抽奖。在网络购物中发现商品价格远低于市场价格时，一定要提高警惕，谨慎购买，不要将钱款直接给对方。

2.冒充熟人

诈骗手法：朋友头像的微信、QQ消息+暂时借钱。遇到亲朋好友通过微信、QQ等找你借钱时，一定要先电话、视频联系对方进行核实，切勿盲目转账。

3.网上刷单

诈骗手法：兼职刷单。诈骗分子以兼职刷单的名义，先以小额返利为诱惑，诱骗受害者投入大量资金后再拉黑，切记任何需要先充值垫资的网上刷单都是诈骗。

4.买卖游戏币

诈骗手法：出售、赠送+付款或扫码。诈骗分子在游戏中发布出售游戏装备、游戏币或免费赠送皮肤等虚假信息，向受害人提供虚假游戏交易网站，后以充值账户被冻结需交保证金、充值更多金额解冻、返还等理由进行诈骗或提出线下交易，收到钱后将受害人拉黑。

5.冒充客服退款

诈骗手法：客服主动理赔+申请贷款。接到自称卖家或客服电话称要主动理赔，一定要立刻前往官方购物平台查询核实，切勿点击对方提供的网址链接，更不能提供任何个人信息。

6.冒充学校领导和老师

诈骗手法：要求未成年人加群+收费。不法分子通过假冒学校相关领导、学校教职工等身份联系未成年人，以学校要开展相关工作为由，要求未成年人加入所谓的微信工作群，窃取未成年人信息后再进行诈骗。

（三）电信诈骗成因及特点

1.个人认知及防范意识差

未成年人自身阅历及法律知识不足，对于电信诈骗认识不深，极易被花样繁多的电信诈骗迷惑。未成年人防诈反诈能力较弱，对防范校园电信诈骗的认识不足，心态没有完全摆正。少数未成年人心存侥幸，认为电信诈骗不会发生在自己身上，多报以无所谓的态度，正是这种侥幸心理助长了不法分子的嚣张气焰，使得电信诈骗案件在未成年人群体中不断发生。未成年人不注意保护个人信息，无意间泄露或被动泄漏为诈骗分子实施精准诈骗、攻破心理防线提供了便利条件。许多未成年人正是遭遇这种定制型诈骗套路才轻易被骗。

2.电信诈骗犯罪手段日益隐蔽化多样化

为了逃避国内公安机关的打击，许多电信诈骗犯罪团伙转战境外，构筑起有组织性的跨国电信诈骗团伙。犯罪分子利用技术手段篡改境外电话号码，伪装成国内政法机关、企事业单位等号码频段，这种掩人耳目的犯罪手法极易使未成年人难辨号码真伪，轻信犯罪分子虚构的种种陷阱，一步步落入圈套，直至钱财被骗。

（四）电信诈骗危害

由于电信诈骗套路多、欺骗手段隐蔽，未成年人防不胜防，严重影响学校及社会治安，容易导致人与人之间的不信任，不利于社会秩序的稳定和发展。电信诈骗对未成年人伤害巨大，既影响个人财产安全，也危害其身心健康，甚至会导致未成年人产生轻生的想法。

二、预防电信诈骗教育

（一）预防电信诈骗教育意义与目的

对未成年人开展预防电信诈骗教育有利于促进社会主义精神文明建设，有利于规范网络市场，有利于发挥法律的有效性。开展预防电信诈骗教育可以使未成年人在网络交往时学会自我保护，遵守网络规则，做一名知法守法的合格公民。

（二）预防电信诈骗策略

公安部门及国家防诈骗中心应重视信息技术监控管理，对校园电信诈骗活动重拳出击，保护广大未成年人切身利益。学校应完善校园管理制度并定期举办预防电信诈骗警示宣传教育活动，不给犯罪分子可乘之机。未成年人家长应增强自身防范电信诈骗的意识和能力，将一些电信诈骗典型案例告知未成年人，提高未成年人预防电信诈骗的警惕性。若未成年人遇电信诈骗应及时与家长联系，谨防上当受骗。在校未成年人应积极参加预防电信诈骗的教育活动，提高自身辨别能力，增强法律意识，远离电信诈骗。

（三）预防电信诈骗应知应会

未成年人应坚持不轻信、不透露、不点击、不扫码、不转账的原则，日常生活中多关注电视、新闻、公众号的防诈反诈知识，多接触与掌握一些防骗信息和技巧。坚信天上不会掉馅饼，不要有占小便宜的心理；不要盲目自信。加强保密意识，不轻易透露自己和家人身份、银行卡信息（密码、验证码），更不要向陌生人汇款转账。遇事不着急，可以拨打110或到就近派出所进行咨询求助；未经核实前切勿将资金转入陌生账户。安装“国家反诈中心APP”和“金钟罩”进行拦截，实名注册并开通预警设置。

三、预防电信诈骗教学

（一）教学目标

（1）认知目标：通过预防电信诈骗教学使未成年人深入了解和掌握电信诈骗知识。

（2）技能目标：通过预防电信诈骗教学使未成年人进一步熟悉并掌握预防电信诈骗技能。

（3）情感态度目标：通过预防电信诈骗教学使未成年人有效树立自我保护理念，增强预防电信诈骗意识，养成安全使用电信网络的行为习惯，维护自身健康安全成长。

（二）教学内容

（1）电信诈骗案例介绍。

（2）电信诈骗概念、原因、特点、危害等。

（3）预防电信诈骗教育意义、目的、措施等。

（4）预防电信诈骗常识。

（三）教学方法

（1）采用讲授教学法使未成年人初步了解电信诈骗的危害，掌握预防电信诈骗知识，提高未成年人对电信诈骗的认知水平。

（2）采用多媒体教学法使未成年人直观了解电信诈骗的危害，掌握预防电信诈骗知识，有效提高未成年人对电信诈骗的认知水平，增强未成年人的预防电信诈骗意识。

（3）采用情境教学法使未成年人形象生动地了解电信诈骗的危害，掌握预防电信诈骗知识，进一步提高未成年人对电信诈骗的认知水平，有效增强未成年人预防电信诈骗意识，提升未成年人对电信诈骗的应对能力。

（4）采用应急演练教学法使未成年人在实践活动中了解电信诈骗的危害，掌握预防电信诈骗的知识，进一步提高未成年人对电信诈骗的认知水平，有效增强未成年人预防电信诈骗的意识，提升未成年人对电信诈骗的应对能力。

（四）教学组织

（1）开展以小组为单位的“预防电信诈骗”主题交流学习。

（2）开展以班级为单位的“预防电信诈骗”课程教育教学。

（3）开展以年级为单位的“预防电信诈骗”实践操作活动。

（4）开展以学校为单位的“预防电信诈骗”应急处置演练。

（五）课程/活动总结

（1）对“预防电信诈骗”课程教学过程中未成年人所表现出的优点和不足之处进行深入总结，提出相应的修改完善措施并进行深入的实践操作活动，确保预防电信诈骗知识、技能、情感态度等方面的教学效果。

（2）对“预防电信诈骗”课程的教学形式、教学手段、教学方法等进行科学合理的创新，开发出适合本校实际条件的校本化课程。

（六）课后作业

（1）查阅电信诈骗典型案例的相关资料，了解电信诈骗造成的严重后果。

（2）在日常生活中如何预防电信诈骗？

第七节　预防间谍活动

一、间谍活动概述

（一）间谍行为概念

间谍行为是危害国家安全，加入间谍组织并接受其任务，叛变，为敌人提供情报等行为。根据《中华人民共和国反间谍法》第三十八条规定，间谍行为包括以下行为：间谍组织及其代理人实施或者指使、资助他人实施，或者境内外机构、组织、个人与其相勾结实施的危害中华人民共和国国家安全的活动；参加间谍组织或者接受间谍组织及其代理人的任务的；间谍组织及其代理人以外的其他境外机构、组织、个人实施或者指使、资助他人实施，或者境内机构、组织、个人与其相勾结实施的窃取、刺探、收买或者非法提供国家秘密或者情报，或者策动、引诱、收买国家工作人员叛变的活动；为敌人指示攻击目标的；进行其他间谍活动的。

（二）间谍行为特点

工作性质模糊、身兼多种头衔且资金充裕的人；在公众聚会活动中喜欢抛出争议性话题并引起争论、暗中观察人群的人；驻外和涉外记者，家庭式传教士人员及部分非政府组织成员；按照名片的资讯有正当工作，但上班时间非常不规律，好像无所事事的人；拥有多国留学经历的未成年人或有跟年龄极不相配的留学经历的人；经常关心并向身边的人询问敏感问题，不单只限于政治、军事、舆论、商业等范围的人；定期会到某地见其他人、交换物品或档案的人；经常参与各类学术研讨会、商业会议，常常抛出反动言论并夸大外国好处的人，主动与人攀谈、结交的人。

（三）间谍活动危害

第一，间谍会泄露国家重要机密，使他国对被泄露信息的国家了如指掌，暴露国家弱点，对被泄露国家造成不利影响。第二，若泄露的机密是关乎国家安全系统方面的情报，将会导致被泄露国家出现安全危机，甚至可能会引起国际动荡、引发战争。

（四）间谍活动成因

虽然我国打击间谍案件的力度越来越大，但境外间谍在我国的活动依旧层出不穷，主要因为欧美列强面对我国的强大和快速发展毫无办法，便想通过间谍窃取我国机密来掌握我国的发展现状并企图遏制我国发展。

二、间谍活动预防

（一）防什么？

《反间谍安全防范工作规定》立足构建反间谍安全防范体系，是防范与化解国家安全风险、维护我国国家安全和利益的现实需要。一是外防，防境外间谍情报机关、防境外敌对势力对我国日渐猖獗的渗透窃密活动。二是内防，防国内单位、机构因保密管理不规范导致的泄密情况。

（二）谁来防？

《反间谍安全防范工作规定》按照“分类管理、精准施策”的思路，分别明确机关、团体、企业事业组织和其他社会组织等不同主体在相关工作中的具体责任。一是行业主管部门应当与国家安全机关建立健全反间谍安全防范协作机制，加强信息互通、情况会商、协同指导、联合督查，履行反间谍安全防范行业监督管理责任。二是机关团体、企事业组织和其他社会组织等应当履行反间谍安全防范教育培训、日常管理、报告可疑情况、配合专责机关工作、应对处置突发情况等义务。三是重点单位应当承担重点责任，具体包括：明确反间谍安全防范职责，加强涉密场所、载体、数据、岗位和人员的安全防范管理，做好出国（境）安全防范，定期开展教育培训、落实技术防范措施、定期进行工作自查等。四是关键信息基础设施运营者应当对本单位安全管理机构负责人和关键岗位人员进行反间谍安全防范审查，定期对从业人员进行反间谍安全防范教育和培训，采取反间谍技术安全防范措施，防范、制止境外网络攻击、网络入侵、网络窃密等间谍行为，保障网络和信息核心技术、关键基础设施和重要领域信息系统及数据的安全。

（三）怎么防？

《反间谍安全防范工作规定》明确了反间谍安全防范工作应当坚持中央统一领导，坚持总体国家安全观，坚持专门工作与群众路线相结合，坚持人防物防技防相结合。反间谍安全防范工作不仅是国家安全机关部门的事情，也是全社会的共同责任，只有积极防御，才能有效防止间谍渗透窃密。

三、间谍活动应对

首先，未成年人要积极参加各类爱国主义宣传及国家安全教育活动，以便更好地认清国家安全形势，增强危机忧患意识，树立国家安全观念。其次，未成年人应该了解基本法律常识，明白什么可以做，什么不能做，如：对《宪法》《国家安全法》《反间谍法》《反分裂国家法》《网络安全法》等有所了解。在国外留学的未成年人也应该了解《出国留学人员守则》等。在遇到法律界限不清的问题时，要肯学、勤问、慎行。最后，未成年人要维护国家安全，时刻保持警惕，注意自己的言行，避免造成严重后果。

四、预防间谍教学

（一）教学目标

（1）认知目标：了解反间谍法和掌握国家安全举报电话，熟知间谍活动的特征手段和社会危害，对近代中国的屈辱史和新中国的国防成就深入了解。

（2）技能目标：通过学习掌握必要的识别间谍技能，提高自我保护能力。

（3）情感态度目标：通过预防间谍的教学使未成年人有效树立自我保护理念，增强应对间谍活动的能力，维护自身健康安全成长。

（二）教学内容

（1）间谍活动案例介绍。

（2）间谍行为概念、特点，间谍活动危害、原因及手段。

（3）间谍活动预防、应对及教育。

（三）教学方法

（1）采用讲授教学法使未成年人初步了解间谍活动的危害，掌握预防间谍活动的知识，提高未成年人对间谍活动的认知水平。

（2）采用多媒体教学法使未成年人直观了解间谍活动的危害，掌握预防间谍活动的知识，有效提高未成年人对间谍活动的认知水平，增强未成年人预防间谍活动的意识。

（3）采用情境教学法使未成年人形象生动地了解间谍活动的危害，掌握预防间谍活动的知识，进一步提高未成年人对间谍活动的认知水平，有效增强未成年人预防间谍活动的意识，提升未成年人对间谍活动的应对能力。

（4）采用应急演练教学法使未成年人在实践活动中了解间谍活动的危害，预防间谍活动的知识，进一步提高未成年人对间谍活动的认知水平，有效增强未成年人预防间谍活动的意识，提升未成年人对间谍活动的应对能力。

（四）教学组织

（1）开展以小组为单位的“预防间谍活动”主题交流学习。

（2）开展以班级为单位的“预防间谍活动”课程教育教学。

（3）开展以年级为单位的“预防间谍活动”实践教学活动。

（4）开展以学校为单位的“预防间谍活动”应急处置演练。

（五）课程/活动总结

（1）对“预防间谍”课程教学过程中未成年人表现的优点和不足进行总结，提出有效完善措施并深化实践教学活动，确保预防间谍活动知识、技能、情感态度等方面的教学效果。

（2）对“预防间谍”课程的教学形式、教学手段、教学方法等进行科学合理的创新，开发出适合本校实际条件的校本化课程。

（六）课后作业

（1）查阅国内外重大间谍事件的相关资料，了解间谍活动对国家安全的危害。

（2）当间谍活动发生在自己身边时，未成年人应当采取哪些措施？

第四章　预防和应对生活安全事故

第一节　预防溺水事故

一、溺水事故概述

（一）溺水概念

溺水又称淹溺，是人淹没于水或其他液体介质中并受到伤害的状况。水充满呼吸道和肺泡引起缺氧窒息，吸收到血液循环的水引起血液渗透压改变、电解质紊乱和组织损害，最后造成呼吸停止和心脏停搏而死亡。

（二）溺水事故特点

1.季节性

溺水事故集中发生在夏秋两季，部分水上和冰雪运动地区冬季也偶发溺水事故。

2.区域性

水网密集的南方地区溺水发生率高于干旱少水的西北地区，但实际引发溺水所需的水量很小，因此，未成年人溺水在全国都普遍存在。

3.城乡差异性

农村溺水事故发生率远高于城市，一是城市水环境安全性远远高于农村；二是缺乏有效的家长监护。

4.集群性和集中性

溺水容易造成群死群伤，这与未成年人喜欢结伴戏水有关。溺水在空间分布上具有集中性，溺水事故不是平均分布在自然水域中的，而是具有大分散、小集中的空间区域特征。具体而言，溺水事故往往发生在水文现象的界面处，如：码头、桥墩附近、河流与水库的洄水湾等处，某些特定水域集中发生了较多溺水事故。

5.性别差异性

男性未成年人溺水死亡人数是女性的两倍，这与男性对溺水风险的忽视以及有较多的接触水域机会有关。

（三）溺水事故危害

未成年人因年龄小，体能状况较差，其溺水过程非常短暂，几分钟即可夺走未成年人性命，对身体伤害极为严重，非常容易溺亡，即使生还也多留有后遗症。

（四）溺水事故成因

1.正规游泳场所数量少

由于我国经济发展的地区不均衡，许多经济欠发达地区和农村缺乏足够数量的正规游泳场所，导致未成年人在非安全场所溺水的伤亡者远高于正规游泳场所。

2.家长监管疏忽大意

未成年人溺水事故多发生于暑期、节假日，此时段的家长因为工作或从事农活等不得不留未成年人独自在家，使得未成年人缺乏有效的家长监护。

3.社会监管保护不足

一是危险开放水域监管缺失。危险开放水域是指天然、无人管理的水域，如：湍急的江河海湾，水情复杂的湖泊河湾、建筑工地的积水坑等。二是公共游泳场所管理及保护措施不到位。公共游泳场所包括公共游泳池、公共游泳海滩等，这些地方游泳者较多，若缺乏救生员或保护措施不到位发生淹溺的可能性更大。

4.安全知识普遍欠缺

溺水事故的发生多是未成年人安全意识淡薄、安全知识和安全技能不足造成的。尽管学校每年暑期前都会开展防溺水教育，但未成年人自制能力不足，安全意识淡薄导致溺亡悲剧时常发生。

5.同伴群体不良影响

未成年人的外化行为会受个体因素和环境因素影响。其中，内在心理特征与外部诱因能产生交互作用，同伴的言语劝说与行为示范对于喜欢寻求刺激的未成年人影响较大，特别是不良同伴对未成年人水域高危行为影响较为突出。

二、溺水事故预防

未成年人溺水是可预防可控制的，不少国家和地区未成年人淹溺发生率的下降是由于社会经济模式的转变、人口迁移、城市化、室内休闲活动以及各项溺水干预措施的综合作用结果。因此，我国各行政管理部门、学校、家庭和社会团体等应借鉴国外先进经验和做法，群策群力开展未成年人溺水预防工作。

（一）完善公共政策

政策制定是预防未成年人溺水事故的首道屏障，只有出台相关政策并要求各级政府、行政单位、学校安排专人落实才能从源头解决溺水危害。海南、广东、浙江等省份已出台关于游泳安全和推广游泳技能的相关文件。《健康中国2030规划纲要》中提出：以未成年人为重点，建立学校健康教育推进机制，构建相关学科教学与教育活动相结合、课堂教育与课外实践相结合、经常性宣传教育与集中式宣传教育相结合的健康教育模式，防溺安全教育是未成年人健康教育中重要的教学内容之一。通过建立伤害综合检测体系，开发防溺水干预技术指南和标准，加强未成年人溺水预防与干预，有效减少未成年人溺水事故。

（二）厘清责任主体

未成年人溺水是常发高发事故，解决办法年年提，但收效不佳。防范关键在于厘清责任主体，针对主体分别进行改进。首先，地方政府应加大资金投入，加强对高危地区管控；设立高危区域图并发放给学校和家长，让未成年人了解自己身边的危险。其次，公共场所安全管理要由监督主体负责：公园和城市开放水域安全监督应专人负责；有条件的村落可对现有坑塘进行安全评估，改建或增建为可供未成年人游泳的户外游泳池。最后，学校应分担教育责任，通过反复播放溺水事故视频以及开展溺水被救未成年人的案例宣传、抢救演练、安全情景剧模拟等，让未成年人形成生命高于一切的意识，并能劝阻同伴的危险行为。

（三）强化家庭监管

家长看护不力是未成年人溺亡的最重要原因之一，加强对未成年人监管是防止悲剧发生的有效措施。父母监管责任应以法律形式予以强化，对不负责任的父母进行教育培训或剥夺监护资格，实行亲属共管制度。

（四）保障水域安全

加强水域安全性是降低溺水发生概率的重要举措。对于大面积危险水域必须设置隔离带和警示标志；对于潜在溺水点应根据水域位置及环境等情况逐一排查隐患；对于可处理的危险坑塘应及时填埋；未成年人游泳应在家长或教师带领下，选择安全场所，配备游泳圈等救生器材，从主客观两方面减少未成年人发生溺水事故。

（五）普及安全教育

防溺安全教育除了教会未成年人远离危险水域外，还应传授自救知识与技能以及救人和被救的知识与技能。在扩大公益游泳场馆建设的基础上，有条件的学校应开设游泳课程，将游泳课与救生、急救融为一体，提高未成年人对潜在危险的认识，帮助未成年人掌握游泳与救生技能。

（六）加强媒体引导

媒体报道的态度和出发点是提醒家长、学校、政府多加警惕。正规的、更加普及的媒体通告可以起到较好的警示作用。涉及未成年人溺亡的数字不能仅停留在相关部门的报告中，更需要让更多家长知晓，这样才能消除家长的侥幸心态，真正把未成年人的安全放在心中。

三、溺水事故应对

（一）防溺水六不准

不准私自下水游泳；不准擅自与他人结伴游泳；不准在无家长或老师带领的情况下游泳；不准到无安全设施、无救护人员的水域游泳；不准到不熟悉的水域游泳；不准不懂水性的未成年人下水施救。

（二）自救方法

不要慌张，发现周围有人时立即呼救；放松全身，吸足气让身体漂浮在水面上，将头部浮出水面，用脚踢水，防止体力丧失，等待救援；身体下沉时可将手掌向下压水；如果在水中突然抽筋又无法靠岸时，应立即求救，若周围无人，可采用仰泳或深吸一口气潜入水中，伸直抽筋的那条腿，用手将脚趾向上扳以解除抽筋；若施救者不懂水性，禁止下水救人。

（三）救护方法

可将救生圈、竹竿、木板等物抛给溺水者，再将其拖至岸边；若没有救护器材可入水直接救护，接近溺水者时要转动他的髋部，使其背向自己然后拖运，拖运时通常采用侧泳或仰泳拖运法。未成年人发现有人溺水时千万不能贸然下水营救，应立即大声呼救或利用身边游泳的救生器材施救。

（四）岸上急救溺水者

迅速清除口鼻中的污泥、杂草等，保持呼吸道通畅并拉出舌头，以避免堵塞呼吸道；将溺水者举起，使其俯卧在救护者肩上，腹部紧贴救护者肩部，头脚下垂，以使呼吸道内积水流出；进行心肺复苏，尽速拨打急救电话或送医救治。

四、预防溺水教学

（一）教学目标

（1）认知目标：通过预防溺水教学使未成年人深入了解和掌握预防溺水的知识。

（2）技能目标：通过预防溺水教学使未成年人熟知并掌握预防溺水的技能。

（3）情感态度目标：通过预防溺水教学使未成年人有效树立自我保护理念，增强预防溺水的能力，维护自身健康安全成长。

（二）教学内容

（1）溺水事故案例介绍。

（2）溺水事故概念、特点、危害及原因。

（3）溺水事故预防、应对及教育。

（三）教学方法

（1）采用讲授教学法使未成年人初步了解溺水事故的危害，掌握预防溺水的知识，提高未成年人对溺水事故的认知水平。

（2）采用多媒体教学法使未成年人直观了解溺水事故的危害，掌握预防溺水的知识，有效提高未成年人对溺水事故的认知水平，增强未成年人预防溺水的意识。

（3）采用情境教学法使未成年人形象生动地了解溺水事故的危害，掌握预防溺水的知识，进一步提高未成年人对溺水事故的认知水平，有效增强未成年人预防溺水的意识，提升未成年人溺水的应对能力。

（4）采用应急演练教学法使未成年人在实践活动中了解溺水事故的危害，掌握预防溺水的知识，进一步提高未成年人对溺水事故的认知水平，有效增强未成年人预防溺水的意识，提升未成年人溺水的应对能力。

（四）教学组织

（1）开展以小组为单位的“预防溺水”主题交流学习。

（2）开展以班级为单位的“预防溺水”课程教育教学。

（3）开展以年级为单位的“预防溺水”实践教学活动。

（4）开展以学校为单位的“预防溺水”应急处置演练。

（五）课程/活动总结

（1）对“预防溺水”课程教学过程中未成年人表现出的优点和不足进行总结，提出有效完善措施并深化实践教学活动，确保预防溺水事故知识、技能、情感态度等方面的教学效果。

（2）对“预防溺水”课程的教学形式、教学手段、教学方法等进行科学合理的创新，开发出适合本校实际条件的校本化课程。

（六）课后作业

（1）查阅溺水的典型案例的相关资料，了解溺水的严重后果。

（2）在日常生活中，遇到身边的小伙伴溺水应该如何处置？

第二节　预防青春期问题

一、青春期保健概述

（一）青春期保健概念

青春期保健是指未成年人到成年过渡期间的护理健康知识。青春期不仅身体的第二特征迅速改变，而且精神状态方面也有很大进展。

（二）青春期问题类型

青春期容易出现早恋、情绪不稳、叛逆等现象，从而导致青春期生理和情感问题；青春期学业负担会使未成年人产生不同程度的厌学情绪，从而出现学习问题；青春期的未成年人由于家庭教育方式不当而使性格产生缺陷，出现心理问题；社交圈狭窄使得未成年人容易被带坏、沉迷游戏或过度追星。

（三）青春期问题成因

1.自身原因

处于青春期的未成年人从依赖开始走向独立，生理和心理都会产生变化。生理期的出现使女生感到恐惧、害羞、烦躁，男生变得暴力。青春期男女生开始对异性产生好奇，加上社会环境的耳濡目染，早熟早恋等现象较为普遍。

2.学业原因

青春期阶段的学业负担繁重，不少家长对未成年人的要求较高，相互攀比造成严重内卷，长期枯燥无味的学业负担导致未成年人丧失学习兴趣出现厌学情绪。

3.家庭原因

不少家庭对未成年人的教育方法和手段不当，很容易使他们的性格产生缺陷，造成不少未成年人出现心理障碍。

4.社会原因

处于青春期的未成年人行为多特立独行，对于周边的人和朋友会有些疏远，这就给学校周边的无业人员提供了可乘之机，他们向一些未成年人传播一些不良习气，导致未成年人沾染上不良习惯。久而久之上课听不进去，无所事事；下课后常学着吸烟或做其他违反校纪的事。

（四）青春期保健重要性

1.促进和保护未成年人健康成长

当下未成年人性生理成熟年龄的提前而结婚年龄的推迟，导致婚前性成熟期延长，网络中各种性文化冲击，家庭结构变化，社会利益主体多元化及社会经济地位差别扩大。若未成年人对性与生理健康知识和服务的需求不能从正规渠道得到满足，就会受到不科学、不健康信息的误导，直接影响到每个未成年人的身心健康，影响家庭的和谐，甚至影响社会伦理秩序的稳定。

2.保证国家和民族兴旺发达

未成年人是社会经济可持续发展的关键，是国家和民族未来的希望。未成年人能否健康成长关系着我国未来社会主义事业的发展。因此，要切实开展青春期保健教育，让未成年人在宽松的氛围中掌握正确的性知识，树立正确的人生观和性爱观，顺利度过青春期，为今后的健康生活做好充分准备。

二、青春期问题预防

（一）提高认识，转变观念

加大宣传力度，借助各种宣传教育工具和方式，开展形式多样的理论知识教育。教师和家长要提高思想认识，转变观念，增强责任感、义务感和紧迫感，形成共识，使全社会都充分重视未成年人青春期问题的预防工作，形成一个良好的教育环境。

（二）协调联动，形成合力

未成年人青春期问题预防是一项综合性社会系统工程，需要社会各界的广泛配合，只有做到各部门单位优势互补、资源共享才能达到预期目标。计生、教育、妇联、共青团等有关部门要按照职责分工，各司其职，密切配合，想方设法解决未成年人青春期问题预防工作中的问题，确保预防工作广泛、深入、有效、健康地开展。

（三）强化学校教育，以点带面

学校教育是未成年人获得青春期保健知识的基础，也是未成年人青春期问题预防的前沿阵地。学校领导要高度重视，明确责任目标，采取切实措施将青春期保健教育抓紧抓好，促进青春期的未成年人平稳健康全面发展。

三、青春期问题应对

（一）学习问题

家长要适当调整对未成年人学习的期望值，引导未成年人设定清晰可实现的目标；同时要多陪伴未成年人，多沟通疏导，让未成年人能够感受到家长的支持与爱。对于产生厌学情绪的未成年人则需要帮助其解压，寻找压力来源，提高未成年人的学习效率。对于已开始逃学的未成年人则需家长应多与教师沟通，与未成年人倾心交谈、检讨缺点、分析问题所在，以便采取针对性措施，家长态度是未成年人转变的重要因素。

（二）情感问题

当发现未成年人有早恋或暗恋倾向时，家长要理解和帮助未成年人，不要站在未成年人的对立面或采取粗暴措施制止，引导并告诉未成年人这种喜欢或者朦胧好感是正常的，但只能保持在友谊层面，不能影响学习生活。

（三）心理问题

对于逆反、暴躁等心理问题，家长对未成年人所犯的错误要谅解，多陪伴沟通，善于听取和肯定未成年人的想法，帮助他们解决情绪问题。对于出现自卑、胆小、爱说谎等心理问题，家长要有意识地给未成年人力量和勇气，注意培养未成年人的独立性，鼓励他们正确对待失败，积极与他人交往，注重自我激励。

（四）日常生活问题

对于沉迷游戏、追星的未成年人，家长要加强监控管教，多陪伴未成年人，帮助其找到更好的减压方式或培养其他方面的兴趣爱好。对于爱攀比的未成年人，家长则不能过于溺爱而事事满足其需求，要让未成年人知道任何事情都有规矩和尺度。对于爱打扮的未成年人家长则要教育其不要花过多时间在形象打扮上，要把精力放在学习和发展兴趣爱好方面。

四、青春期保健教学

（一）教学目标

（1）认知目标：通过青春期保健教学使未成年人深入了解和掌握青春期保健教育的知识。

（2）技能目标：通过青春期保健教学使未成年人熟知并掌握应对青春期问题的技能。

（3）情感态度目标：通过青春期课程教学使未成年人能够有效树立健康第一的理念，增强应对青春期问题的能力，维护自身健康平稳成长。

（二）教学内容

（1）青春期问题案例介绍。
（2）青春期保健概念及重要性、青春期问题类型及原因。
（3）青春期问题预防、应对及教育。

（三）教学方法

（1）采用讲授教学法使未成年人初步了解青春期问题的危害，掌握青春期保健的知识，提高未成年人对青春期问题的认知水平。

（2）采用多媒体教学法使未成年人直观了解青春期问题的危害，掌握青春期保健的知识，有效提高未成年人对青春期问题的认知水平，增强未成年人青春期保健教育。

（3）采用情境教学法使未成年人形象生动地了解青春期问题的危害，掌握青春期保健的知识，进一步提高未成年人对青春期问题的认知水平，有效增强未成年人青春期保健教育，提升未成年人对青春期问题的应对能力。

（4）采用应急演练教学法使未成年人在实践活动中了解青春期问题的危害、青春期保健的知识，进一步提高未成年人对青春期问题的认知水平，有效增强未成年人青春期保健教育，提升未成年人对青春期问题的应对能力。

（四）教学组织

（1）开展以小组为单位的“青春期保健教育”主题交流学习。
（2）开展以班级为单位的“青春期保健教育”课程教育教学。
（3）开展以年级为单位的“青春期保健教育”实践教学活动。
（4）开展以学校为单位的“青春期保健教育”应急处置演练。

（五）课程/活动总结

（1）对“青春期保健教育”课程教学过程中未成年人表现出的优点和不

足进行总结，提出有效完善措施并深化实践教学活动，确保未成年人在青春期保健知识、技能、情感态度等方面的教学效果。

（2）对“青春期保健教育”课程的教学形式、教学手段、教学方法等进行科学合理的创新，开发出适合本校实际条件的校本化课程。

（六）课后作业

（1）查阅青春期保健教育的小常识，了解青春期问题的危害。

（2）如果青春期问题发生在自己身上，你会怎么处理？

第三节　预防心理问题

一、心理健康概述

（一）心理健康概念

心理健康是指心理各个方面及活动过程处于一种良好或正常的状态。

（二）心理健康标准

1.智力正常

正常的智力是生活和学习的最基本心理条件，一般智商在80分以上为心理健康的标准。

2.情绪稳定、积极乐观

心理健康者能经常保持轻松、愉快、协调的情绪，能适度表达和控制情绪。

3.坚强的意志品质

心理健康者有着良好的自制力和耐受力，而遇到困难一蹶不振是不够坚强的体现。

4.人际关系和谐

当家庭不和睦或与他人相处不融洽时容易出现心理问题。

5.保持健全的人格

人格健全者心理活动和行为方式处于协调统一，有正确的人生观，能以此为中心，把需要、动机、目标和行为统一起来，乐于生活学习，兴趣广泛，性格开朗，胸怀坦荡，办事机智果断，表里如一，行为上表现出一贯性与统一性。

6.良好的社会适应能力

能够较快地适应环境变化，有良好的心态，能根据客观需要主动改变自己，保持心态平衡，更加精力充沛地面对学习。

7.正确的自我意识

心理健康者十分自信，懂得自尊、自爱，犯错也会自责，但不会一直消沉、自怨、自卑。

8.面对现实、接受现实

心理健康者心中既有诗和远方，也不畏惧眼前的苟且，对生活和学习中的困难和挑战都能勇敢面对，妥善处理。

9.热爱生活、热爱学习

心理健康者热爱生活，面对困难能努力克服，不自怨自艾。

（三）心理健康影响因素

1.家庭因素

家庭对未成年人心理健康影响很大。国内外研究均证实，不良家庭环境因素会造成家庭成员的心理行为异常，这些因素主要有：家庭结构不完整；家庭关系紧张；家庭情感气氛冷漠、矛盾冲突；家庭教育方式不当；家庭变迁或意外事故发生等。

2.学校因素

学校是未成年人学习生活的重要场所，学校对未成年人身心健康的影响作用极大。学校因素主要有：学校教育条件、学习生活条件、师生关系、同伴关系等。这些关系若处理不当会影响未成年人身心健康发展。

3.社会因素

社会因素主要包括政治、经济、文化、教育、社会关系等。这些因素对未成年人生存和发展起着决定作用。社会的不良思想、情感和行为会严重毒害未成年人心灵。

二、心理问题预防

（一）开好心理健康课程

学校要按照国家规定开齐开足心理健康教育和生命安全教育课程，确保心理健康教育每两周一课时、生命安全教育每周一课时并结合地方课程、校本课程，不断丰富课程内容。学校要注重在学科教学中渗透心理健康教育，充分挖掘学科教学中的心理健康教育因素，突出学科教学的育人价值和情感价值，重视未成年人的人格塑造，促进其心理发展，塑造其良好的心理品质。

（二）丰富校园文化活动

学校要加强校园文化建设，打造“一校一品”特色校园文化，彰显学校办学特色与人文底蕴。充分发挥校园图书馆的育人功能，建设好校园开放式阅读柜、公共阅读区；在各班设立图书角，优化校园阅读环境；定期举办“读一本好书、写一篇心得体会、分享一个故事、举办一次演讲”等形式多样的读书活动，陶冶未成年人情操、培养其良好的阅读习惯。因校制宜组建适合未成年人身心发展的社团，常态化开展科普、文体、艺术、阅读、劳动等社团活动，进一步深化素质教育，挖掘未成年人潜能，培养未成年人兴趣和爱好，以积极向上的校园文化陶冶未成年人情操、促进其身心健康成长。

（三）建立良好的师生关系

学校要树立“以未成年人为本”的教育理念，加强与未成年人的情感沟通，努力创造健康快乐、具有心理安全和心理自由的教育环境，积极构建尊重理解、平等真诚、关爱温暖、和谐融洽的师生关系，塑造未成年人良好的心理品质，培养未成年人的健全人格。

（四）密切家校联系

要将心理健康教育知识融入家长会、家庭教育辅导等载体中，定期组织心理健康教育专家对家长进行心理健康培训，强化对家长心理卫生知识的科普宣传，深化家长对心理健康的认知，帮助家长正确看待未成年人心理健康问题，提高家长科学预防、有效识别未成年人心理问题的意识和能力。

三、心理问题应对

（一）学校层面

未成年人因心理问题在学校发生意外事件后，学校要立即启动应急工作预案，第一时间联系未成年人家长并在当地政府及教育、公安、宣传、网信等部门指导下快速反应，做好突发事件的应急处置，尽可能减轻社会负面影响。要做好各类突发事件中受影响未成年人群体的应急心理援助，针对未成年人特点制定完善的辅导方案，有效开展心理抚慰、疏导和心理危机干预工作，防止次生风险和危机的发生。

（二）家庭层面

家长是未成年人心理健康最大的保障，家长应当密切关注未成年人心理状态，与未成年人多交流沟通，尽早发现问题并及时解决，不要让问题进一步恶化。家长不可过度说教和控制未成年人，若未成年人心理问题较为严重，需及时寻找专业人士帮助或尽快前往医院就诊。

（三）未成年人层面

未成年人遇到心理问题时应通过多种方式进行调节，保持乐观心理是应对各种心理问题的有力保障。当发现自己情绪低落或反常时，要及时寻求家长、老师和同学的帮助，舒缓情绪、减轻压力。未成年人要正确认识自己，懂得适度自我欣赏，对不能改变的事情学会欣然接受。未成年人要积极培养兴趣爱好，这样不但能丰富日常生活，还能扩大人际交往，增加与人交流的机会，兴趣爱好还能转移对自我心态的过度关注，减少不适症状对行为及情绪的影响。

四、心理健康教学

（一）教学目标

（1）认知目标：通过心理健康教学使未成年人深入了解和掌握心理健康知识。

（2）技能目标：通过心理健康教学使未成年人熟知并掌握应对心理问题的技能。

（3）情感态度目标：通过心理健康教学使未成年人有效树立自我保护理念，增强应对心理问题的能力，维护自身健康安全成长。

（二）教学内容

（1）心理问题案例介绍。
（2）心理健康概念、标准及影响因素。
（3）心理问题预防、应对及心理健康教育。

（三）教学方法

（1）采用讲授教学法使未成年人初步了解心理问题的危害，掌握心理健康知识，提高未成年人对心理问题的认知水平。

（2）采用多媒体教学法使未成年人直观了解心理问题的危害，掌握心理健康知识，有效提高未成年人对心理问题的认知水平，增强未成年人预防心理问题的能力。

（3）采用情境教学法使未成年人形象生动地了解心理问题的危害，掌握心理健康知识，进一步提高未成年人对心理问题的认知水平，有效增强未成年人预防心理问题的能力，提升未成年人对心理问题的应对能力。

（4）采用应急演练教学法使未成年人在实践活动中了解心理问题的危害，掌握心理健康知识，进一步提高未成年人对心理问题的认知水平，有效增强未成年人预防心理问题的能力，提升未成年人对心理问题的应对能力。

（四）教学组织

（1）开展以小组为单位的“心理健康教育”主题交流学习。
（2）开展以班级为单位的“心理健康教育”课程教育教学。
（3）开展以年级为单位的“心理健康教育”实践教学活动。
（4）开展以学校为单位的“心理健康教育”应急处置演练。

（五）课程/活动总结

（1）对“心理健康教育”课程教学过程中未成年人表现的优点和不足进行总结，提出有效完善措施并深化实践教学活动，确保心理健康教育知识、技能、情感态度等方面的教学效果。

（2）对“心理健康教育”课程的教学形式、教学手段、教学方法等进行科学合理的创新，开发出适合本校实际条件的校本化课程。

（六）课后作业

（1）查阅排解心中郁闷的小方法，了解抑郁等心理障碍的危害。

（2）如果抑郁、焦虑等不健康的心理发生在自己身上，你会怎么处理?

第四节　预防家庭暴力

一、家庭暴力概述

（一）家庭暴力概念

针对未成年人实施家庭暴力是指未成年人的父母、监护人或与其共同生活的其他家庭成员对未成年人实施的身体或精神暴力、性暴力、疏于照顾以及目睹暴力等对未成年人身心发展、健康成长造成伤害的作为或不作为的行为。

（二）家庭暴力类型

1.身体伤害

身体伤害是未成年人遭受家庭暴力的主要类型，即通过殴打、脚踢、抓、挠、针扎、烫、捆绑等形式对未成年人生命安全和身体健康造成伤害的故意和直接行为。

2.性暴力

性暴力是利用未成年人无知、无法表达意见或违反未成年人意志，让未成年人参与性活动。这种类型的家庭暴力是利用未成年人对家庭成员的信任和依赖发生的，有违人性与道德，是对未成年人伤害最为严重、深远的暴力行为，易导致未成年人未来对两性关系、婚姻产生偏见和恐惧。

3.疏忽照顾

疏忽照顾是指父母或其他有扶养与监护义务的人，在有能力的情况下，不作为或疏于对未成年人照顾，无法满足未成年人物质和精神需求，使未成年人处于危困状态，未能提供与未成年人健康、教育、营养等相适应的照顾条件的行为。

4.精神虐待

这种暴力行为虽然对未成年人身体未造成伤害，但通过语言、态度等方式给未成年人心理和精神造成伤害，包括对未成年人语言嘲讽、训斥、否定，使未成年人产生自卑、自我怀疑的负面情绪；对未成年人态度冷漠、不关心、不与未成年人沟通交流；对未成年人进行过分干预，将家庭成员的思想强加给未成年人，使未成年人丧失自由意志，思想受到控制。

5.目睹家庭暴力

未成年人目睹家庭暴力虽不是家庭暴力的直接受害者，但身处父母或其他家庭成员的家庭暴力环境中，会严重影响未成年人的幸福、成长以及成年后的社会互动。

（三）家庭暴力特点

1.主体特殊性

未成年人遭受家庭暴力的施暴主体与受暴主体特殊。根据《民法通则》的规定：未成年人家暴的施暴主体主要为监护人、扶养人和其他成年家庭成员，在实际生活中，往往是父母或实际居住家庭的成年人为主。受暴主体为不满18周岁的未成年人，在心智发展和行为能力上不成熟，自身保护意识和能力不足，在家庭环境中处于弱势地位。

2.行为隐蔽性

由于“不打不成材”等传统观念影响，外界难以将家暴行为与教育子女的惩罚行为相区分。同时，未成年人法律意识淡薄，一般难以准确表达自身的真实意思，维权能力较弱，家庭暴力难以被外界发现。

3.行为多样性

未成年人遭受的家暴行为既有身体暴力，也有精神暴力，近年来媒体又报道出诸多性暴力事件，形式多样，危害极大。

（四）家庭暴力危害

1.危害身心健康

家暴轻则可能导致未成年人身体轻微损伤，重则导致残疾、死亡。家暴可能会使未成年人性格发生改变，产生软弱自卑心理。长期处于家暴之下的未成年人会丧失对美好生活的向往，导致生长发育障碍、人格缺陷，甚至出现自杀倾向。同时，施暴者拳脚相加会使未成年人产生心理阴影，影响其成人后的人际交往，甚至会发展为犯罪高风险人群。

2.影响家庭和谐

亲子关系是家庭关系的重要组成，父母作为未成年人利益守护者，对未成年人的成长有着不可推卸的责任。而家庭暴力会使未成年人对亲子关系产生误解，导致其与父母等家庭成员产生隔阂，出现亲子关系疏离，影响和谐的家庭关系。

3.破坏社会稳定

未成年人长期遭受家暴必然危害其成长，不利于社会发展进步。家庭暴力本身就是扰乱社会秩序的违法行为，甚至会构成犯罪。身体施暴和精神施压可能会使未成年人形成不健全的人格，变得暴躁、冲动和偏激，滋生明显的暴力倾向，成为潜在的社会不稳定因素。

（五）家庭暴力成因

1.传统文化价值观影响

我国传统文化“三纲五常”观念深入人心，子女被视为父母私有财产，导致家中长辈与未成年人难以进行平等的沟通与交流。甚至有些父母认为以打骂形式管教未成年人天经地义，没有意识到自己的行为已经构成家庭暴力。

2.施暴者自身因素

家庭暴力的施暴者一般多为受教育程度偏低、法律意识淡薄；平日有酗酒、吸毒、赌博等恶习；家庭结构不完整、家庭氛围不和谐之人。

3.立法体系有待完善

《反家庭暴力法》的出台虽然提升了受暴未成年人的保护效果，但《反家庭暴力法》的制度设计并未体现出对未成年人的特殊保护。如：未对未成年人遭受家暴进行界定，未设立未成年人保护专章，且将受暴未成年人与受暴妇女的保护混为一体。这在一定程度上会影响司法实践的法律适用。

4.社会调节机制滞后

长久以来，家庭暴力被视为私事，社会公众大多秉持不关心、不干预的态度，这在一定程度上纵容了家暴行为的发生。同时，相应的未成年人保护机构缺乏一定职权，不能有效处理家暴未成年人的行为。部分媒体对于家暴案件采取夸大、不实的报道，并没有发挥媒体应有的舆论导向和警醒作用。

二、家庭暴力预防

（一）完善防治家暴法律法规

《中华人民共和国反家庭暴力法》是为了预防和制止家庭暴力，保护家庭成员合法权益，维护平等、和睦、文明的家庭关系，促进家庭和谐、社会稳定而制定。该法案明确了政府、社会组织、自治组织和学校、医疗机构等各方职责，并设立人身安全保护令制度，切实保障家庭成员特别是未成年人的权益。

（二）普及未成年人求助机构

各居委会、村委会、企事业单位对正在实施的家庭暴力应及时予以劝阻，并根据被侵害人的请求，先在条件较好的社区建立未成年人咨询、救助机构，这些机构接受未成年人的咨询、投诉或建立问题未成年人托管机构，对无人监护的未成年人进行托管，解决他们的生活和学习问题，教给他们生活技能。其优越性在于通过人性化管理和帮助，缓解家庭问题对未成年人的伤害，减少未成年人走向犯罪的可能性。

（三）学校弥补家庭教育缺陷

教育行政部门和学校应大力提倡把素质教育贯穿于学校教育各个环节和角落。对未成年人进行素质教育要强调以提高未成年人整体素质为中心。学校还可定期聘请法制部门专业人员到学校开设法律讲座，以提高未成年人法律意识。学校还要加强对未成年人的管理，广泛开展各项文体活动，丰富未成年人文化生活。

（四）公安机关发挥职能作用

社区民警要利用工作优势，广泛收集信息，提早加强预防。社区民警通过开展法制咨询、发放资料、播放录像、开展座谈等多种形式，深入广大居民家庭、学校、企事业单位进行维护未成年人权益的法制宣传。公安机关要加强对网吧、酒吧等娱乐场所的检查，加大执法力度，发挥法制威力。

三、家庭暴力应对

（一）找到能够庇护的亲人

父母对未成年人实施家庭暴力后，未成年人可以寻求其他亲人的保护和帮助，在其他亲人的劝说和压力下，父母对未成年人的态度可能会好转。若身边没有其他亲人，未成年人可以联系远方亲人让他们知晓自己的处境。

（二）寻求老师或他人的帮助

未成年人在举目无亲的情况下，为了避免遭受更多的伤害，应果断选择离开家中，寻找自己信任的老师或前往同学家中，将自己遭到家庭暴力的事实告知他们，同时请他们帮助自己。

（三）向公安报警求助

未成年人遭受家暴并受到人身伤害时，应迅速赶往附近的派出所报案，及时避免进一步的伤害。若无法赶到派出所，也可以及时报警，请警察介入来有效保护自己的安全。

（四）联系媒体求救

未成年人遭遇家暴后，若亲人不在身边或置之不理，自己无法报案或警察不予立案时，可以向新闻媒体求助，将自己的遭遇公之于众，请求媒体的帮助和引起社会关注。

四、预防家庭暴力教学

（一）教学目标

（1）认知目标：通过预防家庭暴力教学使未成年人深入了解和掌握预防家庭暴力的知识。

（2）技能目标：通过预防家庭暴力教学使未成年人熟知并掌握应对家庭暴力的技能。

（3）情感态度目标：通过预防家庭暴力教学使未成年人有效树立自我保护理念，增强应对家庭暴力的能力，维护自身健康安全成长。

（二）教学内容

（1）家庭暴力案例介绍。

（2）家庭暴力概念、类型、特点、危害及原因。

（3）家庭暴力预防、应对及教育。

（三）教学方法

（1）采用讲授教学法使未成年人初步了解家庭暴力的危害，掌握预防家庭暴力的知识，提高未成年人对家庭暴力的认知水平。

（2）采用多媒体教学法使未成年人直观了解家庭暴力的危害，掌握预防家庭暴力的知识，有效提高未成年人对家庭暴力的认知水平，增强未成年人预防家庭暴力的意识。

（3）采用情境教学法使未成年人形象生动地了解家庭暴力的危害，掌握预防家庭暴力的知识，进一步提高未成年人对家庭暴力的认知水平，有效增强未成年人预防家庭暴力的意识，提升未成年人对家庭暴力的应对能力。

（4）采用应急演练教学法使未成年人在实践活动中了解家庭暴力的危害、预防家庭暴力的知识，进一步提高未成年人对家庭暴力的认知水平，有效增强未成年人预防家庭暴力的意识，提升未成年人对家庭暴力的应对能力。

（四）教学组织

（1）开展以小组为单位的“预防家庭暴力”主题交流学习。

（2）开展以班级为单位的“预防家庭暴力”课程教育教学。

（3）开展以年级为单位的“预防家庭暴力”实践教学活动。

（4）开展以学校为单位的“预防家庭暴力”应急处置演练。

（五）课程/活动总结

（1）对“预防家庭暴力”课程教学过程中未成年人表现出的优点和不足进行总结，提出有效完善措施并深化实践教学活动，确保未成年人在预防家庭暴力知识、技能、情感态度等方面的教学效果。

（2）对“预防家庭暴力”课程的教学形式、教学手段、教学方法等进行科学合理的创新，开发出适合本校实际条件的校本化课程。

（六）课后作业

（1）查阅未成年人遭遇家庭暴力的典型案例，了解家庭暴力的各种危害。

（2）假如自己在生活中遇到了家庭暴力，你应该如何应对与处置?

第五节　安全使用网络和电子设备

一、预防网络成瘾

（一）网络成瘾概述

1.网络成瘾概念

网络成瘾症是指上网者由于长时间或习惯性沉浸在网络时空中，对互联网产生强烈依赖，以至于达到了痴迷的程度而难以自我解脱的行为状态和心理状态。

2.网络成瘾特点

（1）痴迷状态

成瘾者沉溺于网络活动，其思维、情绪和行为都被网上活动所控制，在无法上网时会体验到强烈的渴望，一旦上网就会出现时间失控。

（2）欣快感与虚空状态

上网是成瘾者应付环境和追求某种主观体验的一种策略。成瘾者通过上网可暂时摆脱现实的焦虑，体验到一种因自我错位带来的欣快感和解脱感，获得一些安宁。

（3）成瘾性

当成瘾者被迫停止上网时，会产生挫败的情绪体验，出现注意力不集中、心神不宁、焦躁不安以及颤抖、乏力等症状，甚至有可能采取自残或自杀手段，危害个人和社会安全。

（4）与现实的冲突

由于对网络投入过多精力与时间，成瘾者无暇顾及现实生活，由此引发一系列矛盾冲突，如：家庭矛盾增多，社会活动减少，学业无法完成，个人其他兴趣丧失等。

3.网络成瘾危害

（1）心理畸形，人格异化

网络游戏多以“攻击、打斗、竞争”为主，长期接触飙车、砍杀、爆破、枪战等火爆刺激的游戏容易使游戏者道德认知模糊，淡化虚拟游戏与现实生活的差异，误认为这种通过伤害他人达到目的的方式是合理的。一旦形成这种错误观念便会不择手段，欺诈、偷盗甚至对他人施暴。

（2）伤害身体，危害健康

沉迷网络在身体上容易导致近视、脊椎变形、颈椎病；在心理上导致沉默寡言、不合群、不善于交流、行为怪异等。若长期沉迷于网络游戏会导致自闭倾向，使未成年人处于亚健康状态或直接导致心理障碍。严重迷恋网络还可能产生精神上瘾症状。一旦离开网络，未成年人便会产生精神障碍等心理问题，在日常生活学习中举止失常、神情恍惚、胡言乱语、性格怪异，形成人格障碍。

（3）违法犯罪，危害社会

有些网络成瘾的未成年人为了上网，甚至去偷他人、亲人和教师财物，容易交上不良朋友。网吧人员复杂，辍学者、劣迹斑斑者都在这里聚集，甚至会谋划一些违法犯罪行为。

（4）虚度青春，荒废学业

未成年人一旦沉溺于网络便无法安心学习，浪费大好青春时光，荒废学业，极可能对未来生活造成不良影响。

4.网络成瘾成因

引起未成年人网络成瘾的原因较多，主要是由于网络吸引力强以及网络自由与学业压力大的反差导自制力差的未成年人容易陷入网络游戏的虚拟快感中不能自拔。在网络游戏中获得强烈满足感和成就感，使得未成年人不由自主地进行网络游戏。

（1）学校因素

当前我国基础教育阶段学业负担沉重，未成年人容易产生厌学情绪。在“一分决胜负、一考定终身”的应试教育压力下，在学业竞争中失利的未成年人、问题未成年人心理失衡。为了摆脱现实困扰，这些失意的未成年人便会有意识地躲入网络虚拟世界中去。同时，学校对未成年人网络成瘾问题不够重视，仅靠强制性管理措施压制，缺乏有效疏导手段，也缺乏专业心理疏导与矫正人员。

（2）社会因素

目前，执法部门对网吧的监控管理力度不强，网吧容留未成年人上网、24小时营业比比皆是。部分失学失管未成年人沉溺网吧，有学不就，有家不归。

（3）家庭因素

我国未成年人在成长中普遍缺乏与家长的交流沟通，家长教育方法不当，亲子关系失调。有些父母或离异或外出打工，缺乏与未成年人的交流，使得未成年人找不到合适的宣泄途径，情感孤独；有些父母因对未成年人期望过高而令孩子负担过重。未成年人因长期生活在无人管教或压抑环境，只能通过网络寻求精神放松和情感交流。

（4）自身因素

未成年人正处于青春期，对新事物有着强烈的好奇心和求知欲，对课堂以外的知识同样有着极强的兴趣，这也是未成年人对互联网最为偏爱的原因。同时，有限的感知经验、灵活而隐匿的个人身份、平等的地位、超越时空界限、广泛的人际交往、梦幻般的体验都无不强烈地吸引着未成年人。

（二）预防网络成瘾教育

1.预防网络成瘾策略

（1）国家层面

国家应着眼于未成年人作为未来网络空间竞争的主体，将数字公民教育纳入学校教育体系。在数字公民教育推进中充分利用社会组织、学校、互联网企业等力量，帮助未成年人更加深刻地认识数字主权与数字安全。同时相关部门要提高网络技术，加强网络游戏监管力度，减小网络游戏对未成年人的影响。

（2）学校层面

学校应教导未成年人正确认识和使用互联网，多提供有教育意义、积极向上的网站，让未成年人在网络中获得实践的成功体验，引导未成年人树立正确的网络价值观。学校应鼓励未成年人积极参与文体活动和社会实践活动，培养未成年人丰富多彩的兴趣爱好，实现真实生活和网络学习和谐发展。

（3）家庭层面

家长要和未成年人建立平等的亲子关系，注重了解未成年人的想法，用倾听的方式解决争端，多鼓励和表扬未成年人，让他们感受到来自现实生活的存在感和成就感。家长还要从自身做起，有节制地使用电子产品，做未成年人的好榜样。同时，家长还要避免给未成年人过多压力和关注，加强未成年人自主性和自控力的培养；扩展学习形式，重视体能训练，帮助未成年人培养兴趣爱好或特长。

（4）个人层面

未成年人要正确认识网络，正确认识和评价自己，把重心放在学习上，加强体育锻炼，积极参加自己感兴趣的社团活动。出现沉迷网络的情况时，要反复告诫自己网瘾的危害并积极寻求帮助，以抵制网络对自身的影响。

2.预防网络成瘾应知应会

未成年人在使用网络时：一是要规划和控制好上网时间；二是利用网络进行学习，拓宽知识面，不浏览色情暴力网站；三是要懂得保护个人隐私，不要随意将个人信息告诉他人；遇到困惑时要慎重操作，应询问家长或老师。

二、保护网络隐私

（一）网络隐私概述

1.网络隐私权概念

网络隐私权是隐私权在网络中的延伸，是指自然人在网上享有私人生活安宁、私人信息、私人空间和私人活动依法受到保护，不被他人非法侵犯、知悉、搜集、复制、利用和公开的一种人格权；也指禁止在网上泄露某些个人相关的敏感信息，包括事实、图像以及诽谤的意见等。

2.侵犯网络隐私特点及危害

（1）侵权产生容易性：网络隐私的载体是具有虚拟性质的网络，其不可触摸性导致了私人空间、私人信息极其容易受到侵犯。网络高度开放性、流动性和交互性特性决定了个人信息一旦在网络上传播，其速度之快、范围之广以及任何人获取之便捷将无法控制，使侵权变得十分容易，而救济变得相当困难。

（2）侵权主体和手段隐蔽性：因为网络的虚拟性是侵权者用以保护自身身份的屏障，他们在窃取用户信息时可以不留任何痕迹，也可以应用先进技术手段把整个侵犯过程做得无声无息，甚至可以变换不同身份，所以用户根本不知道是谁盗用过自己的信息。即使会留下痕迹，由于网络更新速度之快，等到用户发现被侵权时，证据早已不复存在。网络用户在通过网络收发email、远程登录、网上购物、远程文件传输等活动时，均可能在不知情的情况下，被他人非法收集个人信息用于非法用途。整个过程用户可能浑然不知，甚至在造成侵权结果发生后，用户仍处于茫然状态。

（3）侵权后果严重性：由于网络的易发布性和传播性，网络信息的发布具有了更快的传播速度及更广的传播范围，极其可能造成用户个人私密资料泄露，造成重大物质损失。同时有可能给用户名誉造成不良影响，给用户身心造成了巨大伤害。

（4）侵权空间特定性：侵犯网络隐私权，其侵犯的客体必须以网络作为其载体，有别于现实环境中的隐私侵权。现实环境中的隐私侵权的载体之广泛，可以是任何人、任何物，但侵犯网络隐私权所发生的空间是特定的也是唯一的，即网络。

3.网络隐私泄漏原因

一是人为倒卖信息，掌握信息的公司、机构员工主动倒卖信息。二是PC电脑感染，电脑感染病毒木马等恶意软件。三是网站漏洞，攻击者利用网站漏洞入侵保存信息的数据库。四是手机漏洞，使用了黑客的钓鱼Wi-Fi等。五是个人信息保护意识淡薄。

（二）保护网络隐私教育

1.保护网络隐私策略

（1）提高未成年人网络安全意识，增强自我保护能力。采取未成年人喜闻乐见的方式和手段，多层次、多角度开展网络安全宣传教育，引导未成年人增强网络安全观念和自我防护意识。大力宣传互联网建设管理的政策法规，普及网络安全常识，帮助未成年人掌握维护网络安全的技能和方法，提升抵御、防范和应对网上侵权的能力。

（2）建章立制，明确职责。加强对教育行业信息技术安全工作的统筹管理，按照分级管理、逐级负责的原则，进一步落实校园网络安全责任，强化岗位职责；建立健全校园信息系统安全日常监测机制、预警应急机制、通报机制、追责机制，不断推进校园网络安全管理制度化、规范化。

（3）加强专业队伍建设。设立专门的校园网络安全管理员岗位，加强对网络安全管理员的专业知识和技能培训，打造一支具有安全管理意识和一定技术水平的网管队伍，使他们能够应对日常的各种网络攻击和破坏。

（4）健全法律法规，加大对犯罪行为的惩戒力度。推进未成年人隐私保护立法，严格执行互联网管理规定，用法律规范和约束人们的自身行为。加大行政执法力度，采取有力措施，严厉惩处和打击面向未成年人的网络侵权和网络违法犯罪行为，维护网络安全、规范网络秩序、净化网络环境。

2.保护网络隐私应知应会

未成年人信息泄露，不仅侵犯了未成年人的隐私权，而且泄露的信息还可能导致孩子成为网络欺诈、网络欺凌、网上性引诱等侵害目标。因此，未成年人不要随便将个人信息发布到网上，微信朋友圈可以设置成禁止陌生人查看。在公共场所要谨慎使用免费的网络，避免手机信息被窃取，也不要随便扫二维码等。下载软件时要提前做好调查，避免下载恶意软件导致个人隐私被窃取等。上网时不要点击随意跳出来的网页。

三、网络谨慎交友

（一）网络交友概述

1.网络交友概念

网络交友是通过互联网平台结识朋友，多数网站依靠网络交友功能来获得流量，提高用户的黏着度。随着更多应用功能的开发，网络交友的服务形式也越来越丰富，网络交友方式变得更加具体，更具针对性。

2.网络交友特点

一是未成年人结交网友的普遍程度和数量有了很大提高。二是未成年人择友门槛降低，群体认同需要凸显。三是未成年人网友走向熟人化。四是未成年人网络交友动机多样化。五是未成年人网络交友的依赖性在上升。

3.网络交友不慎危害

未成年人网络交友不慎不但会影响个人的学习和生活，还会影响自己的思维和情绪。有些未成年人为了与网友长时间聊天，竟学会了逃课逃学，甚至背着父母通宵网聊。此外，由于未成年人网络交友不慎而导致的敲诈勒索、诈骗、抢劫、强奸等刑事案件层出不穷。

4.网络交友不慎原因

首先，未成年人正经历着从少年向青年的转变，他们希望获得更多人的关注、接纳和喜欢，更希望自己结交志趣相投的朋友。但由于未成年人涉世未深，是非辨别能力和自控力较弱，思维不成熟，容易被蒙蔽、欺骗和利用。其次，一些家长对未成年人网络交友关注不够，引导不够正确；还有一些家长对未成年人网络交友过度关注，引起未成年人内心反感与抵触。再次，当前学校的关注点依然是未成年人文化学习，对于未成年人网络交友一般不会过多干涉。同时，学校缺乏有效、集中、系统的网络交友辅导课程以及交友行为矫正。最后，智能手机的普及为未成年人网络交友提供了便利，只是网络的虚伪性和隐蔽性会造成“朋友”之间的不确定、不真诚、不安全。

（二）网络交友教育

1.网络交友策略

（1）对未成年人网络交友的态度应该由限制走向开放。目前，未成年人网络交往存在多元化的特点，有与家人及同学保持联系，释放压力、排解孤独以及寻找志趣相投的朋友等多样化需要。这些对未成年人形成积极、健康的生活态度有着积极意义。这一多元化趋势要求社会改变刻板印象，对未成年人网络交往应以更为开放的态度分层次区别对待。对未成年人与同学间的即时联系应给予更多支持；对未成年人与陌生人的交往要给予适当关注与引导，防止上当受骗；对出现中度以上网络社交依赖的未成年人要进行交流、沟通与恰当疏导，防止陷入重度依赖。

（2）网络交往引导要把握中学阶段这个关键时期。中学阶段是网络交往的高发期，也是网络依赖发生的集中期。对未成年人的网络引导必须抓住中学这一关键期开展，以更好地为其健康成长服务。因而，在初中生入学后及时对未成年人进行网络交往的正确导引，使未成年人形成正确的网络交往观念，具备明确的网络交往安全意识，包括对自己的保护与对他人的防范。

（3）加强对未成年人网络交往的理性引导。引导未成年人个体间的交流以真诚友善为原则，同时也要有必需的防范意识；进入某个“圈子”也需要非常谨慎，具有相同的兴趣，通常会有更多共同语言，但也要防止有人利用情感共鸣达到其他目的。因此，需要培养未成年人对圈子的鉴别能力。

2.网络交友应知应会

未成年人网上交友要注意安全，防止被骗钱、骗色。喜欢用交友软件的未成年人，认识新朋友要谨慎，懂得辨别，尤其网络聊天不要轻信网友，不要擅自与网友见面。一是加强自我防范意识，增强法律观念，做到知法用法；二是不要轻易相信网友，更不要单独跟随网友去陌生的地方；三是要有辨别是非的能力，不要被花言巧语蒙蔽；四是住宿、出行尽量结伴，时间、场所要正确选择；五是正确处理与异性交往的尺度，对于网友过分的举动要明确表明反对态度。

四、辨别网络不良信息

（一）网络不良信息概述

目前，网络不良信息的多元化趋势非常明显，除了已经被各大媒体曝光的情色类视频、图片、文学等低俗内容之外，还存在着赌博、造假、诈骗等违反法律和违反道德的内容。

1.网络不良信息来源

根据中国未成年人研究中心“网络不良信息与未成年人保护研究”课题组公布的调查结果显示：未成年人主要是被动接触网络淫秽色情信息和网络暴力信息，不良信息的表现形式主要是图片、视频、游戏和小说。未成年人接触不良信息的途径是：浏览网页时自动跳出；通过垃圾短信提供的网址链接；朋友或同学发送的链接；通过搜索引擎主动搜索的色情网站。

2.网络不良信息危害

第一，网络不良信息影响未成年人社会化。首先，网络不良信息传播的刺激、暴力等信息会激发未成年人的好奇心理和尝试心理，耗费未成年人的精力，从而影响未成年人的正常学习和生活。其次，网络不良信息传播的是扭曲的价值观念，影响未成年人形成良好的道德品质，使未成年人缺少社会责任感。最后，网络不良信息容易使未成年人沉迷网络，影响与家人或朋友的沟通交流，影响正常社会交往。第二，网络不良信息容易诱发未成年人犯罪。网络不良信息传播的扭曲价值观念、偏差的行为模式会影响未成年人价值判断，诱发犯罪心理，导致未成年人出现不良行为和犯罪行为。

（二）辨别网络不良信息教育

1.辨别网络不良信息教育策略

（1）完善立法，制定未成年人网络保护的专门法律

在法治社会制定未成年人网络空间保护的专门法律，明确规定网络不良信息的内容和法律责任，在保护未成年人健康成长与尊重未成年人权利之间

做出恰当的制度安排，有利于依法维护未成年人的合法权益。

（2）强化政府监管，预防和减少网络不良信息传播

政府要加强网络监管，施行网络实名制、网络信息分级制度，从源头预防和减少网络不良信息；支持研制网络不良信息过滤技术，并在计算机上安装不良信息过滤软件，阻断网络不良信息向未成年人传播的路径；强化对智能手机上网的监管和对微博、微信等新媒体内容的监管，防止网络不良信息通过手机上网传播；加强互联网服务企业行业自律和管理，避免互联网企业为了追逐利益而传播网络不良信息。

（3）加强教育引导，引导未成年人理性文明上网

家长要加强对未成年人的监护，在家中电脑安装网络不良信息过滤软件，与未成年人沟通交流，协商约定未成年人上网尤其是关于手机上网的时间和内容，教育引导未成年人理性文明上网。家长加强未成年人网络素养教育，提高未成年人甄别网络不良信息的能力。

2.“防迷网”三字文

互联网，信息广，助学习，促成长。

迷网络，害健康，五个要，记心上。

要指引，履职责，教有方，辨不良。

要身教，行文明，做表率，涵素养。

要陪伴，融亲情，广爱好，重日常。

要疏导，察心理，舒情绪，育心康。

要协同，联家校，勤沟通，强预防。

五、安全使用网络和电子设备教学

（一）教学目标

（1）认知目标：通过安全使用网络教学使未成年人深入了解和掌握安全使用网络的知识。

（2）技能目标：通过安全使用网络教学使未成年人进一步熟悉并掌握安全使用网络的技能。

（3）情感态度目标：通过安全使用网络教学使未成年人有效树立自我保护理念，增强安全使用网络意识，养成安全使用网络的行为习惯，维护自身健康安全成长。

（二）教学内容

（1）安全使用网络案例介绍。

（2）安全使用网络概念、原因、特点、危害等。

（3）未成年人安全使用网络教育意义、目标、内容、措施等。

（4）未成年人安全使用网络常识。

（三）教学方法

（1）采用讲授教学法使未成年人初步了解网络使用不当的危害，掌握安全使用网络的知识，提高未成年人对网络使用不当的认知水平。

（2）采用多媒体教学法使未成年人直观了解网络使用不当的危害，掌握安全使用网络的知识，增强未成年人安全使用网络的意识。

（3）采用情境教学法使未成年人形象生动地了解网络使用不当的危害，掌握安全使用网络的知识，有效增强未成年人安全使用网络的意识，提升未成年人对网络使用不当的应对能力。

（4）采用应急演练教学法使未成年人在实践活动中了解网络使用不当的危害、安全使用网络的知识，有效增强未成年人安全使用网络的意识，提升未成年人对网络使用不当的应对能力。

（四）教学组织

（1）开展以小组为单位的“安全使用网络”主题交流学习。

（2）开展以班级为单位的“安全使用网络”课程教育教学。

（3）开展以年级为单位的“安全使用网络”实践操作活动。

（4）开展以学校为单位的“安全使用网络”应急处置演练。

（五）课程/活动总结

（1）对“安全使用网络”课程教学过程中未成年人所表现出的优点和不足之处进行深入总结，提出相应的修改完善措施并进行深入的实践操作活动，确保安全使用网络知识、技能、情感态度等方面的教学效果。

（2）对“安全使用网络”课程的教学形式、教学手段、教学方法等进行科学合理的创新，开发出适合本校实际条件的校本化课程。

（六）课后作业

（1）查阅网络使用不当典型案例的相关资料，了解网络使用不当造成的严重后果。

（2）在日常生活中如何养成安全使用互联网的习惯？

第三篇

学校安全教育竞赛篇

第一章　学校安全运动会

《关于开展广西梧州市第一届校园安全运动会的通知》

为了进一步强化广大师生的安全意识，检验师生的安全知识，提高师生的安全技能，构筑校园安全防线，特举办本次比赛。

一、主办单位：梧州市教育局

二、承办单位：梧州市中小学生示范性综合实践基地

三、比赛时间：2020年10月

四、比赛地点：梧州市中小学生示范性综合实践基地

五、参加单位：市局直属、藤县、岑溪市、苍梧

县、蒙山县、万秀区、长洲区、龙圩区

六、组别设置：教师组、未成年人组和师生混合组

七、竞赛项目

（一）教师男女混合组

（1）绳结编制和高楼逃生（2男2女，共4人）。
（2）消防综合演练（共10人，女子不得少于4人）。
（3）竹筏扎制（2男2女，共4人）。
（4）洪灾疏散救援（8男8女，共16人）。

（二）未成年人组男女混合

（1）绳结编制和高楼逃生（2男2女，共4人）。
（2）消防综合演练（共8人，其中女子不得少于3人）。
（3）竹筏扎制（共4人，2男2女）。
（4）溺水救援（8男8女，共16人）。

（三）师生男女混合组

交通安全知识闯关（教师1男1女，未成年人1男1女，共4人）、车辆盲区标定（共7人，未成年人至少3人）、大巴车应急疏散（共29人）、心肺复苏（教师2男2女，未成年人2男2女，共8人）、安全技能趣味定向运动（共4人，教师2人，未成年人2人）。

八、参赛资格

（1）参赛运动员需为梧州市教育局直属或下辖各县（市、区）在职教师以及在籍初中八年级的未成年人。

（2）参赛运动员需在梧州市中小学生示范性综合实践基地接受安全技能实训教学并掌握相应安全技能，同时具备良好的思想品德并经医务部门检查证明是身体健康者。

（3）各县（市、区）教育行政主管部门应对参赛运动员资格严格审核并承担相应责任。

（4）凡在赛前、赛中、赛后发现参赛运动员不符合参赛资格的规定要求，或冒名顶替等违规行为者，将取消该运动员所参加的全部项目的比赛成绩和名次。同时，取消该单位的团体总分排名，对涉事相关单位和个人进行通报批评。

九、参加办法

（1）以市局直属和各县（市、区）为单位组织队伍参加比赛。每队可报领队1人，教练员2人。各参赛单位教师组限报20人，其中女教师不得少于8人；未成年人组限报20人，其中女生不得少于8人。每队可另报2名教师和2名未成年人作为替补队员。报名时需注明领队和教练员的性别、人数及联系电话等。

（2）各参赛单位必须参加所有项目的比赛，否则不能参与团体总分的排名。参赛单位在每个比赛项目中限报一队，每名运动员限报五项。其中，教师组竹筏扎制和洪灾疏散救援不得兼报；未成年人组竹筏扎制和溺水救援不得兼报；交通安全知识闯关、车辆盲区识别项目标定及大巴车应急疏散三个项目不得相互兼报。

（3）绳结编制和高楼逃生的参赛运动员由本次大赛组委会在技术会议上

采用抽签随机的方式产生，报名时只需任意一名运动员勾选该项目即可。

（4）各队需在赛前为参赛运动员购买意外伤害险和医疗险，保险协议中需特别约定在比赛期间有效；没有办理保险者，不得参加比赛。

（5）报名方法：在认真阅读网站上的报名说明后进行报名。先将所有运动员按身份属性分别录入教师男子组、教师女子组、未成年人男子组、未成年人女子组内。运动员名单可批量导入。每个单项的参赛人员名单录入结束时，均要点击“提交保存”按钮。全部项目参赛人员名单录入结束后，进入“未成年人组男女混合”“教师组男女混合”“师生组男女混合”三个组别分别进行点选项目报名。每个组别完成报名后均应点击“提交保存”按钮，保存成功后再进行下一个组别的报名。最后一个组别报名完成后，点击“提交保存”按钮，页面提示报名成功后，点击“浏览报名表”按钮并进行核对，核对无误后点击“打印本页”按钮，打印后由本县（市、区）教育行政主管部门加盖公章后报送至梧州市教育局。

十、比赛办法

（1）比赛均直接进行决赛，各项目比赛规则和比赛办法详见第二章节。除在各项目比赛办法及比赛规则中有特别规定的以外，各项目的计时及名次的判定均执行最新田径竞赛规则相关部分。

（2）比赛器材设备均由大会提供，不得使用自备器材。

十、录取名次和计分方法

（1）各项目比赛均按有效成绩取前6名，4人（含4人）以下项目分别按9分、7分、6分、4分、3分、2分进行计分，4人以上项目分别按18分、14分、12分、8分、6分、4分进行计分。如遇成绩相等，则名次并列，得分相同。

（2）比赛设团体一、二、三等奖。将各参赛单位在各单项比赛的得分汇总后进行团体总分排名，团体总分排名第1、2的参赛单位为一等奖，排名第3、4、5的参赛单位为二等奖，排名第6、7、8的参赛单位为三等奖。如遇总分相同并影响奖项等级时，则以各单项比赛中获第一名数量多者名次列前；如仍相等，则以各单项比赛获得第2名数量多者名次列前；余者类推。

（3）奖励办法：对获得单项前6名的参赛运动员颁发获奖证书，对获得团体总分一、二、三等奖的参赛单位颁发奖杯（或奖牌）。

十二、报到

（1）报到时间与地点：另行通知。

（2）资格审查：报到时必须携带运动员学籍卡原件、二代身份证原件、意外伤害险、医疗险保险单进行资格审查，手续不全者不得参加比赛。

十三、裁判员

裁判员由主办单位、承办单位、协办单位共同选派，并提前进行比赛规则、竞赛技能等相关内容的培训。

十四、费用

各参赛单位交通费自理，食宿费每人每天60元，其他费用由大会组委会负责。

十五、比赛中的不当行为

当运动员在比赛中的不当行为可能影响比赛进程、比赛成绩或名次时，裁判长将视情节分别给予黄牌（警告）或红牌（取消比赛资格或比赛成绩）的处罚。黄牌和红牌的处罚均被视为是对该运动员所在参赛队的处罚。黄牌警告将被累计，当某个参赛单位得到两次黄牌警告时，裁判长应立即向该队出示红牌并取消该参赛队正在比赛项目的比赛资格或成绩。

十六、抗议和申诉

抗议与申诉：对运动员的参赛资格提出抗议，必须在赛会开始前向总裁判长提出。总裁判长做出裁定后，相关人员有权向仲裁委员会提出申诉。如抗议涉及某项目比赛的成绩或进程，则应在正式宣告该项目成绩后的30分钟内提出。运动员或运动队所提抗议（或随后的申诉）必须是其正在参加的该项目的比赛。所有抗议均应由运动员本人或各参赛单位的领队向有关裁判长口头提出。裁判长作出裁决后，运动员有向仲裁上诉的权利。当裁判长不在场或不能够及时向相关裁判长提出，可以通过项目主裁判向裁判长提出抗议。

凡上交仲裁的申诉，都必须在下列情况发生的30分钟内作出：①正式公告因裁判长作出的裁决而更正的成绩；②给予作出不更正成绩裁决的建议。申诉必须以书面形式并由运动员本人或其代表或者运动队的领队签名，并附上500元/项申诉费。如果该申诉被驳回，则申诉费不予退还。仲裁委员会的裁决为最终裁决。

十七、本规程未尽事宜由主办单位另行通知，规程的解释权归主办单位

第二章　学校安全运动会竞赛规程

第一节　学校安全运动会竞赛细则

一、学校安全运动会竞赛项目

根据学校安全运动会竞赛项目的具体内容和评判方式的特点，将学校安全运动会竞赛项目分为三个大项：安全知识竞赛、展示项目竞赛、竞技项目竞赛。

（一）安全知识竞赛

以学校安全教育理论与实践课程的知识要点为基础，结合未成年人在日常生活及学习中的各项安全常识，采用线上或线下问答、抢答、闯关、答卷等形式进行安全知识竞赛。

（二）展示项目竞赛

以学校、年级、班级的师生员工为参赛单位，参与地震、火灾、校车事故、暴力袭击等应急疏散演练竞赛，通过视频拍摄的方式将上述应急疏散演练成果及过程以项目展示的形式参与竞赛。展示项目竞赛成绩由评委会根据《中小学幼儿园应急疏散演练指南》中的相关评价标准和要求进行综合评判。

（三）竞技项目竞赛

以学校安全教育理论与实践课程的实践操作技能为基础，结合未成年人在日常生活及学习中遇到的各类安全问题，采用实践操作的形式进行安全技能竞赛。该项目竞赛下设三个组别：教师组、未成年人组、师生混合组。

二、学校安全运动会参赛细则

（一）参赛单位

根据学校安全运动会的级别和规模，由各级教育局、各个中小学校、各个班级组织师生员工参加比赛。

（二）报名要求

（1）参赛运动员必须是本地区拥有正式学籍的本校在读未成年人、在职在岗教师员工。

（2）比赛设幼儿园组、小学组、初中组、高中组、教师男女混合组、未成年人组男女混合组、师生男女混合组。

（3）各参赛单位需按照学校安全运动会的竞赛规程报送运动员名单。

（三）录取名次和奖励

（1）各项目按规程录取名次并颁发证书。

（2）比赛设团体总分一、二、三等奖，分别颁发奖杯。

（3）评选“安全标兵”若干名，并根据运动会裁判工作情况评选出“优秀裁判员”，按人数的百分比（30%左右）设奖。

（四）器材和经费

（1）器材：比赛场地和器材等由承办单位提供。

（2）经费：参赛单位所需费用均由各参赛单位自行承担。

（五）其他事项

（1）各县（市、区）教育局和各市直学校要切实做好组织宣传和动员工作，提升安全教育实践活动的参与面。各校要把本次比赛作为培养学校安全能力和未成年人安全素养的有效载体，让更多的未成年人在实践中得到锻炼，让安全教育渗透到学校教育教学活动中。

（2）各参赛单位要认真做好参赛项目运动员的选拔、推荐和训练工作。按照通知的相关要求结合学校师生员工的实际能力选择适合的项目报名，并按时组队参赛。同时，各校要在规定时间内将参赛报名表以纸质（盖印）及电子文档形发送至指定邮箱。

（3）重视安全教育活动宣传工作。各个中小学校要积极争取宣传媒体的大力支持，充分展现学校安全教育的创新成果、中小学生安全实操能力以及浓郁的安全教育社会氛围。各校要及时将本次安全教育活动的相关文字、图片及视频材料及时反馈至市教育局安稳科。

（4）未尽事宜请与此次学校安全运动会组委会提供的赛事联络人联系。

（六）本次比赛解释权归大会组委会

第二节　学校安全运动会安全知识竞赛规则

一、参赛人员要求

根据参赛人员年龄的大小将参赛运动员分为小学低龄段（1—3年级）、小学高龄段（4—6年级）、初中段、高中段、成人段共五个组段，参赛人员按其年龄大小参加对应年龄段的知识竞赛。同时，每组可派出一定数量的成员组队参赛，具体组队人数可根据参赛队伍规模和参赛时间等因素商榷而定。

二、竞赛题库来源

学校安全运动会安全知识竞赛题目的来源主要是学校安全教育平台题库、自制题库（需配标准答案）等。

三、竞赛题目类型

安全知识竞赛的题型包括必答题、抢答题、是非判断题、选答题、应用题等类型，具体规则如下。

（一）必答题单元（抢占先机）

该竞赛单元的题型有单项选择题和多项选择题，参赛队伍的所有队员都必须参加此单元竞赛。答题顺序由抽签决定，第一次抽签决定各支队伍的答题顺序；第二次抽签决定同一支队伍内的队员答题顺序。每名队员需回答两题，每题五分，每题有十秒钟的答题时间。答对加五分，答错或放弃则不加分。答题时必须由单个队员回答，组内队员和场外人员不可交头接耳、不可提示，否则视为答错并扣罚五分。

（二）抢答题单元（时不待我）

该竞赛单元的题型为单项选择题、多项选择题、是非判断题。当主持人念完题目并说完开始抢答时，各支队伍可通过按抢答器来抢答，获得答题权以后，可在小组内讨论，然后由一名队员代表起身答题。此单元设二十个题目，每题十分，答对加十分，答错扣十分，每题有二十秒钟的答题时间。若有队伍在主持人尚未念完题目或还未说完开始抢答前就按抢答器则属于犯规，对犯规队伍要罚扣十分并暂停下一轮抢答资格，且该题目作废需重新递补一条新题目。

（三）是非判断题单元（黑白分明）

该竞赛单元的题型为是非判断题，参赛队伍的所有队员都必须参加此单元竞赛。答题顺序以必答题单元第一次队伍抽签决定的顺序为准。每名队员需回答两题，每题五分，每题有十秒钟的答题时间。答对加五分，答错或放弃则不加分。答题时必须由单个队员回答，组内队员和场外人员不可交头接耳、不可提示，否则视为答错并扣罚五分。

（四）选答题单元（放手一搏）

该竞赛单元的题型为找错题，参赛队伍需要从不同难度的视频或图片中找出存在安全隐患的地方，由队员共同完成此单元竞赛。视频或图片的难度分为简单级、一般级、困难级三个等级，其中，简单级分值为三十分，内含六处安全隐患；一般级分值为四十分，内含八处安全隐患；困难级分值为五十分，内含十处安全隐患。参赛队伍只有找出视频或图片中的全部安全隐患方可获得该难度等级对应的分值；未全部找到安全隐患之处则不得分，但也不扣分。每支队伍在观看视频或图片后有三至五分钟的时间答题，需要在答题板上逐一写出安全隐患之处。

（五）应用题单元（学以致用）

该竞赛单元的题型为应用题，由主持人从火灾、地震、校车事故、暴力袭击、溺水等主题中任选一个主题进行现场应急疏散演练，参赛队伍的所有队员必须参加此单元竞赛。该项目赛前准备时间为三分钟，以必答题单元第一次队伍抽签决定的顺序进行比赛，分值为一百分，竞赛限时五分钟完成并现场计时。最终由专家根据各支队伍现场演练的实际情况进行评分。

四、竞赛计分及排名

记分员对各支队伍每一个安全知识竞赛单元的得分进行累加求和，按得分由高到低排序确定名次。当得分相同时，则比较应用题单元的用时长短，用时短者名次在前，用时长者名次在后。

第三节　学校安全运动会展示项目竞赛规则

该竞赛单元是以地震、火灾、校车事故、暴力袭击等突发事件的应急疏散演练为主题，参赛单位需要将主题演练的全过程以视频方式参赛，作品上交以后由专家组根据相关评分标准对参赛作品进行评判。下表是地震应急疏散演练为例的评分规则，其他主题的应急疏散演练可以此为参考制定相应的评分细则。

评分标准	评分内容	扣分标准
地震避险预备工作（10分）	①演练总指挥宣布演练正式开始。 ②播放地震触发警报（60秒），值班老师组织未成年人紧急避震；值班领导向上级部门求救。	总指挥未宣布演练开始扣2分； 未触发警报声扣1分； 老师未组织未成年人避震或老师组织未成年人避震动作不标准扣2～5分； 未向上级部门求救扣2分。
地震疏散演练（30分）	按规范要求组织未成年人有序疏散。过程应包含以下3个情景： 情景一：楼梯间内靠墙侧一路纵队扶墙下楼，靠栏杆侧一路纵队扶栏杆下楼；未成年人应使用书包或枕头等保护头部。 情景二：通过烟尘区域时应使用衣物或毛巾等织物保护口鼻。 情景三：在疏散中有人摔倒时，后面同学应紧急避让前进并大喊“有人摔倒”，避免后方人群出现拥挤踩踏，跌倒同学应迅速爬起来与同学一起撤离。	缺少一个情景扣10分。 情景一： 疏散过程未按规定列队扣5分； 未使用书包或枕头等保护头部扣5分。 情景二： 通过烟尘区域未使用织物等保护口鼻扣5分。 情景三： 未避让摔倒同学扣5分； 出现拥挤扣5分； 未及时撤离扣5分。
集结清点（20分）	①进入指定集结区域集中，迅速列队、下蹲。 ②各班按照应到人数、实到人数、伤亡失联人数的要求完整准确地报告人员情况。	未在规定区域集中扣5分； 集中时列队不符合标准扣5分； 未下蹲扣5分； 报告信息错误或不完整扣5分。
抢险救护（10分）	发现受伤人员或心理状况不稳定的未成年人，老师应立即向抢险救护组报告，抢险救护组应立即采取救护措施或者实施心理辅导。	发现但没有报告扣5分； 报告延迟扣5分； 未采取救护措施扣5分； 采取救护措施延迟扣5分。
总指挥现场点评（10分）	现场总结应包括演练效果评价、公布演练完成时间、演练成效、演练不足、存在问题原因分析五个方面的内容。	缺1项内容扣2分。

续表

评分标准	评分内容	扣分标准
视频格式（10分）	①视频要有片头片尾，显示标题、作者、单位等信息；主要内容和环节有字幕提示或说明 ②视频格式为：MP4，MPEG，WMV。	缺一项信息扣1分； 视频格式不正确扣5分。
视频画质（10分）	视频画面清晰、图像稳定、构图合理、声画同步，能全面真实反映演练情景。	画面分辨率低于720p扣3分；声画不同步扣2分；图像抖动大扣2分；视角狭窄不全面扣3分。

第四节　学校安全运动会竞技项目竞赛规则

学校安全运动会竞技项目竞赛主要分为消防安全、交通安全、水上安全、公共安全四个单元进行比赛。其中，消防安全竞赛单元分为绳结编制及高楼逃生、消防综合演练两个项目；交通安全竞赛单元分为交通安全知识闯关、车辆盲区标定、大巴车应急疏散三个项目；水上安全竞赛单元分为竹筏扎制、洪灾疏散救援、溺水救援三个项目；公共安全竞赛单元分为心肺复苏、安全技能趣味定向运动两个项目。

一、消防安全竞赛单元

（一）绳结编制及高楼逃生

本项目参赛人数为2男2女，比赛地点位于高楼的二层窗口处。各支队伍参加此项目的运动员由组委会在领队教练员技术会议上当场从本单位报名人员中随机抽取。一旦确定参赛运动员后，各队不得更换队员，不得冒名顶替参赛，一经发现，取消该单位该项目的比赛资格且该项目成绩记零分。该项目比赛可分为未成年人男女混合组、教师男女混合组、师生混合组等多个组别进行比赛。男运动员在比赛开始前需穿好半身保护衣，配好主锁，戴好手套。各参赛单位另需从2名男运动员中选择1人完成下降任务。

1.比赛办法

听到发令信号后，4名参赛运动员先将床单纵向撕成若干条长条状布带（应至少撕成6条或以上，宽约30cm），并搓成绳状，作为绳子替代物。然后将每条布带打上至少3个结，并用双平结将这些布带连接成一条下降带；再然后将制成的下降带一端用卷结固定在横杆上，另一端用单套腰结固定在假人身上后，拍打计时器停止计时。然后，由做好保护的2名男运动员将假人吊装放到地面；最后，1名男运动员从大会预先固定好的下降带下降至地面。

2.比赛规则

（1）计时与名次判定：从发令器发出信号开始至所有绳结完成编制后，最后一名离手的队员拍打计时器时止，用时较少者名次列前。

（2）犯规及处罚：

①少打结（含加固半结）或打错结，加时60秒/个。

②半结加固绳头预留不符合标准（短于10cm或超过30cm），加时30秒/个。

③少打3个以上结，则取消该队成绩。

④在停表后至开始吊装假人前，运动员不得触及任何绳结及假人，否则将被认定为不当行为。

⑤吊装假人至地面和男运动员利用下降带下降到地面的时间不计入比赛时间内，但各参赛队必须正确完成吊装假人和真人下降着地的动作。若未能完成、或假人摔落、或真人不依靠自己力量下降，则取消成绩。

（二）消防综合演练

本项目适合教师男女混合组竞赛，参赛人数为10人，其中女性至少4人。

1.比赛办法

本项目为①烟道逃生（3人）；②破门救援（3人）；③油盆灭火（2人）；

④消防水带连接（2人）共四个连续技能竞赛环节，各环节间以接力形式衔接（见下图）。各技能环节比赛办法如下：

（1）烟道逃生（第一棒，3人）：听到发令信号后，运动员A快速在腰间系上绳子，另两名运动员迅速拿起三块毛巾并完成沾水。运动员A一臂前举，另一手以湿毛巾捂住口鼻，另两名运动员依次排在A之后，一手抓住绳子，另一手以湿毛巾捂住口鼻。三人列队先以鸭子步行进方式快速通过1.2米限高通道（10米长），再以弯腰低姿捂口鼻方式通过1.5米限高通道（10米长），最后再以弯腰低姿捂口鼻方式通过烟道。在最后一名队员出烟道时应保持原有队形，所有队员均应手握绳子。出烟道后迅速跑向第一接力区完成传接棒。

（2）破门救援（第二棒，3人）：完成接棒后，3名运动员迅速跑向灭火器放置点。其中1人取一个投掷型灭火器，另2人各拿一瓶手持式灭火器后，迅速跑向距防火门5米的警示线处（不得越线）。先由持投掷型灭火器的运动员将灭火器扔向防火门上三分之一范围内（门上画线）；然后另两名队员用手持式灭火器扑灭剩余火焰（可适当靠近防火门，最近不得超过3米）；待火焰完全熄灭后破门而入，共同将假人搬运至安全岛后，迅速跑向第二接力区进行传接棒。

（3）油盆灭火（第三棒，2人）：接棒后，2名队员迅速跑向灭火器放置点，每人拿一瓶手持式灭火器跑向距火盆3米的警示线处（定点以三米半径画圈），快速准确地判断出风向并选定好站立位置，使用手持式灭火器将油盆内的火焰扑灭后，迅速跑向第三接力区进行传接棒。

（4）消防水带连接（第四棒，2人）：运动员接棒后，迅速跑至消防水带和水枪放置点。其中1人快速打出水带，并将一端卡槽连接在消防栓上，然后抓起另一端向前奔跑。同时，另1人携带水带和水枪跑向预估的水带连接点后，打出水带，留下一端，拿起另一端往前跑，边跑边连接水枪。运动员确认水带及水枪前后三处连接完成，并铺设平整未打结，超过定点位置，迅速跑过终点线。

（5）接力区与传接棒：接力区为一个5米×4米的长方形区域，用白线标出，此白线不包含在接力区内。除第一棒运动员在起点处开始以外，其他各棒次的所有运动员均应在接力区内等待传接棒。比赛开始前，助理发令员应确保第一棒运动员拿到了接力棒，接力棒为一个手环，可以由任一运动员以任意形式持握。运动员应持棒完成各环节比赛，传接棒由相邻两个环节的任意一名运动员完成。

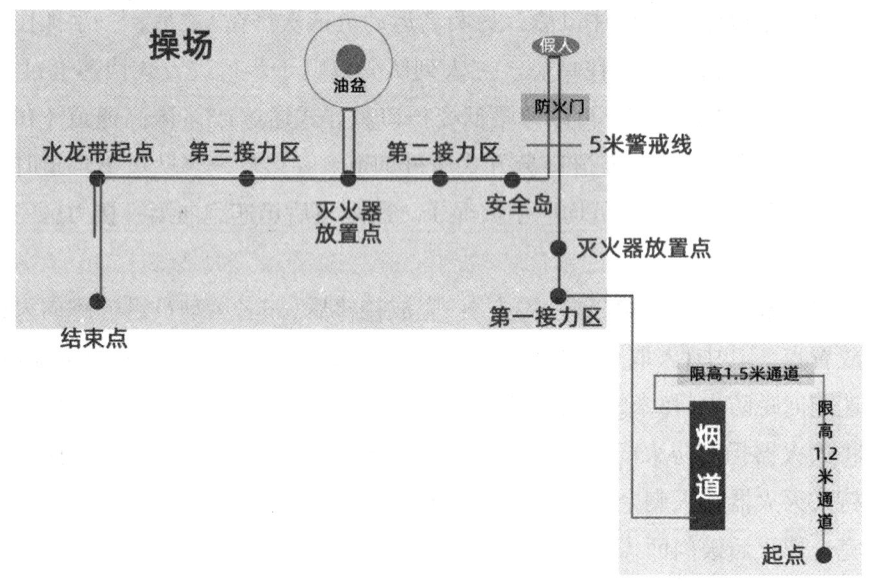

教师组比赛流程图

2.比赛规则

（1）计时及名次判定：从发令器发出信号开始至第四棒中最后一名运动员跑过终点线后沿垂直面瞬间为止，用时较少者名次列前。

（2）传接棒：各环节的2名或3名运动员应视为一个整体。在上一棒所有运动员完成任务并全部进入接力区后方可开始传接棒。从传接棒开始到完成传接棒，应确保本队所有运动员完全在接力区内（不得触及白线及白线以外地面）。接力棒的传接开始于接力棒第一次触及接棒运动员，接棒运动员手持接力棒的瞬间才算完成传接，传接棒不得采用抛甩动作。在完成传接棒后，下一环节的所有运动员方可离开接力区开始本环节的比赛。

（3）掉棒：除非已经完全完成传接，否则发生在接力区内掉棒，必须由传棒环节的任一运动员捡起。发生于除接力区以外的接力棒掉落，可由正在比赛环节中的任一运动员捡起。在第三接力区完成最后一次传接棒之后发生的接力棒掉落可以不捡，运动员不会因此而取消成绩或加时。

采用接力的形式是为了提高趣味性，同时传接棒技术不是本项目比赛的重点。因此，运动员不会由于违反本条规则而导致被取消比赛资格或成绩。仅对任何由于违反本条规定并从中获益的行为给予加时的处罚。

（4）犯规处罚：

①烟道逃生：通过限高通道或出烟道时，后面任一运动员的手离开了绳子，每处加10秒。

②破门救援：进入5米警示区投掷灭火器或搬运假人时假人落地加时60秒。火未完全扑灭即进入防火门属于严重违规，将取消本队成绩。

③油盆灭火：站位处于下风口（旁边放小旗佐证）或进入3米警示区，加时30秒。

④打水带：消防水带连接处脱落，每处加时30秒。

⑤接力：每个接力区每出现一个犯规现象加时20秒。同一接力区同一性质的犯规只加时一次。

备注说明：

（1）为确保运动员的人身安全和健康，烟道内将使用造烟机人工制造烟雾。

（2）在第一棒运动员离开1.5米限高通道时，防火门开始点火；在第二棒运动员带假人穿过防火门时，油盆开始点火。每次均倒入混合油500ml。

（3）油盆及灭火器一组一换，每组比赛结束后，防火门及时进行清理。

（三）消防综合演练

本项目适合初中及以上未成年人男女混合组竞赛，参赛人数为8人（其中至少3人为女生）。

比赛办法：本项目分为①烟道逃生（4人）；②油盆灭火（2人）；③消防水带连接（2人）三个连续技能竞赛环节，各环节间以接力形式衔接。各技能环节比赛方法和规则同教师组（见下图）。

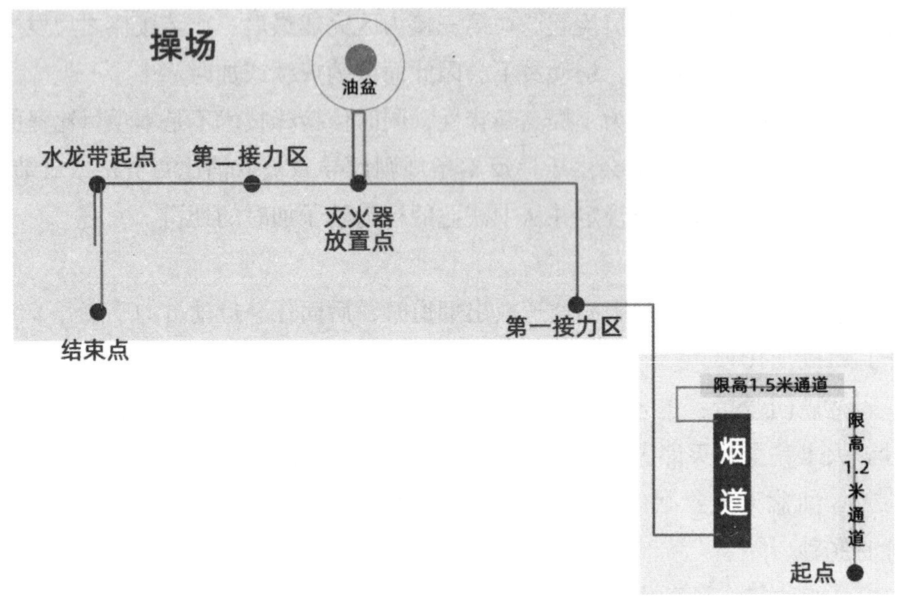

未成年人组比赛流程图

二、交通安全竞赛单元

（一）安全驾驶竞赛

本项目适合师生男女混合竞赛，参赛人数为4人（教师男、女各1人，未成年人男、女各1人）。

1.比赛办法

本项目设3个环节：①竞猜答题；②走迷宫；③酒驾醉驾体验。比赛采用接力形式进行，先由两名未成年人依次完成第一、第二两个环节后与教师进行交接棒，然后两名教师依序完成上述3个环节的全部比赛。比赛流程如下：

（1）竞猜答题：运动员进入竞猜答题区，做好答题准备。听到发令信号后，裁判员在交通安全标志猜猜板上随机翻开5个交通标志。2名未成年人运动员分别在小白板上写下对应的安全标志名称。

（2）走迷宫：完成答题后，2名运动员一起进入交通安全趣味迷宫，并根据提示走出迷宫。然后，未成年人进入接力区进行接力棒的传递，教师进入酒驾醉驾体验区。

（3）酒驾醉驾体验：教师运动员走出迷宫后，立即进入酒驾醉驾体验区开始第三环节的比赛。男教师完成两圈“大象转”（身体前倾约与地面平等，一臂伸直指向地面，另一手臂绕过该臂手握异侧耳朵原地转两圈），由女教师手持醉驾眼镜帮其戴好后，沿道路捡起5个硬币后放入盆内，拍打计时器，比赛结束。

2.比赛规则

（1）计时及名次判定：从发令器发出发令信号，未成年人运动员拍打计时器开始计时。男教师运动员将5枚硬币放入盆内，拍打计时器结束计时。用时较少者名次列前。

（2）犯规或错误处罚

①竞猜答题，每错一题加30秒；相互不得提示，一经发现加时60秒。

②漏检硬币，每个加30秒。

③传接棒规则同消防综合演练。

④本比赛关门时间为20分钟，超过关门时间未完成任务者，取消成绩。

（二）车辆盲区标定

本项目适合师生男女混合组竞赛，参赛人数为7人，男女不限，其中至少3名未成年人。

1.比赛办法

比赛车型由大会在比赛开始前1小时公布，将车辆周围划分为7个区域，并用2米高挡板在区域外围成一周（距车5米）。7名运动员每人手持一个警示柱，听到发令信号后，从起点出发区出发，按预先分工分别在不同区域内寻找盲区并放置警示柱后，全部返回到出发区。

2.比赛规则

（1）计时：从发令器发出发令信号开始，至所有运动员放置完警示柱后，最后一名运动员回到出发区指定位置拍打计时器为止。

（2）按摆放正确数和全队总用时进行两次排名，先以错放或漏放数较少者名次列前，如相同，则以全队总用时较少者名次列前。

（3）每个区域内必须且只能放一个警示柱，否则加时30秒。

（三）大巴车应急疏散

本项目所有剩余运动员（每队29人）全部参赛，适合师生混合组竞赛，各参赛单位需自行制定大巴车起火情况下的应急疏散方案。

1.比赛办法

各参赛单位所有运动员按各自方案上大巴车成4列整齐就座。警报声响起，代表车辆起火，所有参赛运动员按事先制定的疏散方案迅速有序撤离到指定位置（安全岛），并完成人数清点汇报。

2.比赛规则

（1）计时规则：从拍打计时器激活警报器开始计时，到每队最后一名运动员进入安全岛拍打计时器停止计时为止。

（2）计分规则和名次判定：各队得分由表现分和计时分相加汇总得出。

①表现分：由市教育局指定评委组共计9人，分别坐在大巴车的司机位、第一排和最后一排。每位评委对照大巴车应急疏散评分表的规则，评估各队疏散方案的合理性和疏散过程的规范性，按照评分细则进行打分。去掉1个最高分及1个最低分，将剩余7位评委的评分汇总计算平均分，即为该队最终得分。

②计时分：总分20分。对照评分表第6条规定，由主裁判按照各队计时填写。

③按各队表现分和计时分之和排名。如总分相同，则按表现分高者名次列前。

④若疏散过程中出现人员摔倒受伤等危险情况，裁判应及时叫停比赛，取消该队比赛资格或比赛成绩。

大巴车应急疏散评分表

序号	技术标准	项目赋分	扣分	实际得分
1	有明确的预案和角色分工。	10		
2	疏散过程组织有序，动作规范，不拥堵不冲突。	20		
3	遵守了未成年人优先的原则。	20		
4	所有人员遵守疏散秩序和八不准的规定。	20		
5	到达指定位置后有序整队，及时清点人数。	10		
现场表现得分合计：				
6	计时分：疏散时间符合要求。	20		
总得分：				

三、水上安全竞赛单元

（一）竹筏扎制

本项目与洪灾疏散、溺水救援不得兼报，适合教师男女混合组、未成年人男女混合组竞赛，参赛人数为2男2女，共4人。

1.比赛办法

听到发令信号后，4名运动员相互配合，将事先准备好的绳子、竹竿和漂浮物扎制成两个可漂浮的竹筏。比赛结束后，对竹筏进行入水漂浮测试，竹筏上放置一个装满水的5L塑料桶，入水不解体，塑料桶20秒不沉没，即为成功，否则为失败。

2.比赛规则

（1）计时及名次判定：从发令器发出发令信号时开始到运动员完成扎制拍打计时器止。漂浮测试成功并用时较少者名次列前，漂浮测试失败者取消比赛成绩。

（2）参赛者应充分利用所提供的绳子、竹竿和漂浮物，每少用一个物品加时120秒。

（二）洪灾疏散救援

本项目适合教师男女混合组竞赛，参赛人数为8男8女，共16人。

1.比赛办法

每队安排6人在水池的一侧准备提供救援，另外10人在另一侧等待救援，水池宽12.5米。听到发令信号后，提供救援的6人利用大会提供的救援物资（绳子、圆木等）进行栈桥搭建（水池上已由大会预先搭建约8米长的栈桥，参赛代表队只需完成剩下4～5米的栈桥搭建），并将对岸10人全部安全救回。如有人员落水，落水者需返回等待救援处，重新开始比赛。

2.比赛规则

（1）计时与名次判定：从发令器发出发令信号开始至最后一人到达水池的安全一侧，并由该运动员拍打计时器止，用时较少者名次列前。

（2）加时：每落水1人次，加时30秒。

（三）溺水救援

本项目适合未成年人男女混合组竞赛，参赛人数为8男8女，共16人。每4人为一个小组（男女不限），其中一人进行抛投，其余人完成保护和协助，在比赛过程中的任意时间，角色可以互换，但应注意对抛投者的打点保护。

1.比赛办法

听到发令信号后，运动员边大声呼救边进行分工，分别用大会预备的绳子、网兜和足球等救援物资制作成抛投物，并将抛投人员用绳子连接在固定物上做好打点保护，于池边警示线后，利用抛投物将离岸6米远的模拟溺水人员（救生圈）拖到岸边，救生圈一旦触壁即完成比赛。

2.比赛规则

（1）计时和名次判定：从发令器发出信号时开始到本组救生圈触壁瞬间

为止。以4组累计时间为该单位最终比赛成绩，用时较少者名次列前。

（2）在救生圈拉回至岸边并触壁前，抛投物应与救生圈保持接触，不能利用惯性拉回。一旦出现抛投物和救生圈脱离，需将救生圈返回原处，重新开始，否则按失败论处，取消全队成绩。

（3）加时：未大声呼喊求救，加时10秒。人员进入警戒区，加30秒。

（4）未对抛投人员进行打点保护，取消全队比赛成绩。

（5）本项目设关门时间为6分钟，关门时间到仍未成功将救生圈拉回岸边者，取消全队比赛资格或成绩。

四、公共安全竞赛单元

（一）心肺复苏

本项目适合师生男女混合组竞赛，参赛人数为每队教师4人（2男2女），未成年人4人（2男2女），共8人。

1.比赛办法

（1）设置8个比赛点位，每处放置1个CPR假人，固定由1名裁判和1名志愿者负责。

（2）各参赛单位按事先抽签排定顺序依次进行比赛，各参赛单位8名运动员的参赛点位由现场抽签决定。

（3）运动员立于假人一侧，准备比赛。听到发令器发出发令信号后，完成成人心肺复苏全部操作流程（含5组胸外按压和人工呼吸）。

2.比赛规则

（1）评分规则执行红十字会《成人心肺复苏操作标准》，见下表。

（2）名次判定：按每队8名运动员得分之和进行排名，得分高者名次列前。如遇总分相等，则以各参赛单位最高得分高者名次列前，如仍相等第二高得分高者名次列前，余类推。

成人心肺复苏操作标准

序号	项目	技术标准	项目赋分	实际得分
1	观察环境	观察并报告险情已排除	3分	
		戴手套或口述已做好自我防护	3分	
2	判断意识	双手轻拍患者双侧肩膀	4分	
		俯身在其耳边高声呼叫患者	4分	
3	判断呼吸	用扫视的方法判断患者是否有呼吸或有无正常呼吸，时间5～10秒	4分	
4	紧急呼救	快来人呀！有人晕倒了，我是红十字救护员	4分	
		请这位先生/女士（明确指向某人）帮忙拨打120，打完告诉我，如有除颤仪请取来	4分	
		会救护的请快来帮忙	4分	
5	确定胸外按压部位	将一只手的掌根放在患者胸部中央，胸骨下1/2段	1分×5组	
		双手掌根重叠，十指相扣，掌心翘起	1分×5组	
		肩、肘、腕关节上下垂直，上半身前倾	1分×5组	
		以髋关节为轴，向下垂直按压	1分×5组	
6	按压频率	100～120次/分钟，垂直向下按压30次/15～18秒	1分×5组	
7	按压深度	5～6cm，每次按压后，确保胸壁完全回弹	1分×5组	
8	打开气道仰头举颏法	观察患者口中是否有异物，若有，侧头将异物取出	4分	
		一只手小鱼际压住患者额头，另一只手食指中指并拢，托住患者下颌	4分	
		轻轻将气道打开90°	4分	

续表

序号	项目	技术标准	项目赋分	实际得分
9	口对口吹气	张大嘴包严患者口唇	1分×5组	
		捏紧鼻翼，吹气1秒钟	1分×5组	
		胸廓隆起，抬头换气，松鼻翼，观察胸廓是否回落	1分×5组	
	按压与吹气之比	按压30次吹2口气为1组	1分×5组	
		连续做5组	1分×5组	
10	打开气道评估呼吸循环	观察患者呼吸同时触摸颈动脉搏动，时间5～10秒，报告复苏成功	4分	
11	复苏后护理	整理患者衣服，报告操作完毕	3分	

备注：心肺复苏以5组为一个周期，要在3～3.5分钟之内完成，超时或低于2.5分钟，在该项总分上扣10分。

（二）安全技能趣味定向运动

本项目参赛人数为每队教师2人，未成年人2人，男女不限。

1.比赛办法

本比赛项目为趣味赛事，事先设置8个探索点，并绘制场地地图。每队分别从不同的起点出发，按照各自手上地图指引，依次完成8项任务（礼让通行、运送伤病员、创意安全照、体能测试、机智救援、我比你猜、杯水传情、安全诗一首）。

2.比赛规则

（1）计时和名次判定：从发令器发出信号时开始，到本队完成全部8项任务到达指定位置，由最后一名到达指定位置的队员拍打计时器为止，用时较少者名次列前。如用时完成相同，则并列。

（2）每项任务不单独计时，均须完成方可进入下一环节，如未能完成可反复尝试。

（3）设置总关门时间60分钟，超时未完成比赛者不计成绩。

参考文献

[1]刘德. 生命安全教育课程体系的理论建构[D]. 北京：北京体育大学，2016.

[2]刘文韬. 学校安全教育规划研究[D]. 成都：四川师范大学，2008.

[3]陈宏. 中小学食堂食品安全监督管理现状及对策研究[D]. 烟台：鲁东大学，2014.

[4]李然. 郑州市中小学生安全教育现状及干预效果研究[D]. 郑州：郑州大学，2017.

[5]马王婷. 学校安全能力体系及其建设研究[D]. 太原：山西师范大学，2016.

[6]杨慧芳. 中小学生交通安全意识的培养试探[D]. 长沙：湖南大学，2018.

[7]夏东. “互联网+教育”环境下小学网络安全教育研究[D]. 汉中：陕西理工大学，2021.

[8]郝篆香，蔡敏. 美国中小学安全教育的实施及其启示——以南卡罗来纳州为例[J]. 外国教育研究，2011，38（11）：31–36.

[9]董新良，桑晓鑫，李县慧. 总体国家安全观视域下学校安全教育一体化：理念、目标与体系构建[J]. 中国教育学刊，2021（11）：50–54+92.

[10]王明明. 小学4–6年级未成年人社会安全教育现状及改善对策研究[D]. 大连：辽宁师范大学，2016.

[11]徐扬. 关注未成年人安全问题新变化构建学校安全教育新体系——基于北京市9599名中小学生安全教育现状的调查分析[J]. 中小学管理，2019，（05）：44–47.

[12]李月华，滕洪昌. 中小学校园暴力调查与防治建议——基于师生比

较的视角[J]. 教育科学研究，2021（12）：12–19.

[13]易丹. 重庆市义务教育阶段校园安全教育研究[D]. 重庆：西南大学，2009.

[14]孙雯雯. 中小学校园安全教育异化现象研究[D]. 重庆：西南大学，2012.

[15]李高峰. 生命与死亡的双重变奏：国际视野下的生命教育[D]. 上海：华东师范大学，2010.

[16]余阿敏. 中小学校园安全事故预防联动机制优化研究[D]. 长沙：湖南师范大学，2021.

[17]白建权. 大理市半寄宿制中学校园周边未成年人交通事故的调查及预防研究[D]. 昆明：云南师范大学，2018.

[18]田一凡. 小学校园消防安全风险管理及教育研究[D]. 西安：陕西师范大学，2021.

[19]张文琦. 未成年人公寓电气火灾事故的分析及预防对策[J]. 化工管理，2017（29）：277.

[20]张蕾侠. 城市燃气事故案例库的匹配研究[D]. 合肥：安徽建筑大学，2021.

[21]曹旭. 大型群众性活动踩踏事故风险管理研究[D]. 北京：中国人民公安大学，2020.

[22]王盼盼. 社会工作介入青少年毒品预防教育实务研究[D]. 郑州：郑州大学，2019.

[23]金杉杉. 青年未成年人艾滋病警示性教育量表及课程的开发应用与评估[D]. 北京：中国疾病预防控制中心，2017.

[24]尚兴萍. “常见传染病及其防控”校本课程开发与实践[D]. 成都：四川师范大学，2020.

[25]郑思思. 我国食品安全教育现状研究[D]. 太原：山西医科大学，2017.

[26]赵圆. 家庭暴力中青少年受暴者心理成长的小组工作介入研究[D]. 兰州：西北民族大学，2019.

[27]秦珊珊. 全人教育视野下初中生青春期教育研究[D]. 扬州：扬州大学，2017.